O código do amor

Dr. Alexander Loyd, ph.D.
Autor de *O código da cura*

O código do amor

O segredo para conquistar sucesso na vida, no amor e a felicidade

Tradução
CAROLINA SIMMER

1ª edição

Rio de Janeiro | 2016

CIP-BRASIL. CATALOGAÇÃO NA PUBLICAÇÃO
SINDICATO NACIONAL DOS EDITORES DE LIVROS, RJ

Loyd, Alexander

L957c   O código do amor: o segredo para conquistar sucesso na vida, no amor e a felicidade /
Alexander Loyd; tradução Carolina Simmer. – 1ª ed. – Rio de Janeiro: Best*Seller*, 2016.

Tradução de: The Love Code
ISBN 978-85-7684-969-8

1. Autoestima. 2. Técnicas de autoajuda. 3. Motivação (Psicologia). I. Simmer, Carolina.
II. Título.

CDD: 158.1

15-29151   CDU: 159.947

Texto revisado segundo o novo Acordo Ortográfico da Língua Portuguesa.

Título original norte-americano
THE LOVE CODE
Copyright © 2015 by Alexander Loyd
Copyright da tradução © 2016 by Editora Best Seller Ltda.

Publicado mediante acordo com Harmony Books, um selo de Crown Publishing Group,
uma divisão de Random House LLC.

Capa: Sense Design & Comunicação

O Código do amor ensina técnicas espirituais e mentais, incluindo posicionamento de mãos,
meditações guiadas e afirmações, para lhe ajudar a alcançar abundância na vida. O programa não se
trata de aconselhamento financeiro nem de educação financeira, e o Dr. Alexander Loyd também não
oferece recomendações para decisões financeiras específicas.

Todos os direitos reservados. Proibida a reprodução,
no todo ou em parte, sem autorização prévia por escrito da editora,
sejam quais forem os meios empregados.

Direitos exclusivos de publicação em língua portuguesa para o Brasil
adquiridos pela
EDITORA BEST SELLER LTDA.
Rua Argentina, 171, parte, São Cristóvão
Rio de Janeiro, RJ – 20921-380
que se reserva a propriedade literária desta tradução

Impresso no Brasil

ISBN 978-85-7684-969-8

Seja um leitor preferencial Record.
Cadastre-se e receba informações sobre nossos lançamentos e nossas promoções.

Atendimento e venda direta ao leitor
mdireto@record.com.br ou (21) 2585-2002

Para Hope!

Tudo de mais maravilhoso que aconteceu em minha vida foi por sua causa, incluindo este livro. O que começou com tanto sofrimento e dor, agora transformou minha vida em "esperança concretizada" e muito mais. A possibilidade de alguém aprender algo nestas páginas jamais existiria sem você. Obrigado por me aturar. Sei que é um trabalho em tempo integral.

EU AMO VOCÊ!

SUMÁRIO

AGRADECIMENTOS   9

INTRODUÇÃO   A vida além da força de vontade   11

PARTE I
A BASE DO PRINCÍPIO MAIS IMPORTANTE

CAPÍTULO 1   Encontrando seu objetivo de sucesso principal   35

CAPÍTULO 2   Memória celular   61

CAPÍTULO 3   A física espiritual da verdade e do amor   83

PARTE II
COMO O PRINCÍPIO MAIS IMPORTANTE FUNCIONA

CAPÍTULO 4   As três ferramentas para desprogramar e reprogramar o disco rígido humano e seu software   111

CAPÍTULO 5   Tenha objetivos de sucesso, não objetivos estressantes   177

PARTE III
COLOCANDO O PRINCÍPIO MAIS
IMPORTANTE EM PRÁTICA

CAPÍTULO 6 Diagnósticos básicos: identifique e cure a fonte dos problemas com sucesso   197

CAPÍTULO 7 A fórmula do princípio mais importante para conquistar o sucesso   221

CONCLUSÃO Amar de verdade   245

POSFÁCIO Espiritualidade prática   251

OUTROS RECURSOS   269

NOTAS   271

AGRADECIMENTOS

Agradeço especialmente a Kathleen Hagerty: você me ajudou a passar tudo isso da minha cabeça e do meu coração para o papel e fez a experiência ser o MÁXIMO! A Amanda Rooker: você pegou um manuscrito ainda muito bruto e lhe deu sentido; eu não poderia ter feito isto sem a sua ajuda. A Harry, Hope e George: obrigado por me aturarem enquanto eu fazia anotações e escrevia em momentos estranhos, e mesmo assim continuarem a me amar. A minha agente, Bonnie Solow, só digo que você salvou este livro e serei eternamente grato por isso. Você é a melhor! A Diana Baroni e a equipe da Random House: obrigado por todo o seu trabalho maravilhoso e por me acolherem em um lar animado, carinhoso e amoroso. E a Deus, por me dar a possibilidade de escrever sobre algo; eu sou do Senhor!

introdução

A VIDA ALÉM DA FORÇA
DE VONTADE

Este livro ensina como viver além.

Além da força de vontade.

Além do normal.

Além dos seus medos.

Além da sua situação.

Além dos seus desejos e sonhos.

Quando garoto, sempre acreditei que era possível viver além. Porém, só consegui encontrar uma forma de fazer isso depois que perdi a coisa mais importante da minha vida.

Apesar de os princípios contidos neste livro serem antigos, a ciência moderna que os fundamenta é novinha em folha — assim como o processo mecânico e detalhado que vai ajudá-lo não apenas a decidir ter uma vida além, como também a começar a vivê-la a partir de hoje.

Levei 25 anos para descobrir e aprimorar esse processo, mas acredito que é exatamente isso que lhe estou oferecendo.

Eu o chamo de o Princípio Mais Importante do Mundo que Quase Ninguém Conhece.

Antes de seguirmos adiante gostaria de lhe fazer uma pergunta: qual é o seu maior problema ou desejo não realizado? O que você procura? Qual é a principal coisa em sua vida que precisa ser aniquilada, tirada de campo, solucionada com o toque de uma varinha de condão? Peço que você interrompa a leitura até pensar em pelo menos uma coisa que precisa de conserto, mesmo que já tenha tentado de tudo, sem nunca encontrar a solução. Algo que precisa deixar de ser medíocre, ou mesmo um fracasso, para virar um estrondoso sucesso.

Acredito que o Princípio Mais Importante é a varinha de condão de que você necessita. Sei que essa afirmação parece presunçosa, mas só digo isso porque, nos últimos 25 anos, testemunhei sua eficácia com 100% dos meus pacientes. Acredito que o processo descrito neste livro pode ser aplicado a qualquer aspecto da vida, e é capaz de transformar uma lagarta em borboleta.

Sei exatamente o que está se passando por sua mente agora: você pensou "já ouvi isso antes". Na verdade, já ouviu milhares de vezes, e algumas pessoas escutaram tanto que nem acreditam mais que o que eu estou afirmando seja possível. "Ah, sim, outro truque mágico que me deixa alguns reais mais pobre e não me adianta de nada." Caso tenha sido isso que tenha pensado, eu compreendo. Também já estive nessa situação. Mas preciso lhe contar um segredo sobre o mercado de autoajuda/sucesso: ele apresenta uma taxa de fracasso de 97%!

A TAXA DE FRACASSO DE 97% DA AUTOAJUDA

A maioria de nós já leu ou percebeu por conta própria que, em geral, as técnicas de autoajuda e sucesso não dão certo. Se dessem, não precisaríamos procurar por uma diferente a cada ano que passa, não é? E esse mercado (que vale 10 bilhões de dólares só nos Estados Unidos)[1] acabaria, pois, se existisse apenas uma técnica que sempre funcionasse todos nós estaríamos vivendo felizes, saudáveis e realizados. Por exemplo, uma das categorias de livros de não ficção mais vendidas é dieta. Bem, quem você acha que comprou livros sobre como perder peso este ano? Resposta: as mesmas pessoas que os compraram no ano passado — porque o livro anterior não funcionou! Mas o segredo não é que a maioria das técnicas de autoajuda e sucesso seja ineficaz, mas, sim, que *os especialistas do mercado de autoajuda sabem disso*. E a taxa de fracasso é bem maior do que pensávamos.

De acordo com especialistas da área, a média no mercado (que inclui livros, palestras, workshops, técnicas e mais) é de aproximadamente 97% de fracassos. Sim, você leu certo — 97%! Meu colega de trabalho e amigo Ken Johnston administrava a maior empresa de seminários sobre desenvolvimento de pessoal na América do Norte, e há anos faz palestras sobre o que a maioria dos especialistas do mercado só discute atrás de portas fechadas: que a taxa média de sucesso é de cerca de 3%. É desse número que eles tiram depoimentos suficientes para embasar suas propagandas de um método maravilhoso que funciona para tudo e para todos. Mas, *de acordo com a experiência deles mesmos*, isso simplesmente não é o caso.

Ainda mais interessante é o fato de a grande maioria desses programas seguir uma fórmula básica:

1. Concentre-se no que quer alcançar.

2. Bole um plano para alcançar seu objetivo.

3. Coloque o plano em ação.

E é isso. Escolha qualquer técnica, livro, médico ou mentor e, muito provavelmente, verá que ele ensina uma versão dessa fórmula. Na verdade, ela se originou no influente livro de autoajuda *Pense e enriqueça*, de Napoleon Hill, publicado em 1937, e foi popularizada por outros livros e estratégias nos últimos 65 anos. Concentre-se no resultado que deseja alcançar, bole um plano e use a força de vontade para colocá-lo em ação.

A fórmula faz sentido, não é? É claro que sim. Passamos a vida inteira ouvindo isso. Mas o problema é que ela não funciona. De acordo com as últimas pesquisas de Harvard e Stanford, que discutiremos mais profunda-

14   O CÓDIGO DO AMOR

mente no Capítulo 1, esse paradigma não é apenas ineficaz, como também
é uma receita para o desastre para 97% de nós.

Por quê? A tradicional fórmula de três passos da autoajuda — determine um objetivo, elabore um plano e siga-o até conseguir o que deseja — se
baseia em dois componentes: a expectativa por um resultado final exterior
(etapas 1 e 2) e a necessidade de usar a força de vontade (etapa 3). Como
aprenderemos no Capítulo 1, expectativas sempre causam estresse crônico
até o resultado final ser alcançado, ou não — e pesquisas clínicas prova-
ram repetidas vezes que o estresse é a fonte de quase todos os problemas
que podemos ter na vida, e, basicamente, garante que iremos fracassar. A
dependência da força de vontade (etapa 3) também é um claro sinal de fracasso, pois ela depende do poder da consciência. Como também veremos
no Capítulo 1, as atitudes subconscientes e inconscientes são, literalmente,
1 milhão de vezes mais fortes que as conscientes; ou seja, se, por qualquer
motivo, o inconsciente e o subconsciente estiverem diretamente opostos à
força de vontade consciente, esta última sempre vai perder. Além disso, tentar
"impor" determinado resultado usando uma força de vontade bloqueada
pelo inconsciente aumenta o nível de estresse — mais uma vez, ativando a
causa de praticamente todos os problemas que podemos ter na vida.

Em outras palavras, o motivo para a taxa de fracasso de 97% nos últimos
65 anos é que a fórmula usada leva as pessoas a falhar. Os alunos que usam
esse processo simplesmente aprendem o que lhes é ensinado. E a conclusão
a que chegamos é: se expectativas sempre criam estresse e o uso da força de
vontade para alcançar felicidade e sucesso tem uma chance ínfima de dar
certo (e causa ainda mais estresse), então, essa fórmula não apenas garante
que não encontraremos felicidade e sucesso no longo prazo, como também
significa que adotá-la *é pior* do que não tomar atitude alguma.

Talvez você esteja se perguntando: *Mas se a fórmula sempre resulta em
fracasso, por que ela me parece tão certa e natural?* Aqui vão três motivos:

1. **Você é programado dessa forma.** O foco no resultado final é um
   conceito inato nos seres humanos, também conhecido como a ideia
   de estímulo/resposta ou buscar prazer/evitar dor. Isso faz parte do

instinto de sobrevivência e é usado quase exclusivamente durante os primeiros seis ou oito anos de vida: você quer um sorvete, planeja tomar uma casquinha, consegue a casquinha. É por isso que parece tão natural. O maior problema é que, enquanto adultos, nós não devemos viver assim, a menos que nossas vidas estejam correndo risco imediato. Depois dos 6 aos 8 anos, deveríamos começar a agir de acordo com o que sabemos que é correto e bom, geralmente sem considerar os níveis de prazer ou dor envolvidos. (Também tratarei deste tópico com mais detalhes no Capítulo 1.) Então, em essência, se vivermos de acordo com essa fórmula na vida adulta, estaremos agindo como crianças de 5 anos de idade sem ao menos nos darmos conta disso.

2. **Você vê os outros agindo dessa forma.** Em outras palavras, essa fórmula é apresentada como a abordagem correta em vários contextos: você vê algo que quer, pensa em uma forma de obtê-lo e usa sua força de vontade para consegui-lo. Seus colegas, seus professores e seus pais agem assim.

3. **É o que os especialistas ensinam há 65 anos.** Como mencionei, essa fórmula é a base de praticamente todos os best-sellers ou técnicas de autoajuda há quase sete décadas.

A metodologia típica das técnicas de autoajuda e sucesso atuais não apenas estão ultrapassadas, como também sempre foram falhas. Mas não preciso de estatísticas ou estudos para saber que tentar alcançar um resultado final contando apenas com a força de vontade é uma receita para o desastre. Sei disso por experiência própria.

Cerca de 25 anos atrás eu trabalhava como terapeuta de adolescentes e suas famílias, ajudando-os a se manter no caminho correto e se tornarem adultos bem-sucedidos. Fui treinado sob essa visão tradicional da autoajuda, e havia anos que a seguia em todos os momentos da minha vida. Mesmo assim, meu trabalho com os jovens não estava dando certo. Minha situação financeira também ia mal, e eu estava praticamente falido. Apesar de parecer estar bem, eu me sentia péssimo. Havia anos que buscava métodos para ajudar as pessoas — principalmente a mim mesmo — a se tornarem bem-sucedidas: pela religião, autoajuda, psicologia, medicina e conselhos de pessoas que eu respeitava. Nada funcionava. E, é claro, eu acreditava que a culpa era minha, não dos ensinamentos. *Simplesmente não estou tentando o suficiente, não estou fazendo as coisas do jeito certo!*, era o que dizia a mim mesmo.

Estava chegando ao ponto de jogar tudo para o alto, pois não conseguia mais viver daquele jeito. Eu me lembro de pensar: *Como foi que estraguei tudo tão rapidamente?* Com meus 20 e poucos anos, sentia que minha vida era um desastre em todos os aspectos. Bem, o pior ainda estava por vir.

Em uma noite chuvosa de domingo, em 1988, após três anos de casamento, minha esposa, Hope, disse que "precisava conversar". Ela já havia dito aquilo antes, mas nunca daquela forma. Eu tinha certeza de que alguma coisa havia acontecido, e que não era bom. Ela não conseguia me olhar nos olhos. A voz dela estava trêmula, mas dava para perceber que tentava se controlar. "Alex, quero que você vá embora. Não consigo mais viver com você."

Venho de uma família de origem italiana. Discutíamos e debatíamos o tempo todo sobre tudo: política, religião ou o que faríamos no fim de semana. Mas eu não consegui pensar em argumento algum para me defender no momento mais importante de minha vida. Tudo que consegui dizer foi... "Tudo bem".

Então, fui embora. Entorpecido, fiz uma pequena mala com o básico e parti, sem falar nem mais uma palavra. Fui para a casa dos meus pais e passei a noite inteira no quintal, rezando, pensando, chorando... me sentindo como se estivesse morrendo por dentro.

O que eu não sabia na época é que aquilo foi a melhor coisa que poderia ter me acontecido. Nas seis semanas seguintes, eu passaria pela reviravolta mais positiva em minha vida. Havia acabado de ser introduzido a um tipo de "escola espiritual", em que aprenderia o segredo para todas as coisas: o que eu viria a chamar de o Princípio Mais Importante.

Mas, naquela noite, senti como se minha vida tivesse acabado. A pergunta que me fazia o tempo todo era: "Por que isso está acontecendo?" Era uma dúvida válida, pois eu deveria ter sido mais bem-sucedido no casamento. Quando Hope e eu casamos, estávamos mais prontos para aquilo do que qualquer pessoa que conhecíamos. Em nosso primeiro encontro, fomos ao parque, estendemos uma toalha sobre a grama, em uma bela noite estrelada de outono, e *conversamos*. E conversamos. E conversamos. E conversamos. E só. Por seis horas seguidas, conversamos. Falamos sobre tudo que se possa imaginar. E isso foi apenas o primeiro encontro.

Quando não tínhamos mais sobre o que conversar, líamos livros juntos. Cada um comprava o seu — um livro sobre relacionamentos ou algum assunto que interessasse aos dois — e lia, sublinhando trechos e fazendo anotações. Então, quando nos encontrávamos, comparávamos observações e discutíamos o texto. Fizemos aconselhamento pré-nupcial *porque queríamos*. Fizemos testes de personalidade, os comparamos e conversamos com terapeutas sobre nossos possíveis problemas de compatibilidade e como resolvê-los. Quando chegou o dia do nosso casamento, 24 de maio de 1986, estávamos prontos.

Bem, *pensamos* que estávamos. Então, menos de três anos depois, ela não me aguentava mais, e eu também me sentia extremamente infeliz. Por quê?

Foi naquela noite no quintal dos meus pais que realmente comecei a aprender. Ouvi uma voz em minha cabeça que acreditei ser de Deus. Ela dizia algo que eu não queria ouvir — algo que me ofendia, na verdade. Então, me fez três perguntas que me abalaram profundamente e que, durante as seis semanas que se seguiram, me desprogramaram e reprogramaram, levando-me à essência do meu ser. Eu nunca mais seria o mesmo. Dessas três perguntas nasceria a Fórmula do Princípio Mais Importante para Alcançar o Sucesso (que você pode encontrar no Capítulo 7). Aconteceu comigo em um instante, mas eu levaria mais 25 anos para descobrir como fazê-la funcionar para todos. Na verdade, na forma como existe hoje, ela é o perfeito oposto da tradicional fórmula de três passos da autoajuda. E também tem o exato efeito contrário: uma taxa de 97% ou mais de sucesso, com base na minha experiência, contra a taxa de 97% de fracasso da tradicional fórmula de autoajuda dos últimos 65 anos.

Depois de cerca de seis semanas de separação, Hope concordou, embora não tenha sido fácil, em sair comigo de novo. Ela me diria, depois, que viu que eu era um homem diferente assim que olhou nos meus olhos. E tinha razão. Apesar de eu parecer o mesmo por fora, havia me transformado em uma pessoa completamente diferente por dentro. Mas Hope levou um bom tempo para me dizer isso ou para baixar a guarda, por causa dos sofrimentos que já tivera na vida. Mas o resultado era inevitável e inegável.

Apesar dos problemas financeiros e com a saúde de Hope que tivemos depois,[2] as coisas mais importantes em nossas vidas nunca mais foram as mesmas. Eu havia sido, e estava sendo, transformado pelo Princípio Mais Importante. E Hope também estava começando a mudar.

Daquele dia em diante, comecei a ensinar esse princípio para todos que encontrava, incluindo os adolescentes e os pais com quem trabalhava na época. Não importava o que eles viam como problemas, ou a ajuda que acreditavam necessitar, o que precisavam mesmo era conhecer o Princípio Mais Importante. Aqui está ele, em resumo:

Basicamente, todo problema — até mesmo de saúde — ou falta de felicidade e sucesso vem de algum medo que sentimos lá no fundo. E todo medo é causado por falta de amor ao que tememos.

Outro nome para medo é estresse. Se medo for o problema, então amor, seu oposto, é o antídoto. Na presença de amor verdadeiro, o medo não existe (exceto em casos de risco de morte). Isso pode soar muito teórico. Felizmente, nos últimos anos, foram feitos estudos que comprovam cientificamente essa teoria (e nós falaremos mais sobre eles). Tudo, até mesmo sua falta de sucesso e suas circunstâncias exteriores, se resume ao fato de você viver em um estado interior de medo ou um estado interior de amor.

Quando comecei a trabalhar com terapia, foi isto que passei a ensinar para cada paciente: não importa o problema que tivessem, fosse com saúde, relacionamentos, sucesso, raiva, ansiedade, eu acreditava que a fonte sempre era uma questão de amor/medo. Minha teoria era que, se fosse possível

INTRODUÇÃO: A VIDA ALÉM DA FORÇA DE VONTADE   19

substituir o medo por amor, os sintomas melhorariam de uma forma que seria impossível antes.

Mas logo me deparei com um problema: dizer para as pessoas que elas simplesmente precisavam "amar" não funcionava. Pedir que lessem, estudassem e meditassem sobre manuscritos e preceitos antigos quase nunca dava certo. Tentei ensiná-las a "simplesmente fazer" o que eu aprendera de forma natural, mas quase nenhuma delas conseguiu. Mas eu estava ensinando a fórmula de três passos para o fracasso sem perceber! Dizia para transformarem o pensamento consciente baseado no medo em um pensamento baseado no amor. Em outras palavras, orientava meus pacientes a usarem a força de vontade para alcançar um resultado final exterior! Muitos disseram: "É, obrigado pelo conselho." Um foi mais sarcástico: "Certo, vou começar logo depois do almoço. Sem problema." Mais tarde entendi porque estavam tão descrentes: eles já haviam tentado viver daquela forma e não conseguiram, assim como eu tentara inúmeras vezes antes da noite na casa dos meus pais e também não havia conseguido.

Algo real e transformador aconteceu comigo naquele dia e nas seis semanas que se seguiram; passei a chamar isso de "a grande sacada transformadora". Não foi o caso de eu simplesmente ter "decidido" começar a amar e passado a fazer isso usando a força de vontade. Algo que ocorreu em um instante substituiu meu estado interior de medo por um estado de amor, e isso me fez amar de forma natural, como simplesmente não conseguia antes, sem exercer a força de vontade. Eu enxerguei a verdade de um jeito que nunca vira, compreendi e "senti" profundamente o que era o amor, e soube que aquilo era verdade. Em questão de segundos, comecei a pensar, sentir, acreditar e agir com amor em vez de medo, com calma em vez de ansiedade; a luz inundou minha escuridão, e comecei a tomar, sem esforço, atitudes que antes mal era capaz de me forçar a fazer.

Se quisermos comparar o cérebro com o disco rígido de um computador, foi como se meu cérebro fosse instantaneamente desprogramado e reprogramado em relação ao amor e ao medo. Foi como trocar um software por outro. Para ser sincero, a "grande sacada transformadora" foi como uma visão em que a verdade sobre o amor se revelava para mim em um único

20   O CÓDIGO DO AMOR

momento, e eu me detive naquilo. Na verdade, Einstein escreveu sobre ter passado por uma experiência similar antes de criar a teoria da relatividade. Ele viu a si mesmo, em sua mente, galopando em um facho de luz, e afirmou que essa visão foi o pontapé inicial para sua famosa teoria ($E = mc^2$). Toda a verdade foi revelada para ele em um instante — mas foram precisos 12 anos até que ele conseguisse prová-la matematicamente.

Logo entendi que não podemos ter a "grande sacada transformadora" simplesmente porque queremos isso. Percebi que ainda não havia conseguido "prová-la matematicamente", por assim dizer. Eu precisava de ferramentas práticas e instruções específicas que me permitissem ensinar aos outros e que pudessem ser aplicadas a qualquer situação, para desprogramar o medo dos pacientes e reprogramá-los no amor — e da maneira mais profunda, de forma que se tornassem capazes de realmente *viver* com amor. Ferramentas que pudessem lidar com a fonte de qualquer problema a ser resolvido, assim como minha "grande sacada transformadora" fizera por mim.

E foi isso que fiz pelos 24 anos que se seguiram. Enquanto trabalhava com meus pacientes, acabei descobrindo as Três Ferramentas (que você aprenderá no Capítulo 4) e entendi a futilidade da tradicional fórmula de três passos da autoajuda. Neste livro ensinarei a você a finalmente alcançar felicidade e sucesso em todas as áreas da vida, utilizando essas Três Ferramentas — de forma natural, orgânica, e que *não* se baseia em se empenhar de corpo e alma usando a força de vontade.

Assim que terminei meu mestrado em terapia, pendurei o diploma na parede antes mesmo de obter meu registro — quando ainda estava sob supervisão de um psicólogo. Então, fiz algo que ou realmente irritou, ou se tornou motivo de piada entre meus colegas de Nashville, Tennessee: passei a cobrar o valor de uma consulta profissional, 120 dólares por cinquenta minutos (e isso foi há mais de vinte anos). Ninguém faz isso só com um mestrado em terapia! Mas eu sabia, com base em minha experiência, que o tratamento dos meus pacientes duraria, em geral, entre uma a dez sessões, provavelmente, por seis meses, até os problemas deles serem solucionados e eles não precisarem mais de mim. O mais comum é que os psicólogos atendam os pacientes uma vez por semana, por um a três anos (talvez você até esteja fazendo tratamento com um deles agora). E enquanto outros profissionais, no geral, ensinavam estratégias adaptativas para que os pacientes lidassem com dificuldades que provavelmente enfrentariam pelo resto da vida, eu sempre buscava solucionar os problemas dos meus. Simplesmente lhes ensinava o que você encontrará neste livro.

Seis meses depois de abrir meu consultório, dessa forma pouco convencional, já tinha uma fila de espera de seis meses. Também tinha uma fila de colegas batendo à minha porta e me ligando, para me xingar ou me convidar gentilmente para um almoço e tentar descobrir que diabos eu estava fazendo lá dentro que fazia os pacientes deles virem me procurar.

O Princípio Mais Importante não apenas salvou minha vida, como também a de inúmeras pessoas que atendi no meu consultório. E acredito que vai mudar a sua também.

A TAXA DE SUCESSO DE 97%

O princípio Mais Importante está em perfeita harmonia com antigos preceitos espirituais e com as pesquisas e metodologias clínicas mais modernas, além de apresentar uma solução que a força de vontade não alcança. De acordo com as pesquisas que discutiremos nos Capítulos 1 e 4, a tradicional fórmula de três passos da autoajuda realmente aciona um mecanismo no cérebro que:

- emburrece as pessoas;
- causa doenças;
- suga energia;
- prejudica o sistema imuno-lógico;
- intensifica o sofrimento;
- aumenta a pressão arterial;
- bloqueia células.

22   O CÓDIGO DO AMOR

Por outro lado, não apenas o Princípio Mais Importante *desliga* tal mecanismo, como também é capaz de *ligar* outro dispositivo no cérebro que, de acordo com pesquisas clínicas:

- melhora relacionamentos;
- torna pais e filhos mais próximos;
- resulta em amor, alegria e paz;
- melhora o sistema imunológico;
- reduz o estresse;
- diminui a pressão arterial;
- age contra os sintomas do vício e crises de abstinência;
- estimula o hormônio de crescimento;
- aumenta a confiança e o bom senso;
- regula o apetite, a digestão e o metabolismo;
- promove a saúde;
- estimula o relaxamento;
- estimula energias tranquilizadoras;
- estimula uma atividade neurológica maior e
- abre as células para cura e regeneração.[3]

O que exatamente são esses mecanismos? O primeiro, é o estresse, causado pelo *medo* interior. O estresse causa a liberação de cortisol, que resulta em todos os sintomas da primeira lista. O segundo, é ativado pela ausência do medo interior, que é o *amor* interior. A experiência do amor interior libera oxitocina (comumente conhecida como o "hormônio do amor") e outros peptídeos no cérebro e no sistema hormonal, que causam os sintomas positivos que aparecem na segunda lista.

Para lhe dar uma noção da profundidade das pesquisas clínicas em que essas listas se baseiam, George Vaillant publicou recentemente as descobertas do Grant Study of Human Development da Universidade de Harvard, "o estudo longitudinal sobre desenvolvimento humano mais longo da história." Iniciada em 1938, a pesquisa acompanhou 268 alunos homens até seus 90 anos para determinar os fatores que contribuem para a felicidade e o sucesso das pessoas. Vaillant, que dirigiu a pesquisa por mais de trinta anos, resume assim as descobertas: "Os 75 anos e vinte milhões de dólares gastos no Grant Study apontam para uma conclusão direta de cinco palavras: Felicidade é amor. Ponto final."[4]

Espero que agora você consiga entender como sucessos e fracassos dependem de nosso estado interior, se ele é baseado em amor ou medo. Se o primeiro mecanismo, o estresse, estiver operante em sua vida — e, de acordo com a minha experiência, é o caso da maioria das pessoas —, *você vai fracassar*, ou, então, não vai alcançar todo o sucesso que poderia. Há um limite para a quantidade de tempo que uma pessoa passa empurrando uma rocha enorme e imóvel antes de desistir. Por outro lado, se o segundo mecanismo, o amor interior, estiver operante em sua vida, *você vai conseguir* — e não porque está se esforçando mais. Você simplesmente estará "programado" para fazer as coisas darem certo.

Meu amigo e médico Dr. Ben Johnson diz que, se nós fôssemos capazes de criar um remédio que ativasse esse segundo mecanismo no cérebro e causasse a liberação natural de oxitocina, ele se tornaria imediatamente a droga mais vendida de todos os tempos. Não seria apenas um remédio fantástico. Seria o remédio para "100% de felicidade e saúde o tempo todo"! Gostaria de uma receita para obtê-lo? Bem, este livro é a sua receita.

ALINHANDO CIÊNCIA REAL COM ESPIRITUALIDADE REAL

Agora posso explicar mais sobre o que aprendi naquelas seis semanas de "escola espiritual", depois que Hope me expulsou de casa, 25 anos atrás. Tudo começou quando eu entendi que não apenas não amava Hope de verdade, como nem sabia o que era o amor. Mais que isso, percebi que as pessoas que eu conhecia também não sabiam.

Em outras palavras, meu casamento não fora baseado em meu amor por Hope dentro de uma relação íntima; fora baseado em uma transação e um acordo de negócios. Esse acordo era uma garantia: se você fizer isso para mim, eu farei aquilo para você. Caso contrário, bem... seria justo que eu negasse algo até receber o que eu havia negociado, certo? Se Hope não tivesse feito o que eu queria e agido como eu esperava enquanto estávamos namorando, eu sabia que jamais a teria pedido em casamento. Mesmo depois de casados, ainda esperava que Hope agisse de certa forma e não de outra, como se isso fosse uma condição não declarada para meu amor. Embora isso nunca tenha sido dito, nossa vida seguia essa regra. Quando minha esposa não se comportava como o esperado, eu ficava irritado e com raiva — e a recíproca era verdadeira.

Esse amor tipo "acordo de negócios" é o que quase todo mundo pensa quando usa a palavra *amor*. Porém, um nome mais adequado seria amor OQEGCI (O Que Eu Ganho Com Isso)! O amor OQEGCI é a crença seguida por quase todas as negociações e acordos há anos. Na década de 1970, livros populares começaram a nos ensinar a usar esse paradigma em nossos relacionamentos e outras áreas da vida. Farei isto se você fizer aquilo. E nós compramos a ideia — e a aplicamos a nossas vidas desde então. E ainda nos perguntamos por que nada dá certo! O amor OQEGCI é o exato oposto de amor. Ele é baseado no medo, em recompensas instantâneas (falaremos mais disso no Capítulo 5), e, inevitavelmente, leva ao fracasso e ao sofrimento no longo prazo.

Amar de verdade, por outro lado, não tem nada a ver com a reação da outra pessoa. Se você realmente ama alguém, está entregue àquilo de corpo e alma: não há garantias, plano B, nada mantido em segredo. Significa abrir mão do amor OQEGCI para que todas as partes envolvidas possam ganhar, mesmo que você precise fazer sacrifícios. Amar de verdade pode atrasar um prazer momentâneo agora, mas sempre nos leva ao sucesso no longo prazo, e não há palavras para descrever nem dinheiro suficiente para comprar esse tipo de satisfação.

Ao longo da história estudiosos distinguiram esses dois tipos de amor com os termos *ágape* e *eros*. *Ágape* é o amor espontâneo e incondicional que vem do que é divino. Com o *ágape* a pessoa ama simplesmente porque está em sua natureza amar, não por causa de quaisquer condições, circunstâncias ou qualidades do outro. Na verdade, o *ágape* acrescenta valor ao outro como resultado do amor incondicional. *Eros*, ou o amor OQEGCI, é o oposto: ele usa o objeto de amor para dar conta de um sofrimento ou prazer pessoal, e, então, segue em frente para buscar outra pessoa, mais útil. O *eros* depende das qualidades exteriores do outro e da recompensa que ele lhe dá. Por outro lado, o *ágape* não tem nada a ver com a recompensa exterior recebida da pessoa amada.[5]

Essa descoberta foi um baque, e comecei a chorar. Então, precisei enfrentar a pergunta: agora que eu sabia o que era o amor verdadeiro — sem garantias, sem plano B, sem segredos —, escolheria amar Hope assim, mesmo que nada mudasse em nosso relacionamento? A resposta não foi imediata. Mas, finalmente, após alguns dias pensando e rezando, consegui determinar que sim, eu amaria Hope daquela forma. Sem restrições, sem condições. E foi então que tive minha "grande sacada transformadora". Não apenas entendi de repente o que era o amor verdadeiro, como também fui capaz de senti-lo. A mudança não aconteceu em minha mente consciente, mas no lugar onde a ciência real e a espiritualidade real se encontram: o que algumas pessoas chamam de inconsciente ou subconsciente, e o que eu conheço como coração espiritual.

Anteriormente, chamei esse princípio de varinha de condão. Temos uma tendência histórica a chamar de "mágica" algo que funciona ou acontece de uma forma que não entendemos. Mas quando compreendemos o mecanismo por trás daquilo e conseguimos replicá-lo, nós o chamamos de tecnologia.

Quando chega em casa no fim do dia, você caminha pelos cômodos com uma caixa de fósforos, acendendo lamparinas? Quando quer ir a algum lugar, sai vinte minutos mais cedo para atrelar os cavalos à carroça? Quando quer comer, começa a acender uma fogueira? Se eu fizesse estas perguntas no mínimo um século atrás, as pessoas teriam olhado para mim como se eu fosse louco. "É claro que sim; todo mundo faz isso." Então, por que não continuamos agindo assim hoje em dia? Porque temos novas tecnologias!

26   O CÓDIGO DO AMOR

Novas tecnologias não necessariamente significam novos princípios; você provavelmente já ouviu a frase "Nada há de novo debaixo do sol". Quando a lâmpada, o automóvel e a eletricidade foram inventados, os princípios usados já existiam desde os primórdios. Essas invenções sempre foram possíveis, mas levamos muitos séculos até conseguirmos encaixar todas as peças. Acredito que o processo que agora compartilho com você seja uma nova tecnologia para superar problemas físicos, emocionais e espirituais — e ela é baseada em princípios antigos, que sempre existiram.

Por favor, entenda que *não* me refiro a nada religioso com o termo "espiritual". Fujo de religiões. Na verdade, levei décadas para me recuperar de minha educação religiosa. Acredito que muito das religiões seja baseado no medo e, sendo assim, no geral, faz mais mal do que bem. No entanto, me esforço para ser uma pessoa espiritualizada, priorizando o amor, a alegria, a paz, o perdão, a bondade e a fé. Essas são questões espirituais e, conforme você aprenderá neste livro, controlam a vida.

Apesar de a ciência só ter descoberto recentemente que o amor é a chave para a felicidade e o sucesso, todos os grandes mestres espirituais ao longo da história ensinam essa ideia há milênios, apesar de nós nem sempre termos tido a metodologia ou a tecnologia para colocá-la em prática de forma consistente.

Por exemplo:

"Ser amado profundamente por alguém é uma fonte de força, enquanto amar profundamente alguém é uma fonte de coragem."

Lao Tzu

"Uma palavra nos liberta de todo o peso e sofrimento da vida: essa palavra é amor."

Sófocles

"Ainda que eu tivesse o dom da profecia, e conhecesse todos os mistérios e toda a ciência, e tivesse uma fé capaz de mover montanhas, se não tivesse amor, nada seria."

Apóstolo Paulo

"Até sentir amor incondicional e imparcial por todos os seres, o homem não encontrará paz."

Buda

"Quando me desespero, lembro-me de que, durante toda a história, o caminho da verdade e do amor sempre venceu. Já houve tiranos e assassinos que, por um tempo, pareceram invencíveis; porém, no fim, sempre fracassaram. Pense nisso. Sempre."

Mahatma Gandhi

"Se você quiser que os outros sejam felizes, pratique a compaixão. Se você quiser ser feliz, pratique a compaixão."

Dalai Lama

"Escuridão não combate escuridão: Somente a luz pode fazer isso. Ódio não combate ódio: Somente o amor pode fazer isso."

Martin Luther King Jr.

"Aprender a amar é o objetivo e o propósito da vida espiritual — não se trata de aprender a desenvolver poderes psíquicos nem a fazer reverências, entoar cânticos, praticar ioga ou até mesmo meditar, mas, sim, de aprender a amar. O amor é a verdade. O amor é a luz."

Lama Surya Das

28   O CÓDIGO DO AMOR

Uma das descobertas mais animadoras da nossa época é que a ciência agora começa a quantificar esses antigos princípios espirituais e atestar não
apenas que o "coração espiritual" existe, mas que ele é a fonte de tudo que
acontece na vida, tanto as coisas boas quanto as ruins. A espiritualidade
real sempre esteve alinhada à ciência real, e estamos vendo cada vez mais
evidências disso.

Devido a esse alinhamento, seu sucesso nesse processo não depende
da forma como você vê o mundo, da população da qual você faz parte
ou até mesmo se acredita no Princípio Mais Importante. Você só precisa
segui-lo. Nos 25 anos que passei ensinando essa prática para meus pacientes eu o observei ser praticamente infalível com pessoas de diferentes
crenças e todas as condições de vida que se possa imaginar. Minha rede
de consultórios é uma das maiores do mundo agora; estamos em todos
os cinquenta estados dos Estados Unidos, em 158 países e planejando
expandir esse número. De todos esses pacientes, posso contar nos dedos
das duas mãos a quantidade de pessoas com quem trabalhei pessoalmente
e que não obtiveram um sucesso perfeito por esse processo. Esses cinco
a dez indivíduos podem ser divididos em dois grupos: (1) aqueles que
não seguiram o método (por qualquer motivo que fosse) e (2) aqueles
que discordavam dos princípios filosóficos do processo, então, nunca
tentaram de verdade. Todos os outros de que tenho conhecimento foram
bem-sucedidos.

Uma das ideias mais populares hoje em dia é que você precisa "acreditar
para alcançar". Esse não é o caso aqui. Você não precisa acreditar que o
método funciona nem em nada do que afirmo. Mas se *seguir* exatamente
o que oriento e ensino, seus relacionamentos pessoais, a fonte de problemas
de saúde, físicos e mentais e, sim, até ganhos e condições materiais serão
transformados.

AS FERRAMENTAS CERTAS
PARA O TRABALHO

Conquistar felicidade e sucesso verdadeiros significa viver interior e exteriormente com amor no momento presente, independentemente de suas atuais condições. Se conseguir fazer isso, tudo ficará melhor — por dentro e por fora. É claro que a maioria das pessoas *não é capaz* de seguir essas instruções apenas usando a força de vontade; é como se você tentasse obrigar um computador a fazer algo que ele não foi programado para executar.

O coração espiritual, ou o subconsciente e o inconsciente, funciona de forma semelhante a um computador. Na verdade, suas próprias células são feitas de uma substância similar ao silicone, como um chip de memória. (Lembre-se de que os computadores foram baseados na forma como *você* trabalha, não o contrário.) Por exemplo, se a sua máquina for infectada por um vírus ou se você instalar um software que causa problemas no sistema operacional, você pode até ser a pessoa mais bem-intencionada e determinada do mundo, mas se não tiver as ferramentas certas e o conhecimento para solucionar o problema, nunca vai conseguir eliminar o vírus ou desinstalar o programa. Por outro lado, se tiver conhecimento das ferramentas e do método corretos, a solução será extremamente fácil de ser alcançada. Na verdade, será quase impossível impedir que dê certo, mesmo se quisesse — porque é isso que o computador foi programado para fazer.

As ferramentas necessárias para ser bem-sucedido na vida devem lidar com o subconsciente e o inconsciente, não com o consciente (como o uso de apenas a força de vontade faz). É lá que ficam o coração espiritual e as memórias celulares, e a fonte de todos os nossos problemas na vida. Desenvolvi e testei Três Ferramentas nos últimos 24 anos que conseguem desprogramar o disco rígido humano, os vírus baseados no medo que mantêm os ciclos destrutivos em sua vida e reprogramar você em um nível subconsciente e inconsciente para que seja capaz de viver de forma verdadeira e amorosa de dentro para fora — sem precisar da força de vontade e

30 O CÓDIGO DO AMOR

sem esperar por resultados. Depois de ser apagado e reprogramado, viver com amor no momento presente (tanto por dentro quanto por fora) será sua programação padrão.

Então, em *O código do amor* você não apenas encontrará o método que ensina como conquistar felicidade e sucesso em todas as áreas de sua vida, como também o processo e as ferramentas que fazem o Princípio Mais Importante funcionar. Vai encontrar a técnica completa e perfeita, mencionada pela primeira vez milhares de anos atrás e agora confirmada por novas pesquisas e médicos das melhores universidades — mas com instruções práticas e detalhadas para encaixar todas as peças.

Na Parte I identificaremos seu objetivo de sucesso principal ou aquela coisa que você deseja mais do que tudo — um conceito fundamental e que formará a base da Fórmula do Princípio Mais Importante para Conquistar o Sucesso. Então, aprenderemos mais sobre alguns princípios científicos e espirituais que lhe ajudarão a entender por que o Princípio Mais Importante funciona.

Na Parte II você aprenderá como usar as Três Ferramentas que desprogramarão e reprogramarão a fonte de seus bloqueios contra o sucesso — ferramentas que você não encontrará em nenhum outro lugar —, e como ter objetivos que lhe renderão sucesso, em vez de estresse, duas peças-chave para montar o processo do Princípio Mais Importante.

Na Parte III descobrirá como colocar o Princípio Mais Importante em prática para alcançar sua própria felicidade e sucesso. Primeiro, vamos executar Diagnósticos Básicos para identificar a fonte de seus bloqueios contra o sucesso, usando as Três Ferramentas que aprendeu na Parte II. Depois, você será apresentado à Fórmula do Princípio Mais Importante para Conquistar o Sucesso, passo a passo, o processo de 40 dias que vai ajudá-lo a determinar e alcançar o sucesso desejado em qualquer área, com base em todos os conceitos que aprendeu até então.

O Princípio Mais Importante faz mais do que simplesmente salvá-lo do fracasso. Ele pode transformá-lo em uma pessoa bem-sucedida em tudo, mesmo que você já tenha um talento e uma inteligência fora do comum. Enquanto a fórmula de três passos da autoajuda para o fracasso faz, em geral, que se fracasse "pior" do que teria se tivesse continuado a agir por conta própria, o Princípio Mais Importante lhe dará forças para subir ao nível mais alto, não apenas indo além da força de vontade, como também além de suas expectativas e até mesmo de seus desejos e sonhos.

Assim como a Terra sempre foi redonda, mesmo quando todos acreditavam que era plana, o Princípio Mais Importante sempre foi real. Porém, nos últimos anos, desenvolvemos métodos científicos para comprová-lo. E pela primeira vez você tem em mãos as ferramentas e o método completos para conquistar sua felicidade e seu sucesso perfeitos, e viver uma vida *além*.

parte I

A BASE DO PRINCÍPIO
MAIS IMPORTANTE

capítulo 1

ENCONTRANDO SEU OBJETIVO DE SUCESSO PRINCIPAL

Deixe-me começar este capítulo com uma pergunta. Se você não for capaz de respondê-la corretamente há poucas chances de um dia conseguir conquistar o que mais deseja na vida. Provavelmente, ficará preso em círculos viciosos por anos, décadas ou, talvez, até mesmo pelo resto de sua vida. Por mais que isso seja crítico, de acordo com a minha experiência, pouquíssimas pessoas sabem a resposta certa para esta pergunta. Então, aqui vai ela: o que você deseja mais do que tudo neste momento?

Para lhe ajudar a responder de forma correta só tenho uma regra: não se reprima. O que quero dizer com isso? Para a maioria das pessoas a resposta vem à mente na mesma hora, de forma instintiva, ao ouvir esta pergunta. O problema é que, muitas vezes, elas tentam se convencer na mesma hora de que aquilo que pensaram não é o certo. Começam a criar argumentos para dar outra resposta que seja mais socialmente aceitável, mais (ou menos) adequada à maneira como foram criadas, mais religiosa, menos religiosa — tem de tudo um pouco. Já escutei as coisas mais variadas. Não faça isso!

O objetivo deste livro é ajudá-lo a conquistar o que você *realmente* deseja. A primeira etapa é responder à pergunta com sinceridade, porque, se você não sabe o que quer — ou não é capaz de admitir a verdade sobre o que quer —, é quase certo de que não vai conseguir. Então, quero sua resposta sincera, instintiva. Se o que vier naturalmente for 1 milhão de dólares, então, ótimo, aceite isso. Se for um problema de saúde que quer tratar, fantástico, essa resposta serve. Caso queira melhorar um relacionamento, maravilhoso. Seja lá o que surgir em sua mente, de forma natural e espontânea, é a resposta.

O EXERCÍCIO DO GÊNIO

Para ajudá-lo a responder à pergunta sem se reprimir vamos fazer um exercício. Você se lembra da história de Aladim e a lâmpada mágica? Era uma das minhas favoritas quando eu era pequeno; não sei nem quantas vezes pensei, caminhando pelo quintal de casa, em quais seriam meus três desejos e o que poderia resultar deles. Eu era maníaco por esportes, então, geralmente, desejava ser o próximo Jimmy Connors, ou, se estivesse na temporada do beisebol, ser o lançador que arremessava a bola da vitória no sétimo jogo da World Series pelos St. Louis Cardinals — e, então, iria lá fora e fingiria estar jogando.

Feche os olhos e imagine que o gênio de Aladim está diante de você, neste exato momento. Não há mais ninguém por perto, só vocês dois. E isto é o que ele lhe diz: "Vou lhe conceder um desejo. Pode escolher o que quer, com apenas duas restrições: você não pode pedir por mais desejos nem por algo que tire o livre-arbítrio de outra pessoa. Mas qualquer outra coisa que pedir lhe será concedida. Deseja 10 milhões de dólares? Feito! Um problema de saúde 'incurável' resolvido? Pode deixar! Uma grande conquista? Vitória! Você entendeu. Ninguém nunca vai saber como conseguiu essas coisas; pensarão que aconteceu naturalmente, por causa das circunstâncias da vida. Você nunca mais poderá fazer outro pedido, e precisa me dizer o que quer nos próximos dez segundos, ou perderá a oportunidade."

Certo, é agora; o momento da verdade. Imagine isso como se estivesse acontecendo neste instante. Nada de se reprimir; você tem dez segundos. Feche os olhos e responda. Agora!

Qual foi o pedido que fez ao gênio? Escreva.

Adivinhe só? Eu lhe enganei. Desculpe, eu precisava fazer isso, e talvez você me agradeça mais tarde. Era a única forma que eu tinha para identificar o que você realmente deseja da vida. O caso é que a resposta anterior é, na verdade, seu objetivo principal neste momento. Talvez, se eu tivesse perguntando dessa forma, sua resposta teria sido diferente. *Muito* diferente, na maioria dos casos. Eu teria uma resposta que não nos ajudaria em nossa jornada para conquistar o que você realmente deseja mais do que tudo.

Então, por que quero saber o seu objetivo principal na vida? Porque é por isso que você faz praticamente tudo que faz. É por isso que você pensa como pensa. É no que realmente acredita, independentemente de como age. E é o que indica sua programação padrão. Tudo que você faz, tudo que já fez e tudo que ainda vai fazer é por causa de um *objetivo* que definiu em algum momento da vida, mesmo que tenha se esquecido dele. Você não sai da cama de manhã a não ser que em algum momento tenha esse objetivo, de forma consciente ou inconsciente. O mesmo vale para escovar os dentes, se vestir, pegar um táxi, se casar, se divorciar, ter filhos, usar o banheiro... bem, deu para entender. A identificação do seu objetivo principal na vida é o primeiro passo na caminhada para você mudar de verdade.

A RESPOSTA ERRADA

Faço essa pergunta para as pessoas há 25 anos, tanto individualmente quanto em grupo. A última dinâmica que fiz tinha mais de seiscentas pessoas, e apenas seis deram a resposta certa.

Se a única regra era que deveriam dar uma resposta sincera, como podem ter errado? Bem, eu sei quando erram porque, quando lhes faço mais duas perguntas logo depois, elas me dizem que erraram. Vou lhe fazer essas perguntas um pouco mais adiante. Mas vou dar uma dica: a resposta certa é sempre um *estado interior* (como amor, felicidade, paz etc.). A resposta errada é uma *circunstância exterior* (dinheiro, saúde, conquistas, um relacionamento baseado no que a outra pessoa faz ou sente etc.). E é errada por ser um tiro no próprio pé: vai afastá-lo da felicidade e do sucesso que você quer, e fazê-lo fracassar (ainda mais, talvez) na vida.

Por quê? Vamos voltar para a tradicional "fórmula de três passos para o fracasso" que mencionamos na Introdução. Lembre-se de que esse modelo, usado pela maior parte do mercado de autoajuda, tem uma taxa de fracasso de 97%:

1. Concentre-se no que quer alcançar.

2. Elabore um plano para conquistar seu objetivo.

3. Coloque o plano em ação.

As etapas 1 e 2 tratam de se concentrar no resultado final para alcançar o sucesso. O Dr. Daniel Gilbert, professor de psicologia de Harvard e autor best-seller de *O que nos faz felizes*, descreve a conclusão de sua pesquisa assim: "Expectativas são assassinas da felicidade."[1] Ele passou anos fazendo um estudo original sobre o assunto.[2] Se você ler a pesquisa, observará que, quando ele fala de "expectativas", está se referindo, especificamente, a certas circunstâncias de vida conectadas a um evento futuro (em outras palavras, um resultado final). Ele também tem um vídeo maravilhoso na internet, que descreve como esse fenômeno acontece dentro de nós, sem nos darmos conta.[3]

Mas as expectativas por resultados finais não apenas matam nossa felicidade, como também nossa saúde e as chances de sermos bem-sucedidos em quase tudo. Por quê? Esperar por um resultado final instantâneo deixa qualquer pessoa em um estado crônico de estresse até que o objetivo seja alcançado, ou não. Se você esteve vivendo neste planeta nos últimos trinta anos, provavelmente já sabe que a maioria dos médicos e das instituições médicas afirma que 95% de todas as doenças e males são causados por estresse. Mas isto é o que muitas pessoas não percebem: além dos problemas de saúde, o estresse é a fonte de todo e qualquer problema que você pode ter na vida.

De uma perspectiva clínica, praticamente todas as dificuldades que alguém sofre resultam do estresse. Em outras palavras, estresse causa fracasso. Como?

1. **Estresse causa doenças.** Cerca de 95% de todos os problemas de saúde estão relacionados a estresse, de acordo com quase todos os médicos e instituições médicas do planeta. Isso não é novidade.

2. **Estresse nos deixa inertes.** Ele impede que o fluxo sanguíneo alcance os centros intelectuais superiores e bloqueia a criatividade, a capacidade de solucionar problemas e todas as coisas de que precisamos para conquistar felicidade e sucesso.

3. **Estresse suga nossa energia.** Depois de um pico inicial de energia causado pelo cortisol, sofremos uma overdose de adrenalina, e nossa energia cai. Isso acontece porque uma pessoa não deveria sentir estresse, a menos que estivesse correndo risco de morte e fosse necessário lutar ou fugir (o que gastaria o cortisol). Mas a principal queixa que escuto dos meus pacientes, "Estou sempre cansado", é causada por estresse crônico ou constante.

4. **Estresse faz com que vejamos tudo de forma negativa.** "Não consigo fazer isso. Não vai funcionar. Não sou bom o suficiente. Não sou talentoso o suficiente. Não sou atraente o suficiente. A economia vai muito mal." Quando uma pessoa pensa essas coisas, ela acredita que é uma avaliação confiável das circunstâncias. Mas não é o caso; é só o estresse falando. Remova o estresse e todos os pensamentos, crenças, ações e sentimentos negativos se tornarão positivos. Se o estresse continuar, você pode passar a vida inteira tentando resolvê-los com sua força de vontade, e quase nunca conseguirá.

5. **Estresse faz com que fracassemos em quase qualquer tarefa.** Essa é a única conclusão lógica para os números 1 a 4. Como você acha que vai conseguir se tornar bem-sucedido se estiver doente, inerte, cansado e vendo tudo pelo lado negativo? Você pode até empurrar essa

pedra morro acima por algum tempo, mas uma hora ela vai descer rolando e atropelá-lo. Bem, ainda é possível alcançar o resultado final desejado se você for uma pessoa extremamente talentosa na área em que atua, como esportes, ciências, finanças ou comércio. Mas não será uma pessoa feliz, realizada e satisfeita no longo prazo. Esses sentimentos são uma parte crucial da minha definição de sucesso: alcançar seu resultado final desejado *e* se tornar feliz, realizado e satisfeito no processo. Você não deveria aceitar nada menos que isso.

A etapa 3, colocar o plano em ação, conta com sua força de vontade, o que é tão ineficaz quanto as expectativas exteriores. A ciência finalmente comprovou o que nossa experiência pessoal já nos fez aprender ao longo dos anos: ter apenas força de vontade não é o suficiente para conquistarmos o que queremos. O Dr. Bruce Lipton, especialista em biologia celular na Faculdade de Medicina de Stanford e agora autor best-seller, afirma que se você tentar ter a vida, a saúde e o sucesso desejados contando apenas com a força de vontade, sem ter desprogramado e reprogramado seu subconsciente antes, terá uma chance em 1 milhão de dar certo.[4] Isso acontece porque, segundo o Dr. Lipton, o subconsciente (a parte em que armazenamos nossa programação) é 1 milhão de vezes mais poderoso que o consciente (a parte em que armazenamos nossa força de vontade).

O Dr. William Tiller, meu amigo e físico de Stanford, que também estrelou o filme *Quem somos nós?*, me disse, em conversas pessoais: "Nos dias de hoje, a gente escuta falar em todo canto de intenção consciente. Mas o que ninguém fala é que também temos intenções inconscientes. Quando o consciente é posto contra o subconsciente, a vitória é sempre do subconsciente." Na maior parte do tempo nós nem percebemos que o subconsciente não concorda com a intenção do consciente. Achamos que simplesmente decidimos fazer todas as coisas que fazemos: telefonar para aquela pessoa, sentar no sofá ou passar três horas lendo algo na internet quando deveríamos estar nos ocupando com outra coisa. Porém, foi sempre o subconsciente tomando essa decisão, não o consciente. (Falaremos mais sobre isso no Capítulo 2.)

ENCONTRANDO SEU OBJETIVO DE SUCESSO PRINCIPAL   **41**

Vamos voltar ao problema de criar metas com base em expectativas e circunstâncias exteriores (etapas 1 e 2). Se o objetivo principal em sua vida for uma circunstância exterior, na mesma hora ele o deixará em um estado de estresse crônico até que você consiga o que deseja, ou não. Isso significa que o próprio objetivo — não a falta de um propósito na vida ou até mesmo sintomas visíveis de estresse — pode ser a causa dos seus problemas. Já vi isso acontecer inúmeras vezes com meus pacientes. Quando o objetivo principal da vida deles é uma circunstância exterior, um destes três resultados fatalmente acaba acontecendo:

1. Ao alcançar a circunstância exterior ou objetivo que sempre desejou a pessoa fica feliz da vida — por certo tempo. Depois de um dia, uma semana ou um mês, ela segue em frente para conquistar a próxima coisa na vida que não tem e que decide querer mais do que todas as outras — e volta direto para o ciclo crônico de estresse, euforia e, novamente, estresse. Muitas pessoas repetem esse ciclo várias vezes por décadas, e, então, chegam ao fim da vida e pensam: *Qual foi o sentido disso tudo?*

Eu tenho um amigo próximo que passou décadas sonhando em escrever um livro que entrasse para a lista dos mais vendidos do *New York Times*. Sempre que conversávamos, ele estava pensando ou trabalhando nisso. Finalmente, depois de 25 anos, ele conseguiu! Ficou louco de alegria quando seu livro apareceu na lista — eu recebi quatro mensagens de texto, três ligações e vários e-mails dele. Comemorei junto; porém, por conhecer esses princípios, já sabia o que estava por vir.

Duas semanas e meia depois ele finalmente confessou: "Não foi bem como eu esperava." Na verdade, meu amigo entrou em depressão profunda e desenvolveu alguns problemas de saúde — mesmo tendo realizado o sonho de uma vida inteira e estando em melhor condição financeira. Por quê? Antes de conquistar seu objetivo, ele esperava que esta única coisa, escrever um livro que entrasse para a lista dos mais vendidos do *New York Times*, faria com que certos problemas desaparecessem e certos sonhos se tornassem realidade. Como nada disso aconteceu, ele sentiu um vazio que nunca sentira antes, e isso substituiu a esperança que passara anos alimentando enquanto escrevia o best-seller. Este é um mau negócio, ganhar

42   O CÓDIGO DO AMOR

uma sensação de vazio em vez de esperança. Em outras palavras, alcançar esse objetivo de circunstância exterior no fim o fez se sentir *pior* do que se nada tivesse acontecido. No entanto, ele logo esqueceu isso e seguiu para o próximo fator exterior que parecia capaz de lhe proporcionar felicidade — e que o fez voltar para o ciclo de estresse mais uma vez.

2. Se uma pessoa conquista seu objetivo, no mesmo instante acaba se sentindo como se isso não fosse exatamente aquilo que ela desejava. Em outras palavras, às vezes, ela não passa pelo momento de euforia do ciclo. Em vez de simplesmente seguir em frente e ir à luta por outro objetivo, a pessoa se sente iludida e desorientada. Uma vez, assisti a um documentário na televisão sobre uma banda mundialmente famosa no qual o grupo falava sobre sua primeira música de sucesso. Quando o entrevistador perguntou a um dos integrantes "Como se sentiu quando aquilo pelo que você se esforçou tanto finalmente aconteceu?", fiquei chocado, mas não surpreso, com a resposta: "É só isso? Achei que seria diferente — não foi o que eu esperava."

Trabalho com vários músicos, atletas profissionais, atores e atrizes multimilionários. Dentre vinte, um é rico, famoso e também saudável, feliz e satisfeito. Os outros 19 são superestressados, trabalham incansavelmente para conquistar o próximo disco de platina, paranoicos com a ideia de que suas vozes falhem ou que não sejam mais capazes de escrever outro sucesso. Não dá mesmo para acreditar nas coisas que os estressam quando, para quem está de fora, eles parecem estar no topo do mundo.

Quando eu encontro esses exemplos raros de pessoas que são ricas, famosas, felizes e satisfeitas, elas deixam bem claro para mim que não são felizes e satisfeitas por causa do dinheiro e da fama. É porque conhecem estes princípios: que amor e verdade interiores são mais importantes que qualquer resultado final ou circunstância exterior. E geralmente descobriram isso do jeito difícil — em muitos casos, depois de superar o alcoolismo, o uso abusivo de drogas e outros vícios. De alguma forma, acabaram percebendo que riqueza e reconhecimento não nos satisfazem de verdade. Quando chegam nesse estágio, sempre que são tentados a se concentrar na circunstância exterior, correm na direção oposta: "Não quero nem pensar em dinheiro e fama, porque foi isso que quase me matou."

ENCONTRANDO SEU OBJETIVO DE SUCESSO PRINCIPAL   43

Tanto o número 1 quanto o 2 acontecem quando alguém alcança o principal objetivo que tem em mente. Mas é provável que a pessoa estivesse buscando esse resultado apenas com a força de vontade, e nós sabemos o quanto isso é eficaz. Então, o que acontece se ela nunca alcançar seu objetivo, mesmo após anos, décadas ou, quem sabe, a vida inteira?

3. Caso a pessoa não alcance seu objetivo, geralmente entra em um estado de desilusão e desespero profundo, sem nunca se recuperar. Já vi isso acontecer várias vezes. Uma das coisas mais tristes que me ocorreu foi atender idosos que só aprendem os princípios no fim da vida. Alguns sofrem por questões de saúde, financeiras ou por não se darem bem com pessoas mais próximas. Mas, de longe, o problema mais devastador que já tratei em meus pacientes, até mesmo, e talvez especialmente, se forem famosos, é o arrependimento — pela vida que não tiveram. Já vi estrelas do country idosas apontarem para paredes cheias de prêmios, os xingarem e dizerem: "Daria cada pedaço deles para viver com amor, alegria e paz, para ter dado prioridade à minha família e passado mais tempo com ela e com as pessoas que amo." Quando as pessoas envelhecem, é natural que comecem a compreender que viver com amor é o Princípio Mais Importante de todos.

Às vezes, trabalho com idosos que ainda não aprenderam isso. Continuam vivendo em um estado de medo interior, concentrados em circunstâncias exteriores. Provavelmente, estão se agarrando com unhas e dentes aos prêmios e conquistas do passado. Em todos os casos, são sempre infelizes, amargurados, ansiosos, doentes, e não se relacionam bem com as pessoas. Podem até ser podres de ricos e lendas vivas. Não importa. Se você os visitasse comigo, sairia de suas casas se sentindo triste por eles. Talvez até usasse as palavras *dignos de pena* e se determinasse a nunca terminar daquela forma. Se eles me procuram, eu os ajudo a viver com amor, alegria e paz, e em relacionamentos saudáveis, no momento presente — e é impressionante como conseguem se curar, mesmo quando não lhes resta muito tempo. Mas isso não significa que não mudariam as escolhas que fizeram no passado. E é exatamente por isso que estou escrevendo este livro: para que você não termine desse modo. É possível alcançar sucesso verdadeiro — ser feliz,

44   O CÓDIGO DO AMOR

satisfeito *e* alcançar seu maior potencial — em cerca de apenas quarenta dias após ter começado o processo que aqui descrevo.

Esses são os motivos pelos quais circunstâncias exteriores são sempre a resposta errada para a pergunta "O que você deseja mais do que tudo neste momento?". Ser feliz e realizado de verdade enquanto busca uma circunstância exterior como objetivo principal (de acordo com antigos registros e pesquisas científicas modernas) simplesmente não é possível.

COMO ENCONTRAR A RESPOSTA CERTA

Se você faz parte dos 99% de pessoas que deram a resposta errada à primeira pergunta, as próximas questões vão lhe ajudar a pensar na resposta certa. Como sabe, a pergunta 1 era: o que você deseja mais do que tudo neste momento? Aqui vão as outras duas:

2. Se você conseguisse o que mais queria de acordo com a pergunta 1, como isso o transformaria e o que mudaria em sua vida?

3. Se você conseguisse o que respondeu nas perguntas 1 e 2, como se sentiria?

Sua resposta à pergunta 3 é, na verdade, a resposta para a primeira pergunta. É isso que você *realmente* deseja mais do que qualquer outra coisa, e é sempre um estado interior; nunca será uma circunstância exterior.[5] Esse estado interior é o que chamaremos de *objetivo de sucesso principal*, porque é exatamente isso que ele é. Porém, se ele é mesmo o seu objetivo de sucesso principal, por que não foi a resposta para a primeira pergunta?

Aqui está o motivo: quase todo mundo responde à pergunta 1 com uma circunstância exterior porque acredita que ela causará o estado interior que descreveram na pergunta 3.

Vou lhe dar um exemplo. Alguns meses atrás participei de um evento ao vivo em Los Angeles. Orientei a plateia sobre como fazer o exercício para descobrir o objetivo principal. Uma senhora muito gentil se voluntariou para subir ao palco e compartilhar suas respostas. Ela passara alguns meses difíceis, como tantas outras pessoas na atual situação econômica. Sua resposta para a pergunta 1 foi "1 milhão de dólares". Quando disse isso, a expressão em seus olhos parecia indicar que falava do amor de sua vida, de sua comida favorita ou de uma irresistível sobremesa de chocolate. A resposta para a pergunta 2 foi o esperado: "Poderia pagar minhas contas, fazer um pé de meia, tirar férias, deixar minha vida menos tensa." A resposta para a pergunta 3 foi "paz". A senhora pensava que para ter paz precisava de dinheiro. Na situação em que estava, acreditava que, literalmente, poderia comprar essa sensação.

Expliquei como tudo funciona e então perguntei: "Será que o que a senhora 'realmente' deseja mais do que tudo seja paz, mas acredita que *só* o dinheiro lhe garantiria essa paz interior?" Ela abriu a boca, cobriu o rosto com as mãos e começou a chorar bem ali, no palco, na frente de tantas pessoas, e chorou de soluçar. Quando se acalmou, compartilhou com a plateia que, até aquele momento, nunca soubera de verdade o que queria da vida. Passara décadas pensando que era dinheiro, sempre mantendo o foco nesse objetivo, e só havia ficado cada vez mais estressada, infeliz e cheia de ansiedade. A próxima coisa que lhe ocorreu foi que o que mais desejava naquele momento era algo que poderia conquistar agora. Não precisava de dinheiro para aquilo; na verdade, não precisava que nenhuma circunstância exterior em sua vida mudasse. Então, começou a rir, ficou extremamente feliz e me abraçou. Seu rosto mudou por completo, bem ali no palco, diante da plateia.

Tantos de nós buscam um resultado final — seja ele uma carreira, um bem, uma conquista ou um relacionamento — porque acham que essa circunstância exterior causará o estado interior que desejamos em nossas vidas. Provavelmente, acreditamos que alcançar essa meta é a *única* forma de termos amor, alegria e paz. Mas isso nunca é verdade. É uma das maiores mentiras do mundo, na verdade — e o maior motivo para a taxa de fracasso de 97% do mercado de autoajuda nos últimos 65 anos! De acordo com o Dr. William Tiller, "O que não vemos é sempre a fonte do que vemos". E o oposto nunca é verdade: o que vemos (ou a circunstância exterior) *nunca*

46 O CÓDIGO DO AMOR

é a fonte do que não vemos (o estado interior de amor/alegria/paz, no longo prazo). Simplesmente não funciona dessa forma — nem na natureza, nem em nós mesmos.

Aqui vai um exemplo cotidiano para provar isso. Digamos que há duas pessoas em um engarrafamento da hora do rush em Los Angeles, lado a lado, e o trânsito está completamente parado. Uma delas está enfurecida — as veias saltam, o rosto fica vermelho e ela aperta o volante com força, gritando com as pessoas ao redor. Mas o motorista ao lado está completamente tranquilo. Conversa com os amigos no carro, canta junto com o rádio, ri. Sei que você já viu isso antes — se não no trânsito, então, esperando na fila do mercado, recebendo um atendimento ruim em um restaurante, aguardando um voo atrasado. As duas pessoas, na mesma circunstância exterior, apresentam reações bastante diferentes. O que está acontecendo não pode ser a causa do estado interior delas, pois as duas estão passando pela mesma situação!

Isso não significa que circunstâncias exteriores nunca lhe afetarão — isso aconteceria, por exemplo, se você perdesse seu cônjuge em um acidente. Porém, em momentos de perigo verdadeiro ou grande sofrimento, o estresse, ou a reação de lutar ou fugir, precisa entrar em ação. Se vivermos em um estado interior de amor, alegria e paz, em circunstâncias normais, passaremos pelos estágios de luto por algum tempo, mas, depois de cerca de um ano, vamos nos recuperar e voltar ao normal. Agora, se vivermos em um estado interior de medo, em circunstâncias normais, não conseguiremos nos recuperar, e a tensão extra pode acabar conosco. No entanto, a verdadeira causa do estresse não é a situação em si, mas é a nossa programação interior.

Um fator exterior nunca é capaz de produzir um interior; o interior sempre cria o exterior. O sucesso total de suas circunstâncias exteriores depende completamente de seu estado interior de amor, alegria e paz. Essas qualidades são os pré-requisitos para ter saúde, riqueza, criatividade, felicidade e sucesso em todas as áreas. Da mesma forma, os estados interiores de medo, depressão e raiva produzirão circunstâncias exteriores que são o oposto do sucesso: problemas de saúde, dificuldades financeiras, uma sensação de impotência, tristeza e fracasso em todas as áreas. (Os Capítulos 2 e 3 fornecerão mais detalhes sobre como isso acontece.) Agora, voltamos para o nosso ponto de origem: o estresse não só é a fonte da maioria dos problemas de saúde, como também de praticamente todos os problemas que podemos ter na vida.

Se você for uma pessoa talentosa em alguma área específica, como esportes, finanças, engenharia ou redação, seu objetivo principal pode ser uma circunstância exterior, e talvez seja possível ganhar muito dinheiro e alcançar um nível de sucesso espetacular. Mas você não será capaz de ganhar muito dinheiro *e* ser feliz, realizado e satisfeito para sempre. Em outras palavras, não vai ser capaz de "ter tudo", que é a minha definição de sucesso "verdadeiro".

Vamos voltar para meu argumento anterior de que ninguém faz nada sem um objetivo interior. A senhora que queria 1 milhão de dólares tinha um objetivo interior associado ao desejo de ganhar dinheiro. A questão é: qual era ele e por que ela tinha esse objetivo específico? O motivo era sua *programação de dor/prazer.*

A PROGRAMAÇÃO DE DOR/PRAZER

Um dos instintos mais básicos e intrínsecos do ser humano é buscar prazer e evitar dor. Essa programação faz parte do instinto de sobrevivência: nascemos com ela e a teremos até o dia de nossa morte. Na verdade, é o que rege nossa realidade primária do nascimento até os 6 anos de idade, e com razão. Durante os primeiros seis anos de vida, quando somos mais vulneráveis, nosso instinto de sobrevivência está no mais alto estado de alerta para detectar rapidamente o que é seguro e o que não é. Desenvolvemos um sistema de "estímulo/resposta", que basicamente indica que dor = ruim e prazer = bom. Outros nomes para o conceito de estímulo/resposta incluem causa/efeito e ação/reação. Essa programação segue uma das leis naturais do universo, especificamente a terceira lei de Newton, que afirma que toda ação tem uma reação oposta e de igual intensidade.

Neste contexto, chamo isso de programação de dor/prazer. Em outras palavras, se algo causar prazer, é seguro e, portanto, bom e desejável. Se causar dor, não é seguro e, portanto, nosso cérebro nos diz para lutar, parar ou fugir rapidamente. Do ponto de vista da sobrevivência, esse sistema de estímulo/resposta é bastante eficaz nos primeiros seis anos de vida — é provável que ele tenha nos salvado inúmeras vezes durante a infância! Se uma criança de 2 anos encosta em um forno quente, afasta a mão na mesma hora, sem ninguém ter ensinado isso a ela. E depois dessa experiência ela nunca mais fará isso de novo. Da mesma forma, quando a programação de dor/prazer (isto é, lutar ou fugir) entra em ação na vida adulta, ela nos mantém a salvo.

Alguns anos atrás, após receber uma multa por excesso de velocidade, foi me dada a opção de assistir a aulas de direção em vez de pagar a taxa. O policial encarregado da aula era brilhante. Ele nos disse que poderíamos estar dirigindo em condições normais, em um dia de tempo bom, seguindo o carro diante de nós a uma distância apropriada, mas se o motorista da frente, do nada, pisasse no freio, seria impossível evitar uma batida se precisássemos pensar nisso de forma *consciente*. O fluxo de pensamento seria algo como: *Ah, veja só. O motorista na minha frente freou do nada. Preciso tirar meu pé do acelerador, colocá-lo no freio e apertá-lo com o máximo de força possível, ou vou acabar batendo na traseira dele.* Ninguém tem tempo de fazer isso — você acabaria sofrendo um acidente todas as vezes.

O policial ainda acrescentou que, felizmente, temos um mecanismo no cérebro que nos *previne* de bater o carro sempre que isso acontecer (se estiver seguindo o veículo da frente a uma distância adequada). Assim que os olhos registram a luz do freio, o subconsciente assume o controle dos pensamentos conscientes e faz o pé sair do acelerador e pisar no freio antes de termos tempo de analisar conscientemente o que está acontecendo. Antes de nos darmos conta da situação, já paramos — tudo graças ao instinto de lutar ou fugir.

A programação de dor/prazer não é, por si só, ruim. Ela está diretamente ligada ao instinto de sobrevivência e à nossa resposta ao estresse. Foi desenvolvida para desempenhar um papel importante em nossas vidas até os 6 anos de idade e, depois disso, quando passamos por momentos de risco.

ENCONTRANDO SEU OBJETIVO DE SUCESSO PRINCIPAL   49

A programação de dor/prazer é fantástica quando evita que o seguro do meu carro aumente, mas é um problemão quando me impede de alcançar felicidade, saúde e sucesso na vida. O que quero dizer com isso? Que se a minha vida não estiver em perigo iminente, então, eu não deveria estar vivendo, acreditando, sentindo ou agindo de acordo com o mecanismo que o policial descreveu.

É claro que a programação de dor/prazer é exatamente o que está por trás da fórmula de três passos da autoajuda para conquistar o sucesso dos últimos 65 anos. Aquela que tem uma taxa de fracasso de 97%.

Na verdade, na infância, somos programados para seguir essa fórmula em todos os momentos, e é assim que a maioria das crianças consegue o que quer. Por exemplo, se um menino de 5 anos deseja um sorvete, ele primeiro pensaria: *Quero uma casquinha* (etapa 1). Então, bolaria um plano: ir pedir à mãe (etapa 2). Finalmente, colocaria o plano em ação e pediria à mãe pelo sorvete (etapa 3). Mas e se ela disser não? O menino, provavelmente, reformularia o plano da etapa 2 e deixaria de "pedir à mãe" e passaria a "negociar com a mãe". Então, voltaria à etapa 3, dizendo a ela: "Se eu limpar meu quarto antes, posso tomar sorvete?" E, dessa vez, a mãe deixa. Sucesso!

Mas para o sucesso na vida adulta essa fórmula nos *afasta* do que desejamos de verdade, justamente porque nos mantém restritos ao pensamento de que "dor equivale a ruim e prazer equivale a bom". Como adultos, devemos pensar nessa fórmula como nosso sistema "bicicleta de rodinhas" e aprender a viver com amor e verdade, independentemente de dor e prazer. Agora, já compreendemos que há ocasiões em que o prazer não é saudável e em que a opção desagradável é a melhor. Infelizmente, poucos de nós abandonam o sistema "bicicleta de rodinhas"; a maioria ainda busca prazer e evita dor a qualquer preço, mesmo que isso lhe custe amor, verdade e o estado interior de paz. Em suma, a maioria de nós ainda age como crianças de 5 anos de idade.

Veja bem, quando vivemos de acordo com a programação de dor/prazer e entramos no modo lutar ou fugir, nosso estado é similar ao choque. Talvez você já tenha vivenciado isso se sofreu um acidente de carro ou algum outro tipo de trauma inesperado. Quando alguém entra em choque, o subconsciente se desconecta do consciente. O objetivo é tirar seus pensamentos conscientes do caminho e salvar sua vida. (Isso o deixa inerte, suprime o sistema imunológico e faz todas aquelas coisas já mencionadas que são causadas pelo estresse.)

Digamos que um homem casado, no calor da paixão, passa uma noite com outra mulher. Depois do ato, ele se sente terrível; vai para casa e, em um súbito acesso de sofrimento e culpa, liga para o melhor amigo e conta o que aconteceu. O amigo fica chocado; o homem nunca tinha feito nada assim antes. Finalmente, ele o acalma, e os dois decidem que a esposa precisa saber do que aconteceu. Sofrendo, depois do jantar naquela noite, o homem conversa com ela e conta o que fez. A esposa fica arrasada, e os dois passam por um péssimo momento estabelecendo um interrogatório muito difícil. O marido está atormentado pela culpa, mas ainda afirma que não teve a intenção de fazer nada daquilo e que aquela situação nunca mais irá se repetir. A esposa fica confusa e de coração partido, e sente como se não conhecesse o homem com quem é casada há anos.

Se você perguntasse ao marido: "Queria mesmo ter tido um caso?", a resposta mais provável seria: "Não! Eu amo minha esposa; foi só uma coisa de momento." Sei disso; já trabalhei com centenas de homens exatamente nessa situação. Mas se você me perguntasse o que penso, eu diria: "Se ele não queria ter um caso, não teria tido um caso." Como pode imaginar, quando atendi pessoas que traíram seus cônjuges e lhes disse isso, elas ficaram extremamente irritadas comigo! Então, por que foi que eu falei uma coisa dessas? Estou tentando irritar os outros? É claro que não. Por trás de toda ação existe um objetivo interior. E por trás de todo objetivo interior existe uma crença. Não importa no que você acredita, nós sempre agimos de acordo com nossas crenças, o tempo todo.

Para ter um caso, o homem, antes de tomar qualquer atitude, precisava acreditar que fazer isso seria o melhor para ele naquele momento: *Isso vai me dar muito prazer, que é o que eu necessito e desejo agora. Minha esposa não anda muito no clima, então, tenho motivo. Só vai acontecer uma vez — vou me arrepender e nunca mais agirei assim.* Ao mesmo tempo, era bem provável que ele acreditasse que *não* queria ter um caso. Quando uma pessoa tem duas crenças, que entram em conflito, o que ela faz na hora H só depende

ENCONTRANDO SEU OBJETIVO DE SUCESSO PRINCIPAL · 51

de qual crença predomina em sua mente naquele instante. Uma, foi criada pela programação de dor/prazer (o pensamento de criança de 5 anos), e a outra, pelo amor e pela verdade (o pensamento de um adulto).

Nessa situação, talvez o homem tenha começado a ir devagar em direção a uma situação comprometedora, e realmente não planejava fazer nada por certo tempo. Talvez ele e essa outra mulher estivessem tendo uma conversa casual depois de uma reunião de trabalho tarde da noite. Talvez um deles tenha convidado o outro para algum lugar, e o outro tenha pensado em uma justificativa para a ação e aceitado, achando que continuar a conversa seria algo inocente. Mas, em algum momento, o homem agiu da forma que não deveria, e, uma vez que, no fundo, ele acreditava que ter um caso era uma boa ideia porque lhe dava prazer, continuar encontrando a mulher se tornou inevitável.

No momento da decisão, o homem estava no modo lutar ou fugir — pensa, *Esta é uma das piores coisas que farei na vida.* Pode até chegar perto de um estado de choque, quando o pensamento racional consciente é quase tão inexistente que perdemos a capacidade de resistir. Ele passa a agir quase como um animal, apenas "sentindo", e então agindo de acordo com esse sentimento. Quando se chega nesse ponto, o consciente está tão desligado que é quase impossível recuar. O homem mal é capaz de acessar sua mente racional. Quando o caso acaba, seus pensamentos lógicos e adultos retornam, e então ele se sente extremamente culpado. *Por que fiz isso? Sabia que não deveria ter feito isso!* Mas fez por causa da programação de dor/prazer. Estava agindo como uma criança de 5 anos de idade, e sua esposa concorda.

Se você já se encontrou na mesma situação que a esposa, o "Não tive a intenção" pode parecer uma desculpa esfarrapada. A programação de dor/prazer não justifica o comportamento de ninguém, mas pode ajudar a explicá-lo. Sim, o marido escolheu agir daquela forma, mas, de certa maneira, não teve muita opção. Sua decisão foi causada por uma programação destrutiva e subconsciente, baseada na reação de dor/prazer. Então, quando alguém diz "Nunca mais farei isso", a única forma de essa afirmação ser verdadeira é, geralmente, se a pessoa curar suas crenças erradas. É a única maneira de ajustar a programação.

Isso não se aplica apenas para casos extraconjugais; a programação de dor/prazer também explica por que você grita com seus filhos, por que não consegue resistir ao sorvete de flocos quando está tentando perder peso, ou seja, quase qualquer circunstância em que faz algo que não quer fazer. A força de vontade simplesmente não tem chance de vencer.

A programação de dor/prazer não apenas explica por que a força de vontade é tão ineficaz, como também por que buscar uma circunstância exterior nunca deve ser nosso objetivo principal na busca pelo sucesso.

Quando você é sincero consigo mesmo, como espero que tenha sido ao responder àquelas perguntas, e percebe que o que acredita ser seu maior desejo é uma circunstância exterior — especialmente se não for uma situação em que todas as partes envolvidas (como cônjuge, família ou parceiros de negócio) saiam ganhando —, desejar uma circunstância exterior mais do que tudo é um sinal certeiro de que esse objetivo foi criado por um instinto de sobrevivência baseado no medo. Por algum motivo, acreditamos que essa circunstância vai nos proporcionar prazer ou nos proteger da dor, e precisamos dela para sobreviver. Em algum momento da vida, algo aconteceu, provavelmente, durante a infância, e nos ensinou que alcançar esse objetivo era uma questão de sobrevivência, ou de "se dar bem" na vida. Temos a tendência de nos voltarmos para a programação de dor/prazer para silenciar e acalmar aquele ponto dentro de nós que nos faz sentir aflitos ou incapazes.

Uma vez, tive um paciente que era multimilionário. Teria sido muito difícil para ele gastar todo o dinheiro que tinha. No entanto, o homem também era uma das pessoas mais tristes que já conheci. Estava sempre estressado, pilhado e irritado ou nervoso. Você conhece o tipo (ou talvez você seja esse tipo de pesoa). Basta analisar um pouquinho a vida dele para descobrir o motivo para isso tudo: esse senhor havia crescido na miséria — pobre, ridicularizado por suas roupas velhas e gastas, e com vergonha de sua condição de vida. Então, ele fez uma "promessa", quase como Scarlett O'Hara no filme ... *E o Vento Levou*: "Deus é minha testemunha de que nunca mais passarei fome novamente." Esse homem jurou que nunca mais seria pobre, e isso virou uma questão primordial em sua vida. Ele pensou que dinheiro lhe compraria os estados interiores de amor, alegria e paz. *Se eu conseguir uma quantidade X de dinheiro, roupas, carros e posses, então, ficarei bem.* Mas nós sabemos que isso nunca funciona, e, claro, não deu certo para ele.

Então, apesar de talvez acharmos que uma circunstância exterior é o que mais queremos, a maioria de nós fez pelo menos duas suposições secretas que estão completamente erradas — que uma circunstância exterior nos fará felizes e realizados para sempre e que uma circunstância exterior conquistará um estado interior imediatamente (amor, alegria, paz etc.). Os maiores mestres de todos os tempos sempre pregaram que o sucesso na vida não surge com a busca por prazer e da rejeição da dor a todo custo. O sucesso só é alcançado se vivermos com verdade e amor todos os momentos, e quaisquer circunstâncias que advenham disso são as melhores para nós, mesmo que causem sofrimento.

POR QUE O ESTADO INTERIOR É A RESPOSTA CORRETA

Vamos revisar um pouco o que já discutimos. Se o objetivo principal em sua vida for uma circunstância exterior, é bem provável que você não o alcance, porque o estresse inevitável que ele causa sabota seus melhores esforços. E, mesmo que você consiga o que almeja, isso não vai deixá-lo feliz e realizado por muito tempo. Por outro lado, se o objetivo principal de sua vida for um estado interior, o resultado final é bem diferente.

1. **Quase sempre será possível conquistar seu objetivo.** Nada exterior precisa mudar, e o único fato interior a ser modificado são padrões de energia, que podem ser alterados facilmente com o uso das ferramentas certas. Como eu disse, foram raras as vezes que vi isso *não* funcionar com meus pacientes, em várias partes do mundo e nas mais diversas situações. Você encontrará muitas dessas histórias neste livro.

2. **Depois que conseguir conquistá-lo, ninguém poderá tirá-lo de você.** Foi o que Victor Frankl descobriu durante o Holocausto. Ele chamou isso de a última das liberdades humanas: o direito de escolher sua atitude ou seu estado interior, independentemente das circunstâncias exteriores. Depois que saiu do campo de concentração, ele escreveu o clássico *Em busca de sentido* e ajudou milhões de pessoas a se concentrar na atitude interna (estado interior) em vez de nas circunstâncias exteriores de suas vidas.[6]

3. **Depois que conseguir conquistá-lo, você terá a garantia de que se sentirá completamente satisfeito e realizado, pois era isso que sempre quis, mas talvez não soubesse.**

4. **Se o seu objetivo principal for um estado interior, você quase sempre conseguirá as circunstâncias exteriores que deseja como um bônus.** Aqui está a verdadeira mágica: depois que você criar o estado interior de amor, alegria ou paz, ou seja lá o que tenha respondido na pergunta 3, já obteve a fonte de energia interior que cria as circunstâncias exteriores que deseja em sua vida. Mas sem esse estado interior positivo seria como aspirar o pó de um tapete sem ligar o aspirador na tomada.

COMO O PRINCÍPIO MAIS IMPORTANTE VAI LHE AJUDAR A CONQUISTAR O QUE VOCÊ REALMENTE DESEJA

A maioria das pessoas passa a vida acreditando que um resultado exterior é o que realmente deseja. Muita gente vai atrás de uma dúzia ou dois deles, sempre pensando que, desta vez, "isso vai ser tudo de que preciso". Descobrir que investiu os melhores esforços de sua vida em uma mentira pode ser uma experiência chocante e até mesmo devastadora. Você pode ter desperdiçado a juventude, economias, relacionamentos, energia e saúde para alcançar "a coisa" que pensava ser seu maior desejo — apenas para descobrir que não apenas ela não é o que você mais queria, como também o *afastou* do seu maior desejo. Talvez você entenda que havia comprado a mentira que a grande maioria das pessoas em nossa cultura também acredita: circunstâncias exteriores conquistam o estado interior de amor e paz.

Por outro lado, se você está entre o pequeno grupo que respondeu a pergunta 1 com um estado interior, permita que eu seja o primeiro a lhe dar os parabéns. Você realmente está no melhor percentil do que acredito ser a forma mais relevante de medir o sucesso. Você não tende a desejar coisas que já tem. Se tivesse o estado interior de amor e paz, talvez respondesse à pergunta do gênio com algo como "Não desejo nada. Tenho tudo que quero e de que preciso. Talvez mais amor e paz".

Tanto faz se você acabou de descobrir que um estado interior é seu objetivo de sucesso principal ou se já sabia disso há mais tempo; as ferramentas e o processo do Princípio Mais Importante são a forma de obtê-lo. O Princípio Mais Importante é um conceito bem simples, na verdade significa fazer o oposto do que lhe causa estresse. Especificamente, você precisa abrir mão da expectativa por um resultado final exato, obtido com a força de vontade, e passar a se concentrar em criar um estado interior que será a fonte de energia para suas circunstâncias exteriores. Aqui vai outra forma de colocar isso em termos mais práticos:

Sempre aja em um estado interior de amor, concentrando-se no momento presente.

É isso. Esse é o Princípio Mais Importante. Eu sei, estamos apenas no Capítulo 1. Mas agora já lhe dei toda a base que precisará para compreender completamente por que a tradicional fórmula para conquistar o sucesso não funciona e por que a teoria apresentada neste livro e a aplicação dela dá certo. Viver com amor enquanto se concentra no momento presente é tudo que você precisa fazer para alcançar o maior sucesso imaginável, em todas as áreas da vida — o sucesso *perfeito* para você. Se respondeu às três perguntas deste capítulo com sinceridade, deve ter descoberto o que realmente deseja, e aprendeu a teoria básica de como consegui-lo.

Se eu pudesse lhe dar um presente, seria sua resposta para a pergunta 3: o estado interior de amor. Mas não posso lhe dar isso. Será preciso conquistá-lo

56 O CÓDIGO DO AMOR

por conta própria, pelo processo que aprenderá nos capítulos a seguir. É isso que você mais deseja e precisa, e o que realmente irá permitir, concretizar e conquistar seu sucesso perfeito! Porém, para isso, é necessário abrir mão do resultado final exterior que você acreditava desejar mais do que tudo. Esse ato de fé abrirá a porta para os resultados que sempre quis!

Antes de prosseguirmos, eu gostaria de lhe dar a oportunidade de receber o mesmo tipo de sacada transformadora que tive 25 anos atrás, depois que Hope me expulsou de casa, e que mudou meu coração de repente, tornando-me capaz de absorver o Princípio Mais Importante no mesmo instante. Ter essa grande sacada é quase como ver a morte de perto, e depois de vivenciar esta experiência a pessoa — ou até mesmo sua personalidade — se transforma para sempre, de uma maneira que nunca seria possível usando apenas a força de vontade. Essa pessoa pode até ter tentado realizar essas mudanças antes, mas sem sucesso. Porém, o coração e o cérebro controlam o corpo. Quando a programação muda, tudo pode mudar, geralmente no mesmo instante. Quando isso acontece, é impossível não perceber!

Não podemos controlar se teremos essa grande sacada transformadora ou não, mas ela é uma dádiva incrível, e quero garantir que você tenha todas as chances de passar por isso. Tudo que precisa fazer é rezar[7] e meditar sobre a ideia do Princípio Mais Importante, ficando aberto à possibilidade de receber essa experiência. Para ser mais preciso, gostaria que você meditasse sobre os pontos a seguir, um por vez, nesta ordem:

- Se você considerar como sucesso uma circunstância exterior, estará, basicamente, garantindo o próprio fracasso, e não apenas sobre uma questão específica, mas sobre todas, em geral, pois se concentrar em uma circunstância exterior como objetivo de vida causa estresse crônico. Você também estará praticamente garantindo que nunca encontrará sucesso verdadeiro, porque o estresse crônico vai lhe impedir de alcançá-lo.

- Observar toda e qualquer área de sua vida sob a ótica do "o que eu ganho com isso" (OQEGCI) pode permitir que você conquiste o que deseja no curto prazo, mas causará sofrimento depois e será uma eterna fonte de fracasso. Abrir mão do OQEGCI, com amor, sempre leva ao sucesso e aos únicos sentimentos que lhe satisfarão e o farão se sentir realizado no longo prazo.

- O que você sempre desejou não é exterior ou material. É interior — especificamente, os estados interiores de amor, alegria e paz em sua mente e em seu coração.

- Se você basear seus sucessos ou fracassos na força de vontade, sem antes se desprogramar e reprogramar, terá uma chance em 1 milhão de ser bem-sucedido, e 1 milhão de chances contra uma de fracassar. Tentar fazer algo que está além da sua capacidade causa ainda mais estresse, aumentando a probabilidade de fracasso. O oposto do controle doentio pela força de vontade é desistir dos resultados finais com base na fé, crença, confiança e esperança.

- Se você alcançar um estado interior de amor/alegria/paz, ele produzirá circunstâncias exteriores positivas, impossíveis de conseguir contando apenas com a força de vontade.

- Viver no momento presente com amor, abrindo mão das circunstâncias e dos resultados exteriores, produzirá sucesso e felicidade além dos seus sonhos.

- Você deve desistir de usar *força de vontade* e *expectativas* para conseguir o que realmente deseja.

Reze e medite sobre essas ideias por uma hora, uma semana, ou pelo tempo que for necessário para realmente absorvê-las em seu coração. Dê a si mesmo a oportunidade de ter a grande sacada transformadora que pode desprogramar seus conceitos e reprogramá-los em um instante. Você também pode rezar e meditar sobre eles diariamente, enquanto utiliza as ferramentas. Se tiver essa grande sacada e imediatamente passar a amar a todos e a tudo, em qualquer circunstância, livre de qualquer expectativa para o futuro, então, pode ser que nem precise mais ler este livro. Mas, ainda assim, sugiro que continue a leitura para compreender melhor os mecanismos por trás da transformação pela qual você passou — ou para lidar com alguma outra questão relacionada a sucesso. Ou compartilhe este livro com alguém que precise.

Muita gente me pergunta: "Como vou saber se tive uma dessas sacadas transformadoras que reprogramam uma pessoa?" *Você vai saber!* É como o amor (o verdadeiro): ele transcende as palavras. Você vai saber, e sentirá algo diferente lhe transformar lá no fundo, e nunca mais será o mesmo. Poderá se sentir aquecido, entusiasmado, em paz, experimentar uma sensação de bem-estar que vai além do plano físico, uma leveza, uma ausência de medo, preocupações ou amor. Seus sentimentos, suas crenças e suas ações irão mudar de forma espontânea. Acredite em mim: você vai saber!

Por favor, não se preocupe caso essa sacada transformadora não aconteça. Isso não significa que você tenha feito algo errado. Pode ser que ela ocorra depois, ou, talvez, o melhor caminho para você seja usar as ferramentas descritas aqui para se reprogramar, o que causará a transformação de forma mecânica e automática.

Caso não tenha essa grande sacada, *não pare de ler agora,* em hipótese alguma. Lembre-se de que é isto que a maioria dos livros faz: eles levam duzentas páginas ou mais para explicar os princípios e, então, param, concluindo que, uma vez que você aprendeu o que fazer, pode simplesmente usar a força de vontade para conquistar o que deseja. Pode parecer que é suficiente conhecer a teoria. Você pode querer tentar agir imediatamente e testar as ideias para ver se dão certo. Então, também quero que se sinta completamente à vontade para fechar este livro e se comprometer a viver de acordo com o Princípio Mais Importante apenas com o uso da força de vontade. Talvez você consiga ser bom em amar a todos e viver no momento presente pelos primeiros dois dias, mas receio que vá acabar descobrindo que isso não costuma durar muito. Na verdade, quase não acontece. Seu hardware e software interiores o programaram contra isso. Praticamente, ninguém que atendi foi capaz de fazer isso apenas com a força de vontade — incluindo eu. Apenas compreender o conceito e usar a força de vontade para viver de acordo com ele não é algo que funciona no longo prazo.

Por outro lado, você ainda pode estar tendo dificuldade para entender o conceito. Muitos dos pacientes com os quais trabalhei diretamente não conseguiam entender tudo de primeira porque estavam imersos demais em sua programação inata e nos ensinamentos que sempre recebemos. Era quase como se eu lhes dissesse que a Terra é plana, ou como se estivesse falando outro idioma. Simplesmente, não conseguiam aceitar que poderiam alcançar seu objetivo final ao desistir dele e que poderiam conquistar o que nunca conseguiram antes, se esforçando menos!

Eu repetia os princípios várias vezes, mas só os deixava com uma expressão cada vez mais confusa. Finalmente, era inevitável que compreendessem. Todas as vezes, um sorriso animado surgia, todos os seus gestos indicavam entusiasmo e diziam algo como "Ahhh...", "Uau..." ou "Entendi...". Eles haviam visto a luz; agora, compreendiam. Então, se a luz ainda não apareceu para você, isso é normal. Continue rezando e meditando sobre os princípios, e vai acabar acontecendo. E, nesse momento, será como se tivesse encontrado uma porta secreta para a felicidade na vida, que você nunca soube que existia.

De toda forma, a boa notícia é que o sucesso não depende de força de vontade nem de compreensão intelectual. O restante do livro explicará as ferramentas e o processo para colocá-las em prática de forma bem-sucedida.

Mas antes de chegarmos às ferramentas e ao processo vamos aprender dois conceitos importantes: memória celular e o que eu chamo de Física Espiritual.

capítulo 2

MEMÓRIA CELULAR

Geralmente, é bem fácil saber quando algo não está funcionando em nossas vidas; sofrimento e ansiedade são sintomas difíceis de ignorar. Você pode ter uma dor de dente ou passar a noite em claro preocupado com o filho adolescente na rua. Mais complicado, porém, é descobrir a fonte desses problemas e curá-la de verdade, em vez de simplesmente lidar com os sintomas. Nós temos uma tendência natural de pensar que o problema é a circunstância atual, mas isso quase nunca é o caso. Se canalizarmos energia para mudar uma situação como se ela fosse a causadora de nossos problemas quando, na verdade, ela *não* é a fonte de nada, criamos ainda mais estresse!

Nos últimos cinquenta anos, especialmente nos últimos 15, especialistas identificaram que a fonte dos sintomas de sofrimento e ansiedade geralmente não está localizada no corpo, nem mesmo no ambiente. Ela é gerada por dificuldades invisíveis instauradas no subconsciente ou inconsciente, ou pelo que a ciência chama de "memórias celulares".

Então, o que exatamente queremos dizer com "memórias celulares"? Na verdade, estamos apenas falando sobre suas *memórias*. Os pesquisadores começaram a adicionar a palavra *celulares* porque costumávamos acreditar que todas as lembranças eram armazenadas no cérebro — até que, no decorrer de muitos anos, ao removerem partes do cérebro em muitos pacientes, cirurgiões descobriram que as memórias continuavam lá. As experiências de pessoas que passaram por um transplante de órgão também sustentam essa ideia. Agora sabemos que as lembranças ficam armazenadas em células pelo corpo, mas continuam sendo o que chamamos de "memórias", palavra que usarei para me referir a elas no decorrer deste livro. Além disso, de todos os vários termos usados por escritores e pesquisadores para se referir às memórias celulares, meu preferido é aquele utilizado pelo rei Salomão, especialmente porque ele foi a primeira fonte que encontrei que menciona-va o assunto: as questões do coração. Mas para distinguir esse conceito do órgão cardiovascular, eu o chamo de "coração espiritual". Então, quando me referir ao *coração espiritual*, você pode substituir o termo por *memórias celulares* ou *subconsciente e inconsciente*. Apenas me refiro ao lugar onde as lembranças boas e ruins, a fonte de todos os problemas e dificuldades, se alojam.

No dia 12 de setembro de 2004 o *Dallas Morning News* publicou uma história, "Medical School Breakthrough" [Descoberta em faculdade de medicina], sobre um novo estudo que havia sido concluído no Centro Médico da Universidade Southwestern, em Dallas, Texas. Os cientistas descobriram que nossas experiências não ficam armazenadas apenas nos cérebros, mas também são registradas em nível molecular pelo corpo, e eles acreditavam que essas *memórias celulares* eram a verdadeira fonte para problemas de saúde. O jornal entrevistou o Dr. Eric Nestler, um médico de Harvard, que disse:

> Os cientistas acreditam que essas memórias celulares podem significar a diferença entre uma vida saudável e a morte. [...] O câncer pode ser o resultado de uma memória celular ruim substituindo uma boa. [...] Isso pode ser um meio de criar soluções mais poderosas para curar doenças.[1]

Esse artigo foi publicado no mundo inteiro. Se você ler nas entrelinhas do que a Southwestern chama de memórias celulares e o que Salomão se referia como questões do coração, verá que estão falando da mesma coisa.

Em outubro de 2004 o *Dallas Morning News* publicou um artigo complementar ao citado anteriormente: "A Cell Forgets" [Uma célula esquece]. É um trecho longo, mas vale a pena ser lido:

> Os cientistas descobriram que, em todo o mundo natural, células e organismos retêm suas experiências sem precisar de um cérebro. Especialistas acreditam que essas memórias celulares podem significar a diferença entre vida e morte.
>
> O câncer pode ser o resultado de uma memória celular ruim substituindo uma boa. Traumas psicológicos, vícios e depressão podem ser intensificados por memórias anormais armazenadas por células. Os cientistas suspeitam que doenças que surgem em fases mais tardias da vida podem ser causadas por memórias errantes programadas nas células no decorrer do envelhecimento das pessoas. Até mesmo lembranças reais, aquelas que dependem do cérebro, parecem necessitar das memórias armazenadas nas células.
>
> Agora, os cientistas tentam entender como as células adquirem essas memórias para, quem sabe, criar métodos para modificá-las e curar doenças na fonte.
>
> "Isso pode ser um meio de criar soluções mais poderosas para curar doenças", disse o Dr. Eric Nestler, chefe do departamento de psiquiatria do Centro Médico da Universidade do Texas Southwestern, em Dallas.
>
> Para muitas doenças, afirma ele, os tratamentos atuais funcionam basicamente como Band-Aids. Eles lidam com os sintomas de uma doença, mas não a causa. "O uso desse conhecimento", explica Nestler, "oferece a oportunidade de realmente corrigir a anormalidade."[2]

O artigo continua explicando que o Dr. Nestler e outros especialistas em biologia celular, como a Dra. Susan Lindquist e o Dr. Eric Kandel, vencedor do Prêmio Nobel, descobriram marcadores químicos específicos em nossas células que parecem indicar se usamos ou não determinado gene. Na verdade, o Dr. Nestler publicou uma pesquisa no *Journal of Neuroscience* que mostra como choques elétricos podem alterar os marcadores genéticos em cérebros de ratos.[3]

64   O CÓDIGO DO AMOR

No entanto, pesquisas mostram que, além de choques elétricos, outra coisa é capaz de modificar os marcadores de uma memória celular: o amor materno. Através de experimentos com ratos em laboratório pesquisadores descobriram que uma rata lambendo os filhotes, literalmente, modifica os marcadores químicos associados ao gene que rege a forma como sentem medo, resultando em filhotes que exibem mais coragem durante a vida e indicando que o amor materno pode "programar seus cérebros para a vida".[4]

Em outras palavras, esses pesquisadores comprovaram que o amor é um antídoto para o medo, e tanto amor quanto medo podem ser medidos em ordem celular. Também descobriram que circunstâncias exteriores podem causar uma "lavagem cerebral" em uma célula anteriormente "pacífica", de forma que ela se torne uma célula cancerosa invasiva, e isso também pode ser observado nos marcadores. "A célula pacífica é *reprogramada* [grifo meu] com marcadores genéticos localizados em pontos estratégicos, que fazem com que ela cresça de forma descontrolada."[5]

Essa pesquisa é de 2004. Hoje em dia os cientistas continuam usando seus melhores recursos para estudar marcadores específicos de memória celular e compreender como manipulá-los em laboratório. Na verdade, talvez você já tenha ouvido falar do poder da memória celular em histórias sobre pessoas que passaram por um transplante de órgão. Um exemplo famoso é o de Claire Sylvia, que contou sua experiência no livro *A voz do coração*. Depois de passar por um transplante de coração e pulmão no hospital Yale--New Haven, em 1988, ela começou a notar mudanças de personalidade significativas: sentia forte desejo de comer frango empanado do KFC, algo que, sendo uma dançarina e coreógrafa preocupada com a saúde, nunca faria normalmente; passou a preferir tons de azul e verde, em vez dos tons chamativos de vermelho e laranja que costumava usar; começou a apresentar um comportamento mais agressivo, coisa que combinava ainda menos com ela. Depois de uma pequena investigação, ela descobriu que todas essas características novas eram traços de seu doador. Dezenas de experiências similares foram relatadas por outras pessoas que passaram por transplantes. A explicação é a memória celular.[6]

MEMÓRIA CELULAR 65

O Dr. Bruce Lipton, cientista-pesquisador da Universidade de Wisconsin, clonava células musculares humanas, tentando determinar por que eram atrofiadas. Ele descobriu que células musculares individuais reagem e mudam com base na "percepção" que têm do meio em que se encontram, e não necessariamente do meio "real". Outras pesquisas mostraram que o mesmo acontece com seres humanos: nós reagimos e mudamos com base em nossa percepção do ambiente, e *não* por causa de como o ambiente realmente é. Outra palavra para essa percepção é "crença".[7] O Dr. Lipton diz que praticamente todo problema de saúde é originado de uma crença equivocada do subconsciente. Depois de ler nas entrelinhas de sua pesquisa complementar, acredito que o que ele chama de crenças do subconsciente seja exatamente o mesmo que o Dr. Nestler e seus colegas denominam de memória celular, e o que Salomão chamava de coração espiritual. Como discutimos no capítulo anterior, considerando que o subconsciente é 1 milhão de vezes mais poderoso que o consciente, as chances de você conquistar a vida que deseja sem mudar essas crenças é de uma em 1 milhão.[8]

O fenômeno da memória celular se aplica a todas as pessoas do planeta, não apenas àquelas que estão doentes ou não conseguem alcançar seus objetivos. Nossas memórias celulares (ou crenças subconscientes, ou questões do coração espiritual) mais cedo ou mais tarde acabarão nos afetando — como aconteceu com o marido infiel do capítulo anterior. Como um vírus no computador, você não pode ignorá-las e esperar que desapareçam milagrosamente; isso não vai acontecer.

O Dr. John Sarno, da Faculdade de Medicina da Universidade de Nova York, apresentou um trabalho inovador sobre doenças psicossomáticas e a conexão entre corpo e mente especialmente voltado para dores de coluna.[9] Ele concorda com o Dr. Lipton e o Dr. Nestler, e afirma que doenças e dores crônicas em adultos são originadas de memórias celulares destrutivas. Se você curar a memória, esses problemas de saúde desaparecerão.

E o terapeuta holístico Dr. Andrew Weil afirma, no best-seller *Health and Healing* [Saúde e cura], que "Todas as doenças são psicossomáticas".[10] Assim como o Dr. Sarno, ele não quer dizer que não sejam reais, mas, sim, que não são causadas por uma fonte física — fazendo coro com os especialistas já mencionados.

A Dra. Doris Rapp, uma pediatra alergista conhecida em todo o mundo, é uma grande amiga minha e alguém que admiro muito. Muitos anos atrás ela decidiu fugir dos métodos tradicionais da medicina para ajudar crianças. Foi alvo de várias críticas de colegas durante sua jornada, mas se manteve firme. Hoje em dia milhares e milhares de pessoas dizem que ter conhecido a Dra. Rapp foi um divisor de águas em suas vidas, e é de impressionar a quantidade de prêmios humanitários que ela recebeu.

Em seu best-seller *Is This Your Child?* [Seu filho é assim?] ela discute o "efeito barril".[11] Na verdade, a primeira vez que li sobre o assunto foi nesse livro, muitos anos atrás, e aquilo me marcou. No "efeito barril" imaginamos um grande barril interior em que todo estresse que sofremos é depositado. Enquanto ele não estiver completamente cheio, o corpo consegue aguentar um novo problema: alguém pode se irritar conosco, algo pode não acontecer como esperado ou podemos ser expostos a alguma substância, e mesmo assim continuaremos nos sentindo bem, pois o corpo e a mente ainda são capazes de lidar com isso. No entanto, quando o barril enche, qualquer coisinha nos afeta. Então, a gota d'água que lhe faz perder a paciência é algo cientificamente comprovado.

Por exemplo, digamos que você tenha comido amendoim ontem e nada aconteceu. Porém, hoje, comeu mais um amendoim e teve uma reação alérgica. Isso não faz sentido algum; o problema não pode ser o amendoim, não é? Se ontem nada aconteceu, por que hoje seria diferente? A verdade é que o problema foi o amendoim, e também não foi. Sim, comê-lo acionou uma reação física negativa, mas isso não aconteceria se o barril de estresse não estivesse cheio. O verdadeiro motivo não foi o amendoim, e, sim, o estresse (ou, mais precisamente, a "fonte" interna do estresse). Seu nível de tensão foi o único fator diferencial.

A teoria também se mostra verdadeira em se tratando de reações emocionais Se você for pai, provavelmente, já viu isso acontecer com seus filhos. Em uma quarta-feira, quando diz para o seu menino de 2 anos que é hora de ir embora do parquinho, ele pode obedecer sem reclamar.

Porém, no domingo, quando lhe diz a mesma coisa, na mesma hora do dia e no mesmo parquinho, ele pode ficar furioso e explodir como um vulcão de adrenalina, no pior ataque de pirraça que já teve. A reação nos dois momentos dependia do nível de estresse no barril interno dele. Quando o conteúdo começa a transbordar, o subconsciente do menino encara a saída do parquinho como uma emergência que ameaça sua vida. (De fora, parece apenas que ele está exagerando.) Com esse exemplo, você é capaz de perceber que não fomos feitos para viver com um barril de estresse cheio. Estar eternamente desequilibrado desse jeito faz com que nos comportemos de forma "defeituosa".

Mas o principal dever de nosso estresse é nos proteger, não nos fazer felizes. Seja de forma física ou emocional, ele prefere reagir mais a reagir menos, e com frequência aciona a reação de lutar ou fugir, "só para garantir". Se sua resposta fosse tranquila demais, poderíamos morrer, e aí ele teria fracassado na execução de seu dever mais importante. Da mesma forma, a quantidade de adrenalina liberada durante a situação de estresse, baseado no quanto ela lhe parece intensa no momento, determina a força dessa memória no coração espiritual por toda a nossa vida. A mente sempre prioriza experiências que podem nos manter fora de perigo, e determina isso com base em nossas memórias — especificamente, nas memórias associadas ao medo. Você já deve ter entendido por que todos nós temos essa programação complicada em nossos corações espirituais: uma memória estressante que causa problemas em nossas vidas hoje pode existir porque tivemos um dia terrível no parquinho quando tínhamos 2 anos de idade!

Nosso barril de estresse inclui até mesmo memórias hereditárias. Você pode ter tido uma infância perfeita e livre de traumas, mas, por algum motivo, sofre com problemas de confiança, depressão, saúde ou vícios. Eu trabalhei com muitas pessoas que se enquadravam nessa categoria e que, mais tarde, descobriram que um grande trauma havia acontecido gerações atrás (uma criança que foi atropelada por um trem, por exemplo), e ninguém na família foi mais o mesmo. Essas memórias, que agem como vírus poderosos no disco rígido humano, são passadas adiante, como o

68   O CÓDIGO DO AMOR

DNA. Quanto mais adrenalina for liberada durante a situação de estresse, mais intensa é a memória, mais ela o afeta e maior é a probabilidade de ser transmitida a futuras gerações. Assim, as lembranças que o afetam talvez nem sejam suas. Memórias hereditárias podem explicar a existência do que começamos a chamar de "o ciclo" e "quebra do ciclo" algumas décadas atrás, ou o padrão de comportamentos, pensamentos e sentimentos que se repetem em algumas famílias. Se você for capaz de remover o estresse da pessoa que sofre com o problema, agora (mesmo que seja genético e venha de muitas gerações no passado), até mesmo questões genéticas podem ser curadas.

Uma das minhas pacientes finalmente descobriu que a fonte de seus sintomas havia surgido mais de cem anos atrás. Depois de pesquisar um pouco a história da família ela soube que durante a Guerra Civil americana sua tataravó testemunhou o assassinato do marido e de três filhos, pelo inimigo, na própria casa, que era devastada por um incêndio. Não temos noção do grau de estresse que esse acontecimento gerou e o efeito que teve sobre a saúde e todas as circunstâncias de vida dessa mulher. Ela passou suas memórias cheias de tensão (e seus sintomas) para os descendentes, mesmo aqueles tão distantes da situação que nem sabiam que aquilo havia acontecido, incluindo minha paciente. Contudo, estresses assim não são impossíveis de curar. Identificando essa memória de gerações passadas, fomos capazes de lidar com a fonte dos problemas de minha paciente, e ela se curou. Você aprenderá a fazer isso por conta própria na Parte III.

Se comparar os detalhes das pesquisas de todos os especialistas mencionados, verá que sempre afirmam a mesma coisa: a fonte de todo problema pode ser associada ao nosso subconsciente, também conhecido como memória celular ou coração espiritual. O que a aciona é algo em nossa atual situação que se relaciona a essa memória passada, e a consequência disso é estresse.

COMO MEMÓRIAS CELULARES PROVOCAM SINTOMAS NEGATIVOS EM NOSSAS VIDAS

Vou explicar o que tudo isto significa. Há 7.000.000.000.000.000.000. 000.000.000 (sete octiliões) de átomos no corpo humano. Cada um deles é influenciado por seus pensamentos. Sempre que algo novo surge em sua mente, novas conexões e vias neurais aparecem no cérebro. Os pensamentos e as emoções, automaticamente acionados por determinado evento, provêm de uma rede neurológica criada na primeira vez que você vivenciou tal situação. Essas redes neurológicas são suas memórias celulares. Toda vez que você passar por um acontecimento semelhante, a mesma lembrança é acionada, e, em geral, você não compreende de forma consciente de onde isso vem ou por que se sente de determinada maneira.

O desafio é que a maioria de nossas respostas ocorre em piloto automático, com base nessas memórias de acontecimentos passados. Se você cresceu com bons exemplos paternos e uma vida privilegiada, pode ser um dos sortudos que vive muito bem hoje em dia. Porém, se teve traumas no passado que ainda não foram curados, seja por experiências próprias ou as de seus ancestrais, é provável que sua vida esteja cheia de experiências que vivem se repetindo devido às memórias celulares.

Elas são o ponto de referência que o cérebro usa para decidir como reagir em determinados momentos. É por isso que tantos de nós imitam os pais em relacionamentos da vida adulta, copiando tanto os comportamentos bons quanto os ruins — mesmo que nós estejamos cientes de suas falhas e nos esforcemos para não repetir seus erros.

Então, se você tem uma memória que lhe causa raiva, medo, autoestima baixa ou milhares de outros sentimentos igualmente negativos, essa lembrança pode lhe deixar doente, levá-lo ao fracasso e destruir seus relacionamentos mais importantes. Diante de uma nova situação, você pode achar que está lidando com ela de forma completamente diferente, como um adulto lógico e racional, tomando novas decisões conscientes sobre como reagir no presente. Na verdade, seu coração espiritual está buscando pela memória que melhor se enquadra nas informações sensoriais que está recebendo. De acordo com pesquisas, a percepção sensorial (uma visão, um cheiro, um sentimento etc.) dura apenas um segundo. Então, a forma como reagimos depois desse tempo não tem nada a ver com nossos sentidos, mas, sim, com nossos bancos de memória.[12] "Não vemos as coisas como elas são. Nós as vemos como *nós* somos."[13] Lembre-se do exemplo que usamos, sobre duas pessoas lado a lado no trânsito. Uma fica enfurecida; a outra, tranquila demais. Elas estão exatamente na mesma circunstância exterior. A diferença não é a situação em que se encontram. Só pode ser, e é, algo interior.

Se o coração espiritual encontra uma memória feliz, você tende a reagir de forma positiva. Se a que encontrar for dolorosa, a tendência é agir com medo ou raiva. Essa memória associada ao medo produzirá sintomas negativos em sua fisiologia, seus pensamentos, crenças, emoções e em seu comportamento. Uma lembrança funciona quase como um telefone celular, recebendo e emitindo sinais o tempo todo. Ela emite um "sinal de medo" para as células mais próximas, assim como para o hipotálamo no cérebro, que controla o estresse. Ao recebê-lo, as células se bloqueiam e entram em modo de morte ou doença; não eliminam toxinas nem absorvem o oxigênio, a nutrição, a hidratação e os íons necessários. Se permanecerem nesse estado muito tempo, as chances de liberarem um gene que cause doença aumentam consideravelmente. Na verdade, o Dr. Bruce Lipton diz que essa é a *única* forma de uma enfermidade se manifestar. Se isso não acontecer, você nunca ficará doente, pois seus sistemas de defesa e de cura sempre estarão funcionando da melhor maneira possível.

Quando o hipotálamo recebe um sinal de medo da memória, ele aciona o estresse. Bingo! É aí que todo problema começa. A reação de lutar ou fugir é ativada, o hipotálamo inunda o corpo com hormônios de estresse, como o cortisol, e nós entramos na programação de dor/prazer para que possamos encontrar a todo custo um alívio para esse sofrimento ou medo. O cérebro se desconectou ou parou de usar totalmente o pensamento consciente racional, *exceto* no que se refere à racionalização do lutar ou

MEMÓRIA CELULAR 71

fugir. Esse estresse nos torna doentes, cansados, anestesiados, negativos e fracassados; ou seja, produz quase todo tipo de sintoma negativo possível. Entendeu a conexão?

Esse conceito tem implicações muito importantes para o papel do consciente na tomada de decisões e na forma como agimos. O Dr. William Tiller me disse o seguinte sobre intenções conscientes e inconscientes: "Se entrarem em conflito, o inconsciente sempre ganha." Quando resolvemos agir, um segundo antes de tomarmos essa decisão conscientemente há um pico químico no cérebro que ordena qual será a decisão tomada e que mobiliza o corpo para agir de acordo — tudo apenas um segundo antes de o consciente se decidir. Então, a escolha consciente é, na verdade, ordenada pela programação, caso tenhamos uma memória de medo relacionada à situação (e geralmente não estamos cientes disso): nós apenas criamos uma explicação lógica para o que o subconsciente/inconsciente já decidiu. A *National Geographic* se refere a isso como "a ilusão da intenção".[14]

Você já viu muitos exemplos disso em sua própria vida. Nos Estados Unidos, algumas famílias de fazendeiros passam gerações apenas dirigindo carros da Chevrolet ("É coisa de família — nós dirigimos carros da Chevrolet"). Mesmo que a marca esteja classificada em 47º no ranking de qualidade, os motoristas dessas famílias bolam todas as desculpas ou justificativas possíveis para isso ser uma conspiração contra a Chevrolet, e afirmam que, na verdade, eles *deveriam* ser classificados em primeiro lugar, mas, por algum motivo, não são. É claro que esses argumentos não se baseiam na qualidade do veículo, mas na programação que receberam dos pais, dos avós e do meio onde vivem. Se aquele fabricante estiver em primeiro lugar, então, o subconsciente e o consciente deles estão em harmonia. Se esse não for o caso, ficam se perguntando por que as pessoas estão escrevendo mentiras sobre seu carro favorito, e vivem em constante estresse — o que, por mais que a questão pareça simples, acaba enchendo um pouco mais o barril de estresse e, provavelmente, causando uma variedade de sintomas que, para eles, não têm motivo. Por que continuam fazendo isso? Por que não percebem como estão agindo e começam a acreditar na verdade? Porque o inconsciente "ordena" que comprem carros da Chevrolet, e o consciente tem uma "necessidade" inata de compreender as circunstâncias e os motivos pelos quais pensamos, sentimos, acreditamos e fazemos as coisas de determinada forma. Então, os motoristas da família fazem o que se sentem "compelidos" a fazer, sem saber o motivo e sem pensar no assunto, pois realmente não têm noção do que está por trás de sua atitude.

Um exemplo mais grave seria a educação religiosa. Eu fui criado em um lar extremamente religioso, o que acabou causando um conflito dentro de mim que beira a esquizofrenia: foi me ensinado que Deus é amor, mas Ele também só estava esperando eu botar um dedinho fora da linha para acabar comigo. Quando jovem, joguei fora esse conceito de Deus, pois não fazia sentido para mim. Ou, pelo menos, foi isso que meu consciente fez, porque era um assunto que me causava muito sofrimento. Meu coração espiritual levou décadas para seguir pelo mesmo caminho. Porém, quando tomei minha decisão, iniciei uma busca. Com o tempo, minhas crenças foram curadas e modificadas, e hoje em dia escolhi não fazer parte de nenhuma religião (isto é, frequentar certo edifício com certo nome e certas regras que uma pessoa deve seguir para se tornar um "bom membro"). Descobri o lado positivo e o lado negativo de todas elas.

No entanto, de forma alguma quero dizer que diminuo ou desprezo pessoas que acreditam e vivem de acordo com uma religião. Não é o meu caso. Estou falando de minhas próprias crenças e do caminho que escolhi para mim. Atualmente, me considero um seguidor de Jesus e ponto final, nada mais e nada menos. Jesus ensinou que se você amar já fez o suficiente; se não viver no amor, está fazendo errado. Acredito que meu dever para com toda pessoa, em qualquer situação, seja amar sem condições e limites — caso gostem de mim, sejam legais comigo, ou não. Meu trabalho é não julgar ninguém, apenas amar. Acredito que isso é uma vida "espiritual", não religiosa.

Mas aqui vai minha pergunta: o que está dentro de você? É um Ford ou um Chevrolet? Ser religioso ou não? Flamengo ou Vasco? Ser a favor do governo ou contra? Há algum tipo de comparação ou competição em que a coisa que você acredita precisa obter o primeiro lugar? Ou está sempre em busca e aberto à mais completa verdade, seja ela qual for? Os Estados

Unidos são uma das nações mais ricas e abençoadas do planeta. Ainda assim, muitos americanos vivem estressados com questões financeiras, porque comparam sua situação com alguém que acreditam estar melhor. Sempre que uma pessoa entra em meu consultório preocupada com dinheiro, pergunto a ela: "Você tem casa? Tem comida na mesa? Tem eletricidade?" Geralmente, a resposta é "Sim". A preocupação mais comum é com algo que nunca vai acontecer — e, mesmo que tenham perdido algo importante, de alguma forma ainda conseguirão ter um teto sobre suas cabeças e comida para comer. Mas a fonte do estresse das pessoas é a programação interior de medo, que faz com que se comparem com os outros, não o fato de sua segurança ou sobrevivência estarem ameaçadas.

Uma vez, deparei com uma pesquisa on-line que perguntava: "Se você pudesse colocar sua casa, seus pertences e seja qual for o local onde mora agora na parte mais pobre da Etiópia, se sentiria diferente?" As respostas me deixaram fascinado. A maioria das pessoas disse que sim, se sentiriam diferentes — mas não porque ficariam mais satisfeitos com a vida ou teriam mais compaixão pelo outro. Elas se sentiriam ansiosas porque teriam de proteger suas coisas de todos os vizinhos, que levavam uma vida muito pior! Esse tipo de intenção inconsciente é o motivo pelo qual precisamos desprogramar nossas memórias e reprogramá-las no coração espiritual. De outra forma, seremos sempre marionetes dos problemas inconscientes e subconscientes, que não apenas não nos ajudam, como também podem nem ser reais.

Vamos observar uma intenção inconsciente em ação. Um homem se aproxima de um engarrafamento diante de um sinal vermelho e fica irritado. Raiva é uma emoção baseada no medo, então, ele está vivenciando temor em uma situação que não coloca sua vida em risco, sinal de que tem um vírus em seu disco rígido humano, o que simplesmente significa que algo em seu mecanismo de sobrevivência não está funcionando bem. Isso quer dizer que ele tem memórias no coração espiritual (ou subconsciente) que lhe dizem que aquela é uma situação ameaçadora, vindas de sua infância, de uma ocorrência anterior ou até mesmo de experiências hereditárias que o homem pode, ou não, saber. Digamos também que ele tenha lido a Introdução deste livro, então, seu consciente sabe o que ele deveria fazer: ficar sentado pacientemente no carro e amar o motorista do veículo da frente. Vai dar certo, não é?

Já ficou fácil entender o problema: não há a menor chance de que esse insight consciente seja obedecido. Quando o cérebro ou a química corporal dele disser que ele deve lutar, a última coisa que o homem deseja fazer, ou é capaz de fazer, é ficar parado, amando. Nenhum de nós iria agir assim! Poucos são capazes de resistir à programação de dor/sofrimento quando o corpo entra no modo de lutar ou fugir. A força de vontade por si só não funciona, pois o gatilho que aciona a reação do homem foi disparado antes mesmo de ele entender o que estava acontecendo. Na verdade, qualquer força de vontade que as pessoas sejam capazes de reunir no modo lutar ou fugir geralmente é suficiente apenas para fazê-las apertar a buzina do carro, ou seja lá o que for mais rápido para conseguirem "liberar a tensão" ou aliviar o sofrimento que estão sentindo. Normalmente, para se acalmarem, não basta agir da forma que acreditam ser correta.

NÃO EXISTE CURA VERDADEIRA SEM A CURA DAS MEMÓRIAS

Então, não existe cura verdadeira sem a cura das memórias, de forma física ou emocional! Se houver algo de que você não gosta na vida que está levando, pode acreditar: você tem memórias que carregam experiências negativas semelhantes às que está vivenciando e uma programação específica para aquilo que sente. Em outras palavras, está revivendo e reproduzindo repetidas vezes suas memórias baseadas em medo. Caso se encontre nesse tipo de ciclo, essas lembranças são a fonte dele. Na verdade, sua fisiologia, seus pensamentos, suas crenças, suas emoções e seu comportamento (enfim, tudo) são manifestações das lembranças e crenças acionadas por elas. A programação associada ao medo está no controle de sua situação atual.

MEMÓRIA CELULAR 75

Espero que você agora compreenda melhor por que a força de vontade e a maioria das terapias não funcionam: elas não lidam com a verdadeira fonte do problema. Até mesmo tratamentos como dessensibilização consciente, que *parecem* lidar com as memórias em si, geralmente não fornecem uma cura duradoura. Por quê? Em geral, eles programam o inconsciente para *reprimir* essas lembranças e, assim, desconectar as respostas emocionais causadas por elas. Isso é aprender a se adaptar aos problemas, não curá-los de verdade. E, mesmo reprimidas, essas memórias enchem o barril de estresse. Em outras palavras, elas nos deixam em um estado constante de estresse inconsciente interior. Mesmo que as memórias tenham deixado de incomodá-lo de fato, elas ainda podem estar causando mais problemas do que nunca, com uma variedade de sintomas que você nunca consegue se livrar. Reprimir e se adaptar a um problema é o *oposto* de curá-lo. Muitas pessoas acabam apenas se sentindo anestesiadas em vez de vivenciar os resultados positivos do amor, da alegria ou da paz. Reprimir e se adaptar a um problema causa estresse.

Com o passar dos anos, houve muitas ocasiões em que alguém me procurou para lidar com uma questão específica, mas, então, como quem não quer nada, acabou mencionando um incidente mais traumático ocorrido muitos anos antes. A pessoa acreditava que já havia se recuperado daquilo porque fizera terapia por trinta anos para tratar do assunto. Eu dizia "Isso é ótimo", mas também sabia que a questão, provavelmente, voltaria a ser mencionada durante o tratamento. O mais provável é que o trauma tivesse sido reprimido ou que a pessoa tivesse aprendido mecanismos de adaptação — mas sem ter realmente se curado.

A hipnose é outra técnica que tenta penetrar no inconsciente e curar questões obscuras. Mas eu jamais permitiria ser hipnotizado, nem pela pessoa em que mais confio no mundo. Não estou dizendo que não funcione. Por mais bem-intencionado e experiente que o terapeuta seja, o hipnotizador pode facilmente remexer algo no inconsciente que não deveria, ou deixar uma sugestão pós-hipnose que talvez torne a situação bem pior. E ninguém — nem mesmo o terapeuta — saberia por quê.

Já vi isso acontecer mais de uma vez. Nunca me esquecerei de uma ocasião, durante uma aula prática no doutorado. O sujeito que fazia a hipnose era um gênio — pelo menos em minha opinião. Ele era chefe de departamento de uma renomada universidade, e era extremamente experiente e respeitado nessa área. Eu o observava hipnotizar um paciente quando ouvi o som abafado de alguém falando no lado de fora, por uma janela fechada. A pessoa não fazia ideia de que alguém estava sendo hipnotizado dentro do prédio; estava simplesmente conversando. Porém, mesmo do outro lado do vidro, ouvi, bem baixinho, ela dizer: "[...] Nunca vai conseguir fazer isso." Eu não fazia ideia de qual era o assunto. Um trabalho, um relacionamento, uma blusa nova? Mas quando ouvi o comentário, tive o que pareceu ser um pensamento aleatório: *Será que a pessoa sendo hipnotizada escutou isso?* O olhar no rosto do paciente me fez acreditar que sim, e, se fosse mesmo o caso, naquele mesmo instante a frase "Nunca vai conseguir fazer isso" se tornou uma sugestão hipnótica que foi absorvida pelo cérebro. Seja qual fosse a sugestão que o terapeuta dava, o subconsciente do paciente lhe dizia que ele nunca seria capaz de conseguir aquilo. Cerca de seis meses depois descobri que seus problemas ficaram dez vezes piores, e ninguém sabia o motivo. Quando ouvi isso, conversei com o terapeuta e contei o que vira e escutara, e perguntei se poderia ser aquele o motivo para o tratamento não ter funcionado. Pelo olhar dele, entendi que poderia. No entanto, a resposta que recebi foi: "Duvido que tenha alguma ligação." Mas ele não tinha certeza disso, e não havia nada que pudesse fazer para reparar o problema. Para piorar a situação, o inconsciente pode interpretar as palavras do hipnotizador de uma forma diferente da intencionada, com base em uma programação prévia de memória de medo.

Por favor, tenha em mente de que estou apenas dando a minha opinião. Já vi bons resultados obtidos pela hipnose, como pacientes que param de fumar; porém, eu nunca me submeteria a esse tipo de tratamento, apenas pelo potencial que ele tem de dar errado.

A terapia tradicional pode durar anos e acabar não tendo um impacto duradouro por se concentrar completamente no consciente ("Vamos falar sobre a sua mãe") ou porque sai perambulando pelas profundezas do inconsciente sem uma lanterna ou as ferramentas apropriadas para o serviço. Em vez disso, nós precisamos identificar e curar a fonte, que é a memória original que aciona uma reação. Mais especificamente, precisamos identificar o vírus no disco rígido humano, desprogramar a memória para que pare de emitir o alerta de medo que desliga o sistema imunológico e nossas melhores capacidades, e, então, reprogramar o cérebro para que possa operar com verdade e amor, produzindo todos os sintomas positivos que nossos corpos foram criados para produzir naturalmente. Para isso não precisamos apenas de força de vontade e palavras bonitas, mas de ferramentas concretas que foram projetadas, testadas e são capazes de desprogramar e reprogramar nossos padrões de comportamento.[15]

CURANDO MEMÓRIAS-FONTE

Apesar de os cientistas ainda estarem aprendendo como manipular os marcadores em nossas células em um ambiente de laboratório, é meu prazer anunciar que você não precisa de uma descoberta científica para desprogramar e reprogramar suas memórias. É possível fazer isso agora mesmo.

Espere aí: como pode ser possível curar algo que aconteceu no passado — especialmente se nem aconteceu com você, como no caso das memórias hereditárias? Para o coração espiritual (ou subconsciente/inconsciente), onde toda a programação dessas questões é armazenada, não existe passado ou futuro, apenas presente. Tudo é uma experiência pura e imediata, em 360 graus e som estéreo. Mesmo que pensemos em memórias como algo passado, no inconsciente, elas estão bem presentes, e podemos acessá-las quando quisermos. Na verdade, você vai aprender exatamente como identificar e curar suas memórias-fonte na Parte III, mas vamos apenas cobrir os aspectos gerais agora. Será preciso compreendê-los antes de colocar a teoria em prática.

O primeiro passo para curar nossas memórias é entender toda a verdade sobre os incidentes que as geraram. Quando uma lembrança dolorosa é criada, nós podemos, instantaneamente, gerar uma crença incorreta

78 O CÓDIGO DO AMOR

(uma versão mentirosa ou uma visão equivocada da situação); o que nos faz reagir com medo é esse erro, ou nossa *interpretação* do evento, não o acontecimento em si.

Na verdade, uma memória que causa medo *sempre* remete a uma interpretação incorreta do incidente original. A verdadeira fonte do meu medo e estresse não é a morte da minha mãe; é a crença de que, já que minha mãe morreu, nunca mais ficarei bem. Não é o diagnóstico de câncer; é a crença de que, já que fui diagnosticado com câncer, minha vida acabou. Não é exatamente aquela coisa ruim que fizeram comigo; é a crença de que essa coisa ruim significa que eu sou uma pessoa inferior aos outros.

Aliás, o incidente original pode ou não ser o que um psicólogo (ou qualquer outra pessoa) chamaria de traumático. O evento pode ter ocorrido durante os primeiros seis anos de vida, quando fizemos pirraça por um motivo qualquer, que acabou sendo programado como trauma. Eu atendi muitos pacientes cujas dificuldades para alcançar o sucesso eram causadas por esse tipo de incidente, aparentemente menos importante; costumo chamá-los de "memórias-pirulito", em homenagem a uma paciente que descobriu que seu problema remetia ao momento em que, aos 5 anos de idade, ela fizera pirraça porque não ganhara um pirulito.[16]

Não faz diferença para o subconsciente e o inconsciente se classificamos ou não nossas experiências passadas como "traumáticas". O que importa é curar a memória e o alerta de medo que ela transmite. Devemos identificar e remover a mentira criada por uma lembrança dolorosa e substituí-la pela verdade. Assim como você removeria uma farpa, é possível retirar de si a mentira que lhe causa dor e faz com que veja o mundo de uma forma negativa.

Para ser mais claro, com "compreender toda a verdade" sobre o incidente quero dizer compreender o máximo de verdade que formos capazes, e para isso não é necessário sabermos todos os detalhes históricos da situação. Mesmo assim, a maioria das pessoas não consegue acessar toda a verdade sobre um evento, pois o modo lutar/fugir/choque não permite; é simplesmente doloroso demais. Na verdade, não conseguimos encontrar grande parte de nossas memórias, porque elas estão no inconsciente. Não se preocupe, eu também ensinarei a curá-las. E este é mais um motivo pelo qual a força de vontade não funciona: precisamos de ferramentas subconscientes para acessar diretamente a fonte e cuidar dela, algo que discutiremos no Capítulo 4.

Como saber quando as memórias foram completamente curadas e o ciclo foi quebrado — sem o uso de força de vontade? Na próxima vez que você se sentir sob pressão, sentirá paz e alegria (os resultados do amor) em vez de ansiedade e estresse (os resultados do medo).

Minha esposa, Hope, sofreu de depressão por muitos anos, no início de nosso casamento. Um dia, nessa época, um pacote enorme foi entregue em nossa casa. Nossos filhos, Harry e George, ainda eram pequenos, e todos ficaram empolgados para ver o que havia naquela caixa gigantesca. No fim das contas, era um objeto pequeno, mas muito frágil, então, a embalagem estava lotada daquelas bolinhas de isopor. O dia voltou ao normal até três horas depois, quando ouvi uma confusão horrível no andar de cima. Corri para ver o que era e encontrei George chorando, Hope furiosa e as bolinhas brancas espalhadas pela casa que tinha acabado de levar uma faxina. Não preciso nem dizer que uma situação traumática foi criada em nossa casa nas 24 horas seguintes.

Dois anos depois, quando Hope já estava curada da depressão, adivinhe só: outra caixa enorme foi entregue, também cheia de bolinhas de isopor. Mais uma vez, tudo estava indo bem até três horas depois, quando ouvi outra confusão horrível no andar de cima. Enquanto subia as escadas, pronto para resolver o problema, fui inundado pela sensação de *déjà vu*. Porém, quando cheguei ao topo, fiquei chocado. Eu deparei com minha linda esposa rindo como uma garotinha de 10 anos, jogando montes de bolinhas no ar, fingindo que eram flocos de neve. Harry e George estavam saltitando, girando no chão, cantando, se divertindo como nunca. Esse evento também afetou nossa casa pelas 24 horas seguintes, mas de uma maneira bem diferente. Eu daria 1 milhão de dólares por um vídeo daqueles cinco minutos.

Então, o que aconteceu naquele intervalo de dois anos para a reação de Hope mudar de forma tão drástica? Ela foi reprogramada. Quando o primeiro evento ocorreu, minha esposa via a situação sob as lentes da dor

80   O CÓDIGO DO AMOR

e do medo. Dois anos depois, essa programação não existia mais, o que mudou o ponto de vista dela, e, agora, seu instinto natural era se *divertir*. Ninguém sugeriu isso; não havia nenhuma orientação. Sua resposta imediata e natural foi completamente modificada. Isso, meus amigos, é o que significa "quebrar o ciclo".

Observação: preciso adicionar uma nota sobre vícios aqui. Nunca conheci alguém que apresentasse problemas graves e também não tivesse algum tipo de vício ou hábito prejudicial à saúde. Eu apoio o Alcoólicos Anônimos (AA) e o Narcóticos Anônimos (NA) desde sempre, e conheci muitas pessoas que tiveram as vidas salvas por eles ou por programas similares.

Mesmo assim, muitos estudos estimam que a taxa de recaída do AA e do NA seja de cerca de 90 a 99% (o que faz com que a taxa de pessoas bem-sucedidas no tratamento seja de 1% a 10%). E isso não se trata apenas do AA e do NA. Parece ser o caso de toda intervenção contra vícios e hábitos que consegui encontrar. Por quê? Acredito que seja porque ensinam a fórmula padrão de três passos para o conquistar sucesso.

Não somos capazes de curar nossos vícios contando apenas com a força de vontade porque eles também são baseados em nossa programação de dor/prazer. É assim que o ciclo de vício funciona: ele começa com a experiência de algum tipo de dor interior, que pode incluir uma ausência de prazer (isto é, tédio, desejos etc.). Essa dor aciona o medo, que libera cortisol e adrenalina, criando uma enxurrada de emoções negativas. Mas, em vez de optarmos por reagir com verdade e amor, apesar do sofrimento que sentimos, obedecemos à programação de dor/prazer e fazemos o possível para evitar sofrimento e conquistar satisfação. Se tivermos um hábito vicioso, ele será a primeira coisa que buscaremos.

A solução para o vício é a mesma que para qualquer outra dificuldade com o sucesso. Se você conseguir desprogramar o medo interior e se reprogramar com amor, passa a ser fácil superar os vícios (se eles ainda surgirem), sem recaídas. Viver com amor libera uma reação química em cadeia oposta, o que diminui a dor e aumenta o prazer de uma maneira impossível de se descrever. Em vez de você aprender a se adaptar aos sintomas e aos comportamentos problemáticos, vai se tornar capaz de acabar com a fonte do problema.

A maioria de nós apresenta pelo menos um hábito prejudicial que pode acabar se tornando um vício. Precisamos ir além da força de vontade para lidar com eles e interferir na fonte subconsciente de nossa programação. Quando formos capazes de desprogramar o medo e reprogramar o amor, a escolha de reagir ao sofrimento com verdade e amor será quase automática.

capítulo 3

A FÍSICA ESPIRITUAL DA VERDADE E DO AMOR

Conforme aprendemos no último capítulo, tanto as pesquisas científicas modernas quanto a sabedoria espiritual antiga mostram que as memórias são a fonte de praticamente todo sintoma físico, emocional e espiritual que temos, e que elas são armazenadas no campo de informações de cada célula no corpo. Isso tem uma consequência importante. A fonte de todos os sintomas que se sente na vida, mesmo os mais físicos, não é tangível. Não está nos ossos, no sangue ou na pele; em vez disso, é feita de *energia*. Não deveria ser surpresa para nós o fato de tudo ser energia, uma vez que $E = mc^2$, a equação de Einstein, mostra que tudo se resume a um padrão de energia. Como o pesquisador William Collinge escreveu: "Einstein provou através da física o que os sábios ensinam há milhares de anos: tudo no mundo material — animado e inanimado — é feito de energia, e tudo a radia."[1] Mesmo assim, ainda não aplicamos essa ideia de forma sistemática aos problemas que enfrentamos na vida, especialmente às dificuldades mais persistentes.

A CHAVE PARA A SAÚDE E O SUCESSO É ESPIRITUAL, NÃO FÍSICA

Vamos começar com o quadro geral. Se você acompanha as notícias, provavelmente sabe que, apesar de estarmos vivendo por mais tempo, a saúde de nossa sociedade tem piorado. Em 1971, Richard Nixon declarou guerra contra o câncer, na época em que a doença era a oitava maior causa de mortes nos Estados Unidos. Hoje em dia, mais de quarenta anos depois, ela é a principal causa de morte no mundo todo — e sua frequência está aumentando em proporções epidêmicas. Em 2014, a Organização Mundial da Saúde afirmou que é esperado que os casos de câncer aumentem em 50% nos próximos dez anos.[2]

E não é só o câncer. A quantidade de quase todos os outros diagnósticos também aumentou vertiginosamente — assim como os gastos financeiros para controlar os sintomas das doenças e pesquisar possíveis tratamentos e curas. Em alguns casos, os efeitos colaterais de terapias e medicamentos tradicionais são piores que os sintomas da doença em si. Gastamos bilhões de dólares em drogas e testes, e, em muitos casos, os resultados indicam que o placebo funciona tão bem quanto os remédios analisados; às vezes, até melhor.

Isso vale tanto para a medicina-padrão ocidental quanto para os tratamentos alternativos. Sim, eu acredito em saúde natural. Passei anos tomando suplementos todos os dias. Minha esposa e eu também nos tratamos com homeopatia por muito tempo. Eu medito. Rezo. Faço exercícios e bebo bastante água. Mas, se vamos ser sinceros, precisamos admitir que, apesar da onda de tratamentos naturais nos últimos vinte a trinta anos, nossa saúde *continua* piorando. Já pensei e meditei muito sobre isso. Como pode? Por que é que, mesmo fazendo descobertas científicas *e* adotando terapias naturais, a qualidade da saúde continua a despencar? A única coisa que consigo concluir é que *estamos procurando por uma solução no lugar errado.* Nós pensamos apenas em termos de medicina tradicional *versus* alternativa. Mas a fonte de cura não é encontrada nos tratamentos comuns *nem* nos naturais. Ela não está no mundo físico. Está no mundo espiritual — no mundo da energia.

A FÍSICA ESPIRITUAL DA VERDADE E DO AMOR   85

Depois que descobri o Princípio Mais Importante, em 1988, e, então, as Três Ferramentas para se desprogramar e reprogramar no decorrer dos vinte anos seguintes, fiz muitas pesquisas para compreender como o processo realmente funciona, consultando tanto estudos científicos quanto antigos manuscritos espirituais. Encontrei os primeiros esclarecimentos em um texto escrito há mais de trezentos anos pelo rei Salomão, um rei de Israel conhecido até mesmo além das fronteiras de seu pequeno país por sua sabedoria. Nesse manuscrito, ele escreveu: "Acima de tudo, guarde o seu coração, pois é dele que partem todas as dificuldades da vida." Apesar de não ter explicado com todas as letras o que queria dizer com "coração", pelo menos nós sabemos que o rei Salomão não se referia ao órgão que bombeia o sangue pelo corpo, mas ao coração espiritual, aquele que usamos quando dizemos "Eu amo você com todo o meu coração". A fonte de tudo pelo que passamos na vida.

Em outro manuscrito antigo, escrito cerca de dois mil anos atrás, o apóstolo Paulo explica esse conceito de "guardar seu coração" um pouco melhor. Ele afirma que, se você tem amor, tem tudo; se não tiver amor, não tem nada. E se você agir com amor, conquistará sucesso na vida; se não agir com amor, jamais ganhará coisa alguma.[3] No século XX, Mahatma Gandhi disse essa mesma verdade de uma perspectiva diferente: "Quando me desespero, lembro-me de que, durante toda a história, o caminho da verdade e do amor sempre venceu. Já houve tiranos e assassinos que, por um tempo, pareceram invencíveis; porém, no fim, sempre fracassaram. Pense nisso. Sempre."[4]

Caso Salomão estivesse certo e tudo pelo que passamos na vida venha do coração espiritual, isso significa que, se eu tiver câncer, ele será causado por uma questão do coração espiritual — seja por sentirmos amor ou medo, perdão ou rancor, alegria ou tristeza, paz ou ansiedade, autoestima alta ou baixa. O mesmo vale para diabete, esclerose múltipla e qualquer outro problema de saúde. Veja bem, não estou afirmando que não existe uma questão genética ou nutricional que interfira na forma como a doença o afeta. Mas o ponto central, o interruptor do problema, fica no coração espiritual. É evidente que nossa vida espiritual coletiva em sociedade está bem longe de ser o que deveria — e é por isso que os níveis de estresse também estão fora de controle. Na vida, a realidade espiritual é a que mais conta; porém, tendemos a gastar a maior parte de nosso tempo e de nossa atenção nos concentrando em circunstâncias físicas e exteriores.

Se for mesmo esse o caso, de certa forma, é uma boa notícia. Estamos nos concentrando na medicina padrão e na alternativa, mas ainda não pensamos no espiritual. Ou, se fazemos isso, é do jeito errado.

POR QUE A MAIORIA DAS AFIRMAÇÕES NÃO FUNCIONA

Muitas pessoas optam por canalizar a espiritualidade para alcançar resultados exteriores repetindo afirmações. Nós já mencionamos o trabalho do Dr. Bruce Lipton para estabelecer que as crenças são a fonte de quase todo sintoma e problema que temos. Uma vez que elas causam todos os resultados físicos e emocionais, a tentativa de "produzir" crenças usando afirmações se tornou muito popular nos últimos cinquenta anos. Essa abordagem pode ser comparada a tentar levantar uma pedra muito pesada: você pode ser capaz de alcançar seu objetivo após muito estresse e esforço, mas também pode se machucar no processo.

Cerca de dez ou 12 anos atrás, eu me sentia cercado por afirmações. Vários best-sellers sobre o método foram lançados nessa época, e as pessoas me falavam sobre o assunto sempre que tinham oportunidade. Parecia ser a "moda" do ano no mundo da autoajuda. Um dia, eu estava conversando com um sujeito que tinha um problema estomacal. O tempo todo ele repetia: "Meu problema no estômago já está curado. Meu problema no estômago está sendo completamente curado neste instante. Meu problema no estômago já está curado. Meu problema no estômago está sendo completamente curado neste instante." Eu o observei por algum tempo. Finalmente, perguntei: "Isso está ajudando?" Ele disse: "Sim. Acho que está mesmo." Bem, três meses depois eu continuava escutando o homem repetir "Meu problema no estômago já está curado...". É claro que as pessoas não usam afirmações apenas para problemas de saúde. No mercado da autoajuda, é comum ouvir as pessoas dizendo: "Um milhão de dólares está a caminho. Um milhão de dólares está vindo na minha direção neste instante."

Muitos anos atrás, o primeiro estudo universitário duplo-cego que encontrei sobre o assunto foi publicado pela Universidade de Waterloo. Ele virou manchete no mundo. A CNN, a ABC, a NBC, a Fox e jornais de todo canto falavam sobre isso. O estudo descobriu que as pessoas que já tinham uma boa autoestima sentiam-se ainda melhores após repetirem afirmações positivas. Mas aqueles com autoestima baixa (a grande maioria das pessoas no estudo), após repetirem os mesmos mantras positivos, sentiam-se ainda *piores*.[5]

Por que isso acontece? Os dois ingredientes mais importantes para se atingir resultados através de crenças são a *verdade* e o *amor*. Primeiro, precisamos acreditar na verdade real para produzir resultados duradouros e sustentáveis. Assim como existem diferentes tipos de amor (*ágape* e *eros*, por exemplo), existem diferentes tipos de crença. Eu os denomino de *placebo, nocebo* e *de facto*. A crença *placebo* ocorre quando alguém acredita em uma inverdade positiva, que cria um efeito positivo temporário (como vemos no exemplo dos remédios). De acordo com estudos, em média, o placebo funciona em 32% dos casos, e de forma temporária.[6]

A crença *nocebo* ocorre quando a pessoa acredita em uma inverdade negativa, que impede que um resultado positivo aconteça. São as interpretações equivocadas ou "farpas" em nossa programação interior que discutimos no Capítulo 2, e bloqueiam a cura e o sucesso que poderiam ser seus. Por exemplo, digamos que você foi ao médico e recebeu o diagnóstico de um câncer de mama. Depois de uma biópsia, seus glóbulos brancos foram analisados e você fez todo o tratamento, seja ele convencional ou alternativo. Você volta ao médico para exames de acompanhamento e ele diz que tem boas notícias: não há sinal da doença. Os resultados indicam que está tudo bem. Porém, você volta para casa e não acredita na verdade que o médico lhe contou. Preocupa-se. *E se ele não viu algo? E se a doença voltar?* Isso é uma crença *nocebo*. Ela é capaz de bloquear de verdade qualquer cura possível ou que já esteja acontecendo, ou pode criar novos problemas de saúde. De acordo com pesquisas, resultados *nocebo* também podem produzir consequências exteriores em 30% a 40% dos casos.

Ben Johnson, um querido amigo e o único médico no filme *O Segredo*, me contou sobre um paciente cujo pai, avô e bisavô morreram de ataque cardíaco aos 40 anos — uma situação bastante incomum. Apesar de o paciente não apresentar problemas de coração, ele estava completamente convencido, e aterrorizado, de que morreria com a mesma idade, e ninguém era capaz de convencê-lo do contrário. E foi isso mesmo: o homem fez 40 anos e caiu morto. Mas o caso é que fizeram uma autópsia e não encontraram nenhuma causa para a morte dele. Não havia indícios de problemas de coração nem ataque cardíaco, nenhum tipo de doença. O sujeito morreu de crença *nocebo*.

Uma crença *de facto* ocorre quando uma pessoa acredita na verdade real ou na realidade objetiva. Ela funciona em 100% dos casos se você realmente acreditar e agir de acordo. É válido mencionar que as crenças *placebo* e *nocebo* são baseadas no medo, enquanto crenças *de facto* são baseadas no amor.

Nós vivemos em uma época interessante. Atualmente, muitas pessoas e muitos livros tentam nos convencer de que não existe realidade objetiva, que a percepção é a única realidade. Se isso fosse verdade, significaria que toda crença é *de facto* — mesmo que você acredite em fatos conflitantes. Se a realidade objetiva não existe, por que tentar ser saudável, comer bem ou se exercitar, já que tudo se trata de percepção? Simplesmente, use as crenças *placebo* e *nocebo*, dependendo do resultado que deseja conquistar. Obviamente, não vivemos dessa forma porque sabemos, de forma inerente, que *existe* uma realidade objetiva com relação à maioria das coisas.

Muitas afirmações não funcionam, no geral, porque não são verdadeiras, mas também porque não são feitas com amor. Se ela for repetida com um fundo de medo e egoísmo, provavelmente, não há amor nela. Consideremos a afirmação anterior, "Meu problema no estômago já está curado", como exemplo. Primeiro, o homem que a repetia acreditava que aquilo era verdade? Não! Ele esperava que fosse? Com certeza! Porém, como dissemos, esse tipo de crença não cria resultados duradouros. Em segundo lugar, essa afirmação

A FÍSICA ESPIRITUAL DA VERDADE E DO AMOR   89

era feita com amor? Não podemos ter certeza, mas é quase certo de que tenha sido feita com medo, que é o oposto do amor, o pai do egoísmo e o gatilho para disparar o estresse, que foi o que causou o problema estomacal, para início de conversa. Você pode até racionalizar que as afirmações são feitas com verdade e amor, mas só poderá ter certeza disso após examinar com sinceridade seu próprio coração e suas intenções.

Passei cerca de um ano e meio testando afirmações como essa no meu consultório enquanto realizava o exame de variabilidade de frequência cardíaca (o exame médico que avalia estresse). O que descobri foi que os níveis de tensão chegavam ao ponto mais alto quando as pessoas repetiam afirmações em que não acreditavam. Bem, o que precisavam curar era justamente o estresse. Então, na realidade, queriam resolver o problema com algo que o aumentava.

Para a afirmação ser eficaz, além de precisar ser dita com verdade e com amor, a pessoa também precisa *acreditar* nela. Existe uma diferença entre uma crença que está mais para uma esperança ou um sonho e uma crença que gosto de chamar de "eu sei que eu sei que eu sei". Esta última é o tipo eficaz, que traz resultados. Nos últimos 75 anos, mais ou menos, durante a história do movimento de cura pela fé, uma série de curadores muito conhecidos foi desmascarada como fraude. Jornais escreveram matérias revelando provas claramente incriminadoras: os curadores usavam "espiões" no meio da plateia, que ouviam conversas e compartilhavam as informações com os charlatões, de forma que pudessem saber de coisas que jamais poderiam ter tido conhecimento. No entanto, não há dúvida de que algumas pessoas foram curadas fisicamente de maneira miraculosa. E aqui está o mais interessante: algumas dessas curas ocorreram *com* a ajuda dos charlatões! Como pode ser? Tudo se trata da crença. A cura dessas pessoas sempre foi possível, com ou sem o curador. Seus corpos eram capazes de fazê-lo, e elas acreditavam que aquilo daria certo; então, deu. Além disso, do modo como eu vejo, Deus não iria penalizar *você* porque o homem no palco é um mentiroso. Porém, o oposto também é verdadeiro: apenas porque conhece alguém que recebeu 1 milhão de dólares pouco tempo depois de recitar algumas afirmações, isso não significa que o mesmo vai acontecer com você.

No seu caso, a afirmação talvez não seja feita com verdade, talvez não seja feita com amor, ou talvez você, no fundo, não acredite mesmo nela.

Mais recentemente, outros estudos surgiram documentando os efeitos positivos de certas "afirmações" que são sentenças verdadeiras que as pessoas já acreditavam antes.[7] O ponto mais importante é que as frases se enquadram nas três categorias — são baseadas no amor, na verdade e a pessoa que as recita acredita nelas —, não que são chamadas de "afirmações".

A crença verdadeira não é encontrada da mesma maneira que se soluciona um problema de álgebra na escola; ela é descoberta como quando alguém se depara com uma nota de 20 dólares no meio da rua. Ao encher o coração e a mente com toda a verdade (o que pode levar algum tempo e reflexão), e aplicar amor a isso, tentando não ser parcial devido ao resultado que deseja conquistar, você acabará acreditando nela! Irá vivê-la, senti-la, prová-la... *terá certeza* dela! O motivo pelo qual é necessário remover os vírus do subconsciente é porque eles são mentiras que o impedem de compreender o que é real. Uma vez removidos, você possui os mecanismos que reconhecerão e integrarão a verdade naturalmente, também conhecidos como consciência (ou o que eu chamo de "compasso do amor"), localizados no coração espiritual. A consciência é pré-programada e constantemente atualizada para reagir à verdade completa e real — e ao amor.

Certas afirmações podem, de fato, ser prejudiciais se estão tentando programar uma nova "verdade" em você, que talvez nem seja mesmo real e esteja baseada no medo, não no amor. Elas também podem ser opostas ao seu senso de verdade/amor, além de tentar modificar sua consciência sem remover os vírus. Como resultado, você terá dois vírus sobre determinado problema ou a verdade competindo com uma mentira, o que causa confusão interior e mais estresse. Nada disso colabora para que você conquiste o que realmente deseja.

Então, como passamos de crença idealista para crença eficaz, de *placebo* e *nocebo* para *de facto*, no ponto em que paramos de torcer desesperadamente por algo que, no fundo, tememos que nunca acontecerá e passamos a dizer, em paz e com amor, "eu sei que eu sei que eu sei"? Na verdade, é bem simples: precisamos *compreender*. A diferença entre as crenças *placebo, nocebo* e *de facto* (além de serem baseadas no medo ou no amor) depende de você compreender ou não a verdade completa. Já vi vários casos de má interpretação com os meus pacientes. Se alguém alega acreditar na verdade, mas nada em sua vida muda para melhor, é quase sempre porque a pessoa interpretou ou entendeu os fatos de forma errada.

Um exemplo disso pode ser encontrado na maneira como os cérebros masculino e feminino diferem. Nos primeiros anos de nosso casamento eu sempre dirigia o carro quando eu e Hope saíamos. Toda vez que estávamos na rua, eu sempre freava bem antes de chegar próximo do carro da frente, mas minha esposa sempre ficava tensa, empurrava o painel com as mãos e gritava "ALEX!". Eu comecei a ficar irritado com essa emergência recorrente e ilusória, e isso se tornou um ponto de atrito e discussões entre nós. Não era nada muito importante, apenas uma pedra emocional em nossos sapatos. Então, li uma pesquisa que dizia que a percepção de distância de homens e mulheres é física e geneticamente diferente, e o exemplo que o autor usava era o que acontece quando se freia um carro — exatamente o que acontecia comigo e com Hope. Assim que lemos isso, "compreendemos" o que estava acontecendo, e a questão se tornou completamente irrelevante.

Quando você finalmente entende a informação que faltava e "enxerga" a verdade completa, começa a não ter dificuldades para acreditar na verdade, de uma nova forma, mais significativa — e isso cria resultados que antes eram impossíveis. Com meus pacientes, quando isso acontece ao discutirmos os problemas da vida deles, sempre os escuto dizerem "Ah, entendi" ou "Agora, sim, compreendi". Em quase todos os casos, respiram fundo e seu rosto é tomado por um radiante sorriso. Nesse momento, eles realmente "acreditam", *de facto*.

A maioria de nós já sabe que tudo que fazemos deve ser executado com verdade e amor. Naturalmente, sabemos que o correto é ser honesto, e o incorreto é não sê-lo. "Sentimos" que o certo é ajudar os outros e não fazer nada para machucá-los. Muitos realmente *querem* agir com verdade e amor. Então, por que não *fazemos* isso? Sei que não fui capaz a maior parte da minha vida. Com certeza, ainda não o faço de forma perfeita, mas estou progredindo. Na maioria dos dias, sinto que estou vivendo com amor, alegria, paz e verdade. E quero isso para você também. É o único motivo que tenho para escrever este livro. Há um limite de pessoas que posso ajudar pessoalmente.

Ensino os conceitos que expliquei aqui há 25 anos — e fui com a cara e a coragem, ensinando e aplicando-os em meus pacientes antes de existirem estudos científicos que os provassem. Antes considerados experimentais, agora fazem parte da ciência moderna. Por exemplo, vários médicos famosos hoje concordam com a ideia de que tudo é energia, com base nas provas científicas cada vez mais numerosas. Um deles é o Dr. Mehmet Oz, "o médico dos Estados Unidos", que afirmou em rede internacional, em 2007, que a medicina energética é a próxima grande fronteira médica a ser cruzada. Eu passei a chamar esses conceitos pelo nome de Física Espiritual, pois eles unem a espiritualidade e a ciência em uma harmonia e ressonância que podemos aplicar a qualquer área da vida para conquistar resultados reais e duradouros. Espero que este capítulo lhe traga a compreensão do que sua crença necessita para se transformar de *placebo* ou *nocebo* em *de facto* — e o ajude a conseguir os mesmos tipos de resultado que tenho testemunhado com os meus pacientes nos últimos 25 anos. E, é claro, não estou sugerindo que faça isso usando apenas sua força de vontade, pelo menos não até você desprogramar e reprogramar aquilo que o impede de conquistar o que deseja na vida.

A FÍSICA DA FÍSICA ESPIRITUAL

Se a equação de Einstein provou que tudo é energia, isso significa que amor também é, portanto, opera em uma frequência. Na verdade, amor e luz são dois lados de uma mesma moeda. Ambos têm frequências curativas positivas; a luz é a manifestação mais física dessa frequência energética, enquanto o amor é a menos. Em uma frequência bem diferente, temos a escuridão e o medo, que também são dois lados de uma mesma moeda. A escuridão é a manifestação mais física; o medo, a menos física.

A FÍSICA ESPIRITUAL DA VERDADE E DO AMOR   93

Você sabia que um aparelho de ressonância magnética não tira uma foto do corpo? Ela cria uma imagem com base nas frequências energéticas que registra. Ressonância também significa frequência. Esses equipamentos são programados com centenas de frequências energéticas, como a de uma célula de fígado saudável e uma doente. Quando o aparelho analisa o corpo e registra a frequência de uma célula debilitada, ela marca a imagem com um ponto escuro, pois está detectando a frequência da escuridão no fígado.

Já fiz esta pergunta a mais de duzentos médicos: "Se a mente, o corpo e o sistema de cura estão funcionando perfeitamente bem, é possível ficar doente em situações normais e rotineiras?" Por enquanto, a resposta que sempre recebi é "Não". Em situações normais e rotineiras (não estou falando sobre visitar outro país e ser infectado por um vírus assassino que seu corpo nunca encontrou antes), se o sistema imunológico físico e o sistema mental e de cura espiritual estiverem funcionando de forma perfeita, não é possível ficar doente.

Há duas coisas importantes sobre o sistema de cura que devo acrescentar. Primeiro, ele não governa apenas o corpo físico, mas todo o nosso ser — corpo, mente *e* espírito. Existem aspectos mentais do sistema de cura (além do sistema imunológico físico) que o ajudam a sentir amor, alegria, paz e paciência em vez de raiva, tristeza, medo, ansiedade ou preocupação. Em segundo lugar, nós sentimos sintomas negativos (dor, medo, doenças, raiva etc.) não porque existe algo negativo, mas porque há falta de algo positivo. De acordo com o trabalho da Dra. Caroline Leaf, nós não possuímos mecanismos — físicos, emocionais ou espirituais — para produzir efeitos negativos em nossos corpos. Apenas os temos para criar resultados positivos de saúde, vitalidade e imunidade.[8] Cada mecanismo no corpo opera para gerar saúde e felicidade em seu estado natural. Acreditar que a doença é o estado natural do corpo é como levar um carro quebrado à fábrica e perguntar: "Por que construíram um carro para fazer isso?" É claro que a pessoa responsável ficaria confusa e diria: "Mas não fizemos isso! Algo deu errado para que ele quebrasse. Na verdade, você não troca o óleo há 65 mil quilômetros!" Nossos corpos funcionam da mesma forma. Quando algo negativo acontece na vida, sempre é um defeito dos sistemas positivos.

Então, permita-me reformular o que disse antes: enquanto a mente e o corpo estiverem funcionando como deveriam, não é possível ficar doente *e* você vai se sentir bem emocionalmente — é impossível se entregar ao medo, à ansiedade, preocupação, tristeza, raiva e outros sentimentos negativos.

Apenas uma coisa pode fazer com que os sistemas de cura não funcionem corretamente: o medo. Como vimos no primeiro capítulo, quando o medo aciona o estresse, uma frequência ou um alerta de medo é enviado dos bancos de memória para o hipotálamo, no cérebro, que ativa o estresse. Se o seu hipotálamo não receber esse alerta de medo, o estresse não será acionado. (Não é coincidência o fato de o outro nome para o estresse ser "medo".) Essa reação faz parte do instinto de sobrevivência, que nos ajuda a nos mantermos vivos.

Como discutimos no Capítulo 2, o estresse só deve surgir se estivermos correndo rico de morte iminente naquele momento. (Quando eu uso a palavra "estresse" não me refiro ao estresse saudável, ou a quando desafiamos nossos corpos de forma apropriada, como fazemos quando nos exercitamos. Esse tipo de estresse geralmente é chamado de "eustresse", e precisamos dele em nossas vidas para nos mantermos saudáveis.) Mas não é isso que está acontecendo, não é? Muitos entram no modo lutar ou fugir dez, 15, vinte vezes por dia, chegando ao ponto em que o estresse é a condição em que *vivem*.

Quando eu realizei os exames de variabilidade de frequência cardíaca por três anos para o Código da Cura e outras modalidades, uma das perguntas que fazia aos participantes era "Você se sente estressado?". Mais de 90% das pessoas que foram diagnosticadas com grande estresse psicológico responderam que *não*. Por quê? Porque elas estavam acostumadas. Aquela condição se tornara norma, quando deveria ser exceção. Quando vivemos em estresse, não percebemos.

Todo sentimento destrutivo que sentimos é baseado no medo. Espere aí — é claro que deve existir alguma emoção negativa que não seja relacionada ao medo, não é? Bem, vamos pensar no assunto: sentimos raiva quando tememos o que está acontecendo no momento. Sentimos ansiedade e preocupação quando tememos o que vai acontecer no futuro. Sentimos

A FÍSICA ESPIRITUAL DA VERDADE E DO AMOR 95

medo e depressão quando o que tememos já aconteceu e achamos que não poderemos mais reparar o problema, que nossas vidas mudaram para sempre — e é daí que surge o desespero e o sentimento de impotência. Nós nos sentimos rancorosos quando tememos que algo não foi certo e justo, e pode nunca mais voltar a ser. Sentimos rejeição quando tememos que alguém não nos ame ou não nos aceite, e não há nada que possamos fazer quanto a isso (ou porque já fomos rejeitados pela pessoa) — e precisamos de aceitação desesperadamente. Eu poderia continuar para sempre. É verdade que todas as experiências negativas interiores na vida surgem, de alguma forma, do medo e de acreditar em inverdades. Todo medo é criado pela falta de amor, assim como a escuridão é a falta de luz.

Um pensamento, emoção ou memória *baseada no medo* aumenta o estresse (não incluindo exercícios ou trabalhos físicos) quando você não está sofrendo perigo mortal iminente. Sempre que temos sentimentos baseados no medo (isto é, qualquer emoção, crença ou pensamento negativo), diminuímos ou desligamos completamente os sistemas de cura. Isso significa não apenas que nos tornamos expostos a doenças e males, como também que podemos ter praticamente certeza de que ficaremos doentes no futuro caso a situação continue por muito tempo. Além disso, estamos diminuindo ou desligando nossa alegria, nossa satisfação, nossas conquistas e nossos sucessos, além de nossa satisfação com a vida.

É óbvio que não queremos viver com medo e desligando nossos sistemas de cura. Então, qual é o antídoto para o medo? O *amor*. Bernie Siegel, um médico renomado mundialmente, afirma no livro *Amor, medicina e milagres* que já testemunhou uma série de milagres da medicina com o poder do amor. Eu também. É aqui que entra a questão da física: a frequência do amor neutraliza a frequência do medo. Apenas para enfatizar a conexão entre amor, luz e cura: a antiga palavra hebraica para "cura", literalmente, significa "cegado pela luz".

Em 1952, um homem chamado Lester Levenson estava tão doente que, após seu segundo ataque cardíaco, os médicos o mandaram de volta para casa, para morrer. Eles avisaram que dar apenas um passo poderia ser fatal. Não é necessário dizer que esse prognóstico sombrio fez com que o homem entrasse em crise, e ele começou a procurar por uma solução diferente da medicina, já que ela, obviamente, não era mais capaz de ajudá-lo. E a encontrou no amor. Levenson teve uma grande sacada transformadora muito similar à que eu tive, percebendo que aquela era a solução para todos os seus problemas. Era simples e profundo assim. Ele começou a se concentrar em amar tudo e a todos, e a deixar para trás os pensamentos e os sentimentos que não fossem baseados em amor. Como resultado, seu problema médico foi completamente curado, e Levenson passou os quarenta anos seguintes de sua vida ensinando aos outros o que conquistara ao usar o Método Sedona e a Técnica de Libertação.[9] Tudo se resumia ao poder do amor curando qualquer coisa baseada no medo — incluindo sintomas físicos. Ao contrário das crenças, das memórias e dos pensamentos baseados em medo, os *baseados em amor* são os que diminuem o estresse físico e emocional no curto e no longo prazo.

O oposto do medo é o amor; na presença do amor, o medo não pode existir, a menos que se encontre em uma situação que ameace a vida. A ideia de que o amor e o medo são opostos pode ser nova para você, uma vez que muitas pessoas acreditam que o oposto de medo é paz. Isso é verdade até certo ponto, pois a paz é uma expressão direta do amor e vem dele. É impossível conquistar paz verdadeira (não apenas paz em um momento específico) sem amor. Da mesma forma, na presença do amor, você *terá* paz, não importam as circunstâncias. Talvez também se sinta tentado a pensar que o oposto do amor não é medo, mas egoísmo. Novamente, você teria razão até certo ponto. Porém, o egoísmo é uma expressão direta do medo, e vem dele. Sem medo não há egoísmo (bem, com a exceção de uma criança de 5 anos de idade com um sorvete). Quando adulto, se você eliminar o medo, naturalmente, se tornará uma pessoa boa e tolerante, que deseja ajudar aqueles que estão passando por necessidade. É como acender a luz em um quarto apagado: a escuridão desaparece.

O amor é o estado do qual todas as virtudes fluem: alegria, paz, paciência, tolerância e crença. O medo é o estado do qual todos os problemas, bloqueios, fracassos e males, físicos e emocionais, fluem. Ele não pode existir em um estado de amor, assim como a escuridão não existe em um ambiente repleto de luz. O amor cura, o medo mata. Estamos falando aqui de uma verdadeira questão de vida ou morte, nos planos físico, emocional, amoroso, econômico e de todas as outras formas possíveis.

A ESPIRITUALIDADE DA FÍSICA ESPIRITUAL

Para explicar o lado espiritual vamos voltar para o conceito do coração espiritual, onde fica a fonte de todas as dificuldades na vida. (Como você viu no Capítulo 2, o coração espiritual também é o que os cientistas chamam de memória celular, e o que os outros chamam de subconsciente/inconsciente.) Desde a primeira vez que foi mencionado, em manuscritos hebraicos antigos, ficou claro que a *imaginação* — não as palavras — é parte (ou a linguagem) dele. Acredite ou não, Einstein dizia que sua maior descoberta não foi a teoria da relatividade ou qualquer coisa relacionada à energia ou matemática. Era o fato de a imaginação ser mais poderosa que o conhecimento, pois fora ela a fonte de todas as suas deduções.

No entanto, em vez da palavra *imaginação* prefiro usar o termo *criador de imagens*, para enfatizar que estamos falando da força criativa dentro de nós que gera ideias, e que não estamos simplesmente falando sobre sonhar acordado. Meu mentor espiritual, Larry Napier, foi a primeira pessoa a me ensinar sobre esse mecanismo; é por ele que tudo que existe se tornou realidade. Um arquiteto simplesmente vai para a rua e começa uma construção? Um empreiteiro simplesmente sai de casa e começa a cavar um buraco? Não. Eles visualizam o produto final em seu criador de imagens, antes, então, o colocam no papel e *só depois* vão criá-lo. Isso vale para a calça jeans que estou vestindo, para um pedaço de giz, para minha câmera, para a lâmpada de Edison e para a teoria da relatividade de Einstein. Tudo no planeta Terra veio do criador de imagens, e todo ser humano tem um. Aprender a acessá-lo é a chave para curar tudo que nos aflige, uma vez que ele é a linguagem e a ligação direta até a fonte, que é o coração espiritual.

98   O CÓDIGO DO AMOR

O criador de imagens não é uma metáfora. Ele é real, tão real quanto este livro em suas mãos (seja em papel ou digital). Então, se é real, faz parte da medicina convencional ou alternativa? De nenhuma das duas. É espiritual, algo que sei porque a ciência é incapaz de localizá-lo. Sabemos onde tudo mais fica no corpo: o sangue, os hormônios, os órgãos, os vários sistemas — e compreendemos como funcionam. Podemos até mesmo ver como raciocinamos ao observar as partes do cérebro que acendem quando fazemos, pensamos e sonhamos coisas diferentes. Já descobrimos e quantificamos a tela em que vemos as coisas que existem em nosso ambiente através do sistema óptico físico. Mas não somos capazes de encontrar a tela que nos permite imaginar e visualizar imagens e figuras internamente. Acredito que nunca a encontraremos, porque fica no plano espiritual. O coração espiritual é o receptor do espírito, assim como o corpo é o da alma.

O Dr. Eben Alexander, cirurgião de Harvard, estava à beira da morte quando teve uma visão que mudou sua vida, da mesma maneira que a visão da teoria da relatividade de Einstein e quaisquer outras acionam grandes descobertas e insights transformadores. Ainda assim, a visão dele ocorreu quando os mecanismos físicos do cérebro que poderiam ter sido responsáveis por criá-la não estavam mais funcionando; então, ficou claro para ele, e para mim, que a visão veio do plano espiritual. Antes de chegar a esse ponto, o Dr. Alexander não acreditava de forma alguma em vida após a morte, nem no plano espiritual — especialmente porque a ciência nunca foi capaz de comprovar que existem. Porém, depois da experiência, suas crenças sobre o assunto mudaram tanto que ele escreveu o best-seller *Uma prova do céu: a jornada de um neurocirurgião à vida após a morte* para explicar seus motivos.[10] Ele relatou esses acontecimentos e a ciência física por trás deles em rede nacional.

De acordo com a Wikipédia, aproximadamente 97% das pessoas no mundo acreditam na realidade de uma dimensão espiritual ou em Deus. Creio que essa porcentagem seja tão alta porque a maioria de nós passa por algum tipo de experiência espiritual em certos momentos da vida. Elas são difíceis de explicar em palavras, ficam além do físico — assim como as experiências com o amor. Para mim, o fato de essa taxa ser tão alta é um

A FÍSICA ESPIRITUAL DA VERDADE E DO AMOR   99

dos principais indicadores de que essa dimensão realmente existe. Por que digo isso? Porque, historicamente falando, a crença predominante é a que apresenta mais provas físicas e mensuráveis. Foi por isso que Galileu foi preso por compartilhar suas observações sobre a Terra, a Lua e as estrelas. Se olhássemos o planeta somente da nossa perspectiva, pareceria que ele é reto e que tudo gira ao nosso redor. No século XIX, o Dr. Ignaz Philipp Semmelweis foi expulso da medicina com zombarias e piadas porque acreditava que temos coisas invisíveis em nós chamadas germes, que causam infecções. Ele defendia ser necessário lavar as mãos antes de realizar partos, e devido a essa prática um número bem maior de pacientes sobrevivia em suas mãos do que nas de seus colegas.

E assim foi no decorrer da história, seguindo o velho ditado "Só acredito vendo". Apesar disso, no que concerne à questão da existência do plano espiritual, observamos o extremo oposto: 97% de crença em algo que não é mensurável, que não podemos ver e que apresenta poucas provas empíricas de sua existência. Uau! Não sei se é possível encontrar outra questão no planeta que possua 97% de aceitação, mesmo sobre as coisas que podemos ver e medir.

Porém, apesar de a ciência não ser capaz de localizar o plano espiritual, e mesmo que 97% de nós acreditem nessa realidade ou em Deus, apesar de não haver prova física, estamos entrando em uma era em que a ciência começa a provar que tudo isso existe. No livro *Como Deus pode mudar a sua mente* os neurocientistas Andrew Newberg e Mark Robert Waldman compartilham provas científicas abrangentes de que o principal fator para melhorar o funcionamento do cérebro e a saúde — ainda mais que exercícios físicos — *é a oração e uma crença em Deus ou em outra fonte espiritual*. Eles não estão falando sobre ir à igreja. São neurocientistas seguindo a ciência, relatando os indícios que encontraram. Da mesma forma, se oração e crença em Deus/na fonte/no amor for o que apresenta o maior impacto no funcionamento do cérebro e na saúde, isso também significa que apresenta o maior impacto em *tudo* na vida, pois o funcionamento do cérebro afeta tudo em seu corpo — o sistema cardiovascular, os hormônios e, talvez mais importante, os mecanismos de controle de estresse.[11]

A linguagem do coração espiritual se dá em imagens. Tudo que já aconteceu em nossas vidas é registrado no coração dessa forma. O Dr. Pierce Howard diz, em *The Owners' Manual for the Brain* [O manual do usuário do cérebro]: "Todas as informações estão codificadas e são relembradas na forma de imagens." O Dr. Antonio Damasio, neurocientista e diretor do Instituto de Criatividade e Cérebro da Universidade do Sul da Califórnia — e, atualmente, mencionado com frequência em frases com as palavras "Prêmio Nobel" —, diz que "Um pensamento sem imagens é impossível".

Quando nós vemos as nossas memórias, é como se elas aparecessem em uma tela na mente, às vezes, como se assistíssemos a um filme. Eu chamo essa tela de *tela do coração*: é quando vemos dentro do criador de imagens. Porém, assim como a ciência e a medicina não são capazes de encontrar esse criador, também não conseguem localizar fisicamente a tela para nossa imaginação. Novamente, ela é bastante real, mas não fica no plano físico — fica no espiritual.

Temos bilhões e bilhões de imagens dentro de nós. Você pode pensar na tela do coração como uma tela holográfica de computador, smartphone ou tablet enorme e com alta definição, onde as memórias ativas são exibidas, assim como arquivos, ícones ou imagens abertas em seu computador. Seja lá o que estiver passando na tela, agora, é o que determina a experiência atual. Se for medo, você sentirá estresse em seu corpo físico até que um elo mais fraco se quebre e algum tipo de sintoma negativo específico surja, coisa que geralmente é chamada de teoria do elo mais fraco. Todos os médicos que conheço concordam que ela existe, porque é verdadeira.

Sob estresse contínuo, o elo mais fraco do corpo e da mente irá quebrar primeiro. Com a minha esposa, Hope, isso significou depressão. Comigo, foi refluxo ácido. Cada pessoa tem um elo mais fraco diferente, que depende de vários fatores, incluindo a genética. Já falamos antes que 95% das doenças são causadas por estresse. Os 5% restantes são genéticos. Essa tendência de família a ter uma doença específica *também foi causada pelo estresse*: ela veio de algum momento na vida de seus ancestrais em que um gene de doença foi acionado por causa do estresse. Se ele for removido da pessoa que atualmente o tem — e a única forma de conseguir isso é se livrando do medo —, o hipotálamo no cérebro desativa o estresse, e o corpo fica livre dele. O sistema imunológico poderá, então, curar a tendência genética para essa doença específica.

Aqui vai um exemplo de como a tela do coração determina nossa experiência atual. Um dia, quando eu estava em casa, abrimos uma gaveta e Hope, gritando loucamente, deu um salto que quase a fez bater no teto. Eu olhei para a gaveta e quase não esbocei reação, apesar de ter rido um pouco. A cobra de plástico de Harry estava lá dentro. No mesmo dia, alguns minutos mais tarde, Hope viu algo e disse: "Ah, que coisa linda." Eu virei em sua direção e comecei a chorar. Ela estava olhando para uma rosa. A última vez que eu vira uma, fora no caixão de minha mãe. Em ambos os casos, Hope e eu vivenciamos as mesmas circunstâncias físicas, no mesmo momento, mas reagimos de formas completamente opostas. Por quê? Porque tínhamos, em nossos corações, imagens diferentes associadas ao que vimos.

O problema é que 99% das pessoas não fazem nem ideia de 99% do que está em sua tela do coração. É por isso que acabam participando de inúmeras reabilitações, se enchem de remédios, vivem fazendo terapia e, quarenta anos depois, acabam percebendo que gastaram rios de dinheiro e ainda têm os mesmos problemas, *ou que eles ficaram ainda piores*. Geralmente, desistem, e morrem sem mudar. Mas não precisa ser assim! Essas pessoas não estavam lidando com a verdadeira fonte de seu problema, que são as memórias baseadas em medo na tela do coração.

Com base na parte física da Física Espiritual, sabemos que, se há medo na tela, isso significa que também há escuridão nela. Algo acontece: você está preso no trânsito, dá uma mordida em um sanduíche que não é tão bom quanto esperava, alguém o olha de um jeito estranho, a pessoa ao seu lado usa um perfume que não lhe agrada — qualquer coisa. Esse evento entra pelos olhos e é transformado em uma imagem, mesmo que a informação seja obtida por algum dos outros cinco sentidos. Todas as informações são registradas em imagem, lembra? Mesmo quando escutamos ou sentimos algo, o cheiro ou o gosto são lembrados como cenas. As imagens não são apenas a linguagem do coração, mas a linguagem *universal*, e se comunicam na velocidade da luz — a 300 mil quilômetros por segundo. As palavras levam muito mais tempo, e você precisa conhecer a linguagem específica sendo utilizada.

Então, de acordo com o Dr. Lipton, essa cena vai para o banco de dados de imagens acumuladas pelas memórias pessoais e hereditárias localizadas no coração espiritual, onde é comparada às várias outras imagens que determinam como será nossa reação. Tanto Hope quanto eu vimos a cobra de borracha, mas o brinquedo remeteu a uma imagem negativa no coração espiritual de minha esposa assim que ela o viu. Havia medo e escuridão na sua tela. Porém, não foi o meu caso. Quando olhei para a cobra, só havia amor e luz nas minhas memórias. O que vi na minha imaginação foi Harry feliz, brincando. Fiquei bem.

Agora, quando olhei para a rosa, muitas imagens surgiram. Senti amor ao me lembrar de minha mãe, mas também senti medo — algumas imagens com escuridão, outras, com luz. Tive uma reação misturada. O que está na tela do coração imediatamente determina a fisiologia do corpo. Por exemplo, no momento em que qualquer quantidade de medo surge nela, você pode começar a suar, sentir tensão no peito ou dor de cabeça. Quando isso acontecer, não pense nos sintomas físicos. Sim, há um componente corporal à sua reação, mas tudo, cada parte do problema, está vindo da tela do coração. Se você precisa tomar um Tylenol, vá em frente, mas, enquanto faz isso, comece a cuidar da fonte da dificuldade, para que não precise tomar outro remédio no dia seguinte, para o mesmo problema.

A programação determina em grande parte o que é exibido na tela do coração. Para Hope, a programação que recebeu na juventude lhe dizia que tinha de ser uma "boa menina" ou fazer tudo que as outras pessoas queriam. Se ela não agisse da forma como era esperado, seria uma decepção. Essa crença de que deve ser boa faz com que ela tente se comportar de formas que nem sempre quer, e que obedeça a coisas com que nem sempre concorda. Por décadas, essa programação produziu medo e escuridão na tela do coração de Hope, o que fez com que sentisse picos contínuos de estresse em seu corpo, até o elo mais fraco quebrar e ela ficar deprimida. Por que, nos 12 anos que se passaram, ela não conseguiu se livrar da doença, não importa o que fizesse? Porque não sabia como reparar essas memórias

A FÍSICA ESPIRITUAL DA VERDADE E DO AMOR 103

obscuras — não sabia nem mesmo o que elas eram. As mesmas imagens, baseadas no medo, apareciam repetidas vezes em sua tela, e em 99% do tempo eram de medo e escuridão. Então, minha esposa ficou deprimida. Ficou ansiosa. Ficou com medo.

Já disse isto antes, mas vale a pena repetir: todo mundo tem uma programação defeituosa. Ninguém é perfeito. Os seres humanos têm cinco estados cerebrais possíveis: alfa, beta, gama, delta e teta. Durante os primeiros seis anos de vida — e apenas durante eles —, estamos em um estado cerebral delta/teta. Isso quer dizer que não temos capacidade de filtrar informações. Por exempio, aos 5 anos de idade, você poderia estar no quintal com seu pai brincando de beisebol. Você tenta acertar a bola e não consegue, e seu pai ri e diz: "Bem, você nunca vai ser jogador profissional com uma tacada dessas." Sem a capacidade de filtrar essa frase, você acaba de ganhar uma nova programação no disco rígido. Não há pessoa neste mundo que *não* tenha esse tipo de lembrança! Elas são o que chamei de "memórias-pirulito". Além disso, é muito difícil desprogramar algo que foi criado nessa fase da vida. Pesquisas afirmam que, para as crianças, são necessárias dez frases positivas para neutralizar uma negativa — porém, a maioria dos pais diz dez negativas para uma positiva! *Voilà* — temos uma programação baseada no medo.

Mesmo se, por um milagre, alguém fizer tudo com amor e verdade o tempo todo, ainda podemos herdar uma programação defeituosa de gerações passadas, ou absorvê-la dos outros que nos cercam. Todos nós temos alguma programação desse tipo, e a tela do coração é nossa ligação direta para curá-la. Da mesma forma, nossa tela do coração é conectada às de todos que nos cercam, especialmente às daqueles mais próximos, de forma que estamos sempre emitindo e recebendo frequências de energia em uma rede de "Wi-Fi orgânico". Aprenderemos como "sintonizar" e "emitir" frequências de amor no Capítulo 4, quando discutiremos a ferramenta Tela do Coração.

Energia nunca se destrói; ela apenas muda de forma. Quando você acende a luz em um quarto completamente escuro, todas as partes dele são iluminadas. Para onde foi a escuridão? A resposta correta é que ela deixou de existir. A definição de escuridão é simplesmente a ausência de luz. Dessa forma, não

104 O CÓDIGO DO AMOR

há escuro no claro. O amor e o medo funcionam em nosso corpo seguindo a mesma lógica. É o mesmo princípio físico. Quando você despeja amor no medo, o medo deixa de existir. Isso parece estranho para nós porque não usamos esse tipo de linguagem nesse contexto. Mas deixe-me lembrá-lo de que essa mudança de paradigma foi prevista por Einstein em 1905.

Sempre que quebramos paradigmas, aqueles que se davam bem com o antigo modelo resistem ao novo. Por exemplo, quando os irmãos Wright começaram a criar suas "máquinas voadoras", eles foram conversar com os figurões das ferrovias. Disseram: "Nós queremos lhes dar a chance de se tornarem os reis das companhias aéreas." Os magnatas riram da cara deles e afirmaram que nada jamais substituiria os trens. Hoje, poderíamos ir ao aeroporto e entrar em um avião da B&O Linhas Aéreas — porém, atualmente, ninguém vê "B&O" em marca alguma, não é? A empresa teve a oportunidade de mudar para um novo paradigma, mas ficou presa ao passado, e pereceu por causa disso.

Um novo paradigma para saúde, cura e sucesso, previsto no início do século XX, está surgindo agora. Você vai ficar preso ao passado ou seguir a novidade? Na verdade, não está surgindo; ele já existe. Em 2013, a Associação Americana de Psicologia permitiu que a primeira conferência de medicina energética oferecesse créditos de educação contínua,[12] e também está prestes a aprovar a primeira modalidade de medicina energética para terapia — depois de passar vinte anos rindo, zombando e fazendo pouco da área. Por que a mudança? Agora existem provas práticas esmagadoras de que os tratamentos são bem mais rápidos e eficazes, sem efeitos colaterais.

Esses resultados estão sendo observados no atletismo também. Logo depois de o técnico de futebol americano universitário James Franklin assinar um contrato de 37 milhões de dólares com a Universidade Penn State em 2014, após transformar o time da Universidade Vanderbilt em uma equipe vencedora pela primeira vez em cem anos, ele foi entrevistado sobre o sucesso como treinador por Dan Patrick no seu programa de televisão, em rede nacional. As respostas de Franklin foram, no mínimo, diferentes. Quando perguntado sobre os objetivos traçados para o time (algo que a maioria dos treinadores faz e sempre enfatizam), o Sr. Franklin afirmou

A FÍSICA ESPIRITUAL DA VERDADE E DO AMOR   105

que não estabelecia nenhum objetivo exterior. Ele disse que, se você não escolher uma meta correta, ela pode acabar sendo prejudicial. Em vez disso, determinava que seus jogadores se concentrassem no dia e no momento presentes: que fossem o melhor que pudessem no campo espiritual, acadêmico, físico e social. Disse que, com ele, "a única coisa que importa são os relacionamentos".[13]

É isto mesmo: um dos técnicos mais importantes nos últimos cem anos afirmou, em rede nacional, que prioriza o plano espiritual no momento presente, e que ele só se importa com relacionamentos. Ao determinar objetivos interiores no momento presente, Franklin foi bem-sucedido quando outros fracassaram, e fez isso com jogadores que não tinham muita velocidade, força e conquistas. Ele não é o primeiro técnico a adotar essa abordagem; com o passar dos anos, também ouvi o treinador-chefe de futebol americano do Alabama, Nick Saban (quatro vezes campeão nacional), e o treinador-chefe do New England Patriots, Bill Belichick (três vezes campeão mundial), falarem sobre ensinar os seus jogadores a não se concentrarem no placar ou em vencer o jogo, mas em fazer o melhor possível no momento presente. Essa é a essência do Princípio Mais Importante, apesar de eu achar que esses treinadores teriam resultados ainda melhores se utilizassem as ferramentas deste livro. O amor no momento presente produz desempenhos melhores de forma consistente. O medo, por sua própria natureza, inibe e restringe a performance.

Essas reviravoltas serão as primeiras do que se tornará uma avalanche de mudanças nas áreas de psicologia, autoajuda, medicina, atletismo, desempenho e sucesso. Daqui a vinte anos, acredito que essa abordagem será o novo padrão, porque ela funciona. No entanto, não quero que você precise esperar vinte anos para ser bem-sucedido. Quero que isso aconteça nos próximos meses e pelo resto da sua vida.

Faz milhares de anos que nós sabemos, ou poderíamos saber, que o coração espiritual é a fonte de todas as dificuldades na vida, porém, por termos um paradigma antigo que separa o plano físico do espiritual, não fomos capazes de aplicar esse conhecimento espiritual ao nosso corpo físico. Não é possível usar um bisturi para retirar um problema do coração. Não há remédio que o faça sair. Os métodos de cortar, queimar e envenenar não funcionam aqui. Nem os métodos físicos alternativos. Então, mesmo que saibamos o quanto as questões do coração são importantes, não aplicamos esse conhecimento aos tratamentos de saúde, pois os métodos que conhecemos não apresentam formas nem ferramentas para curar tais problemas emocionais. E nós, certamente, não os utilizamos em nossas dificuldades em alcançar o sucesso.

Sob o paradigma da Física Espiritual, o plano físico e o espiritual estão em perfeita harmonia, alinhados. Na verdade, a ciência real *sempre* está em harmonia com o lado espiritual. Se o coração espiritual é a fonte de todos os problemas, então, a única ferramenta que poderia curar a fonte é uma que envolva energia — porque as questões do coração (isto é, as memórias) são feitas de energia. Nós não devemos resistir ao novo paradigma; devemos comemorá-lo! Finalmente somos capazes de identificar e curar a fonte de nossos problemas.

Já me lançaram muitas pedras metafóricas. Algumas pessoas, tidas como especialistas, me chamaram de charlatão ou fraude porque ensino princípios que unem o lado físico e o espiritual. Porém, quando eu viajo pelo mundo, vejo as coisas de forma diferente. As pessoas ficam muito animadas ao aprenderem esses princípios e os aplicarem às suas vidas, pois eles dão certo como nada deu antes. Nós finalmente podemos encontrar e solucionar a fonte.

Pode haver uma separação entre a Igreja e o Estado, mas não há divisão entre a espiritualidade, o sucesso e a saúde. Se você acreditar e agir como se houvesse, o resultado será o *seu* afastamento dessas coisas.

A solução para as dificuldades em conquistar sucesso não é se concentrar no problema ou ignorá-lo para sempre. As duas coisas farão com que sua vida continue a desmoronar. A solução é substituir medo/escuridão/mentiras com amor/luz/verdade — sempre! A fonte do amor/luz/verdade é a fonte para a solução de qualquer dificuldade, enquanto a fonte do medo/escuridão/mentiras é a origem de todo problema, seja ele terrorismo, fome, doenças, pobreza ou infelicidade. Quando os dois lados se encontram, o amor/luz/verdade sempre ganha, pelo mesmo motivo que a luz invade uma sala escura, mesmo que isso não seja imediatamente aparente. Gandhi sabia que isso era verdade ("durante toda a história o caminho da verdade e do amor sempre venceu"), assim como todos os grandes mestres espirituais.

No longo prazo:

O amor nunca perde!

O medo nunca vence!

De agora em diante, qual é a *sua* escolha?

Com os conceitos de memória celular e Física Espiritual, você aprendeu os conceitos básicos por trás do Princípio Mais Importante e de uma vida além da força de vontade. Na Parte II explicarei como esses conceitos são utilizados na prática e o que eles têm a ver com o seu sucesso.

parte II

COMO O PRINCÍPIO MAIS IMPORTANTE FUNCIONA

capítulo 4

AS TRÊS FERRAMENTAS PARA DESPROGRAMAR E REPROGRAMAR O DISCO RÍGIDO HUMANO E SEU SOFTWARE

Agora, na Parte II, aprenderemos sobre as duas práticas essenciais para o funcionamento do Princípio Mais Importante: as Três Ferramentas para desprogramar e reprogramar o disco rígido humano e determinar objetivos de sucesso em vez de objetivos estressantes.

Nós, humanos, somos seres multidimensionais: nos planos físico, mental e espiritual. Se quisermos ser bem-sucedidos na vida, precisamos lidar com todos os três níveis, de forma que permaneçam saudáveis e funcionem em harmonia. Neste capítulo vou introduzir as Três Ferramentas que descobri e testei nos últimos 25 anos e que fazem exatamente isso: Medicina Energética (para o plano físico), Frases para Reprogramação (para o plano mental) e Tela do Coração (para o plano espiritual). Mais uma vez, compreender *toda* a verdade resulta em crenças que têm um poder real. Agora que você já aprendeu mais sobre os princípios científicos e espirituais que baseiam o funcionamento dessas ferramentas, espero que sejam mais fáceis de usar e que você se comprometa a utilizá-las com o tempo.

Eu defino como *físico* tudo em nossa fisiologia, até as frequências de luz ou escuridão, átomos, moléculas e células. O plano *mental* inclui o conscient, a vontade e as emoções, ou o que eu geralmente chamaria de alma. O *espiritual* inclui o inconsciente, o subconsciente, a consciência e o que eu gosto de chamar de espírito. Agora que sabemos que tudo é feito de energia, ao interferirmos com algum desses aspectos (como o emocional) ele, invariavelmente, afetará os outros dois. Então, quando afirmo que cada ferramenta é específica para determinado aspecto de nosso ser, não significa que a medicina energética só irá curar nossos sintomas físicos; mas, sim, que essa ferramenta lida diretamente com a fisiologia para produzir cura em *todas* as dimensões de nosso ser: nos planos físico, mental, espiritual — e até mesmo circunstancial.

Sei que fiz muita propaganda dessas Três Ferramentas, mas tive bons motivos: quando utilizadas por determinado período de tempo, exatamente da maneira como ensinei, nunca as vi fracassar com os pacientes que tratei (nas palavras deles, não nas minhas).[1] Já as observei sendo utilizadas por pessoas com opiniões diversas, de ambos os sexos, de todas as idades. Essas variáveis nunca causaram qualquer diferença na eficácia do método. Assim como a gravidade, as ferramentas parecem funcionar para todos, da mesma maneira, acreditando nelas ou não.

Tenha em mente que as instruções a seguir são sugestões, não regras. Você pode ficar à vontade para mudar a ordem e utilizar as ferramentas da forma que lhe parecer melhor. Quando trabalho diretamente com pacientes, geralmente "customizo" a ferramenta para se adequar ao indivíduo, à situação ou a problemas específicos. Obviamente, não é possível fazer isso com cada leitor deste livro. Então, com base em vários testes, desenvolvi um processo geral para cada ferramenta, que funcionará de forma consistente e previsível para quase toda pessoa e qualquer circunstância. Essas instruções vão funcionar se você as seguir; porém, caso se tornem trabalhosas demais, pode adaptá-las. Não existe um jeito errado de usar as ferramentas.

No restante deste capítulo explicarei como elas funcionam e incluirei instruções gerais para utilizá-las. No entanto, apesar de você poder começar a praticá-las enquanto aprende, minha intenção não é que comece a utilizá-las ainda. Na Parte III darei instruções detalhadas sobre como usar as

AS TRÊS FERRAMENTAS PARA DESPROGRAMAR E REPROGRAMAR... 113

ferramentas para identificar e curar suas memórias-fonte que podem estar bloqueando o sucesso em sua vida (Capítulo 6, "Diagnósticos básicos") e para determinar objetivos de sucesso específicos (Capítulo 7, "A fórmula do Princípio Mais Importante para Conquistar o Sucesso").

Mais uma coisa. Ao ler este capítulo talvez você note que já utilizou ou encontrou alguma técnica similar às ferramentas. Apesar de eu ter descoberto cada uma delas durante o trabalho em meu consultório, isso não quer dizer que mais ninguém tenha feito o mesmo por conta própria. E elas, obviamente, são baseadas em princípios ensinados há muitos anos. Por exemplo, você pode ter utilizado um método semelhante à medicina energética, que ajudou a curar ao menos parte de seus sintomas. Porém, se os resultados não foram duradouros, pode ser que também seja necessário lidar com o lado espiritual ou emocional. Quando utilizadas sozinhas, essas ferramentas podem funcionar de vento em popa, mas, porque elas são direcionadas a apenas um aspecto do que geralmente é um problema de três dimensões, nem sempre são capazes de funcionar sozinhas no longo prazo, ou curar o problema completamente. Acredito que seja por isso que muitas técnicas não resolvam problemas de forma consistente. Uma única técnica quase nunca irá lidar com os três planos de nosso ser ao mesmo tempo, e todos eles precisam entrar em harmonia para alcançarmos o sucesso ou a cura.

Para conseguir solucionar a fonte das dificuldades com sucesso que mais o incomodam sugiro que tente as três ferramentas. Uma das principais razões pela qual escrevi este livro é que queria lhe dar *todas* as técnicas de que precisa para curar seus problemas-fonte de uma vez por todas (independentemente de como os seus sintomas se manifestam), de forma a infundir uma nova programação de sucesso no seu disco rígido humano que o torne capaz de conquistar um sucesso estrondoso pelo resto da vida. Porém, enquanto experimentar as ferramentas, talvez você goste mais do resultado de uma ou duas delas do que das outras. Não há problema — use a ferramenta ou a combinação de ferramentas que melhor se adequar a você. Mas não será possível saber com certeza qual delas faz isso se não tentar usar todas durante algum tempo.

No final deste capítulo você encontrará uma técnica para usar todas as ferramentas ao mesmo tempo, de forma a alcançar o máximo de eficiência e resultados. No entanto, recomendo que, antes disso, teste cada uma delas para compreender como funcionam separadamente em sua vida.

A FERRAMENTA MEDICINA ENERGÉTICA: CURANDO PROBLEMAS-FONTE COM O CORPO

De acordo com a minha experiência, a ferramenta Medicina Energética é a que causa um efeito mais poderoso nas pessoas, logo de cara. A *medicina energética* aplica energia a pontos específicos do corpo físico para curar um sintoma ou problema. Ela tem sido um assunto controverso na área da saúde nos últimos 15 anos, pelo menos, e a cada dia aprendemos mais sobre como pode ser aplicada. Vários médicos renomados, baseados nas crescentes provas científicas que detalhei nos capítulos anteriores, acreditam que aplicar o conhecimento que temos sobre a energia aos cuidados com a saúde pode levar a descobertas jamais imaginadas. Donna Eden, autora do clássico *Energy Medicine* [Medicina energética], documentou a resolução de centenas de problemas persistentes que a medicina tradicional simplesmente era incapaz de solucionar. Em seus mais de trinta anos de experiência curando pacientes e ensinando seus métodos pelo mundo, ela testemunhou a medicina energética curar bronquite terminal, reviver uma vítima de ataque cardíaco sem batimentos e reverter uma deficiência mental grave, além de milhares de outros resultados igualmente expressivos.[2]

Foi apenas no ano passado que descobri que Sigmund Freud utilizava uma técnica parecida com a minha em sua psicoterapia. Sim, *aquele* Freud mesmo — o famoso neurologista e médico austríaco que é considerado o pai da psicoterapia, psiquiatria, análise e terapia. Acredite ou não, a medicina energética era o que ele utilizava quando nada mais dava certo. Em seus registros, o próprio afirma: "Posso garantir que o método quase nunca

AS TRÊS FERRAMENTAS PARA DESPROGRAMAR E REPROGRAMAR... 115

me desapontou."[3] De certa forma, Freud foi o primeiro a mostrar para o mundo que aspectos emocionais modificam os físicos. Talvez ele não compreendesse por que funcionava, mas sabia que, no momento em que usava a técnica, os problemas mais profundos de seus pacientes vinham à tona. A ferramenta Medicina Energética que ensinarei inclui a mesma posição que Freud usava no seu consultório (mãos postas sobre a testa), apesar de eu ter adicionado mais duas, que acredito tornarem o método significativamente mais poderoso.

A medicina energética não é nada estranha, mística ou até mesmo espiritual. Ela é, na verdade, física (isto é, baseada na física). Em 1905, Einstein provou que tudo se resume a energia ($E = mc^2$). Em outras palavras, todas as células do corpo funcionam com energia elétrica, e cada célula tem a sua própria usina, chamada de mitocôndria. Contanto que a célula tenha energia positiva suficiente, ela permanece saudável. Se esse não for o caso, ou se ela for infectada por energia negativa, começa a ficar doente. E nós somos capazes de medir o nível de energia nas células com aparelhos de tomografia computadorizada, ressonância magnética ou outros exames similares.

A medicina energética simplesmente tenta infundir energia positiva e saudável nas células que apresentam um déficit. Só isso. Ela, em suas formas mais rudimentares, é até mesmo mais antiga que a medicina ocidental. Depois da descoberta de Albert Einstein, vencedores do Prêmio Nobel previram que, algum dia, nós compreenderíamos como aplicar esses princípios à saúde de forma eficaz, e que isso mudaria o cenário da medicina e da saúde, assim como a energia aplicada a equipamentos eletrônicos, Wi-Fi e computadores mudou praticamente toda a área tecnológica no mundo desde 1905. E, como eu disse no capítulo anterior, isso está acontecendo agora.

A questão é que a medicina energética, no geral, não é novidade; é só que, com a crescente compreensão de que a energia é a fonte de todos os problemas, apenas recentemente a medicina foi capaz de documentar o quanto ela é poderosa, por que consegue ser tão eficaz e como isso nos permite fazer coisas que não conseguíamos antes.

COMO A FERRAMENTA MEDICINA ENERGÉTICA FUNCIONA

O princípio por trás de como a ferramenta Medicina Energética funciona é bem simples. Tudo em nós funciona à base de energia: toda célula, todo pensamento e todo sentimento. E a energia está sempre escapando do corpo, principalmente pelas mãos.[4] Quando você coloca as mãos em pontos específicos do corpo, está devolvendo a ele energia curadora utilizável. Ao fazer isso, o corpo pode trabalhar mais e utilizar a energia extra para solucionar problemas. Lembre-se de que nossas dificuldades, em seu âmago, existem apenas como padrões de energia interiores, não como ossos, sangue e tecido. Os princípios básicos da física afirmam que esses padrões de energia podem ser modificados por outro padrão de energia. Eu acredito que é exatamente isso que Freud fazia com seus pacientes, e é o que eu faço com os meus nos últimos 25 anos.

A ferramenta Medicina Energética usa três posições: coração, testa e coroa. Essas áreas abrigam as partes físicas do corpo que diretamente afetam (ou são afetadas) pelo estresse, assim como os mecanismos de controle de cada célula. É possível usar a ferramenta Medicina Energética em você mesmo, em outra pessoa, ou alguém pode aplicá-la em você. Observei que os resultados são melhores neste último caso, que é a maneira como Freud fazia com seus pacientes e eu faço com os meus.

A Posição do Coração

Na posição do coração você posiciona a mão (esquerda ou direita), com a palma voltada para baixo, sobre o peito (por cima do coração), e coloca a outra mão, também com a palma para baixo, sobre a primeira.

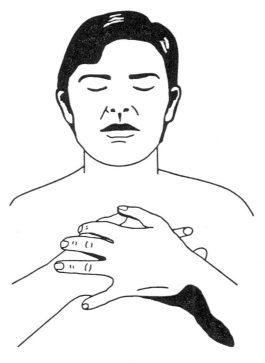

A Posição do Coração

Para essa posição e para as outras que seguem você tem duas opções: pode posicionar as mãos como expliquei e ficar assim por um a três minutos, que é como Freud fazia, ou pode movê-las suavemente em um gesto circular (no sentido horário ou anti-horário, o que parecer mais natural), sem esfregar a pele, mas movendo-a devagar sobre o osso, trocando de direção mais ou menos a cada 15 segundos, por um a três minutos. Esta última opção é a que utilizo com a maioria dos meus pacientes, e creio ser duas vezes mais eficaz do que apenas deixar as mãos paradas, considerando que, dessa forma, os resultados surgem com o dobro de rapidez. No entanto, se, por alguma razão, você não puder fazer o movimento circular, a outra posição causará os mesmos resultados, apesar de talvez levar mais tempo.

Essa posição joga energia no seu sistema cardiovascular e timo, assim como envia sinais fundamentais de medicina energética para o sistema imunológico. O timo é parte integral do sistema imunológico: ele regula a liberação de hormônios e elementos químicos no sistema glandular. Na verdade, alguns médicos afirmam que ele *é* o sistema imunológico: onde o timo vai, o sistema imunológico vai atrás. Curiosamente, ele funciona melhor quando somos muito jovens — em especial durante o nascimento e antes da puberdade. Pesquisas estão sendo feitas agora para descobrir se estimular o funcionamento do timo em níveis altos pode curar o câncer e muitas outras doenças.

No peito, também encontramos o sistema cardiovascular, que apresenta um campo eletromagnético cinquenta a cem vezes mais forte que o do cérebro. Eu acredito (assim como outros médicos) que, se pensarmos no sistema nervoso central (que inclui o cérebro) como o mecanismo de controle do corpo, o sistema cardiovascular seria o principal transmissor e emissor de informações: ele emite as frequências que saem do sistema nervoso central. Se isso for verdade, juntos, o sistema cardiovascular, o sistema hormonal glandular, o cérebro e o sistema nervoso central regulam todos os mecanismos do corpo, tanto no aspecto físico quanto não físico (incluindo a mente e o espírito), que são as áreas nas quais jogamos energia com a ferramenta Medicina Energética.

A Posição da Testa

Na posição da testa você posiciona uma das mãos (esquerda ou direita) sobre a testa, com o dedo mindinho logo abaixo da sobrancelha (mal tocando a ponte do nariz), e a outra mão sobre a primeira, ambas com a palma para baixo. Mais uma vez, é possível deixá-las dessa forma por um a três minutos, ou, para resultados mais rápidos, movê-las em um gesto circular, sem esfregar a pele, trocando de direção entre dez a 15 segundos, por um a três minutos. Se for mais confortável para você, mova as mãos de um lado para o outro, mas observei que o movimento em círculos produz resultados mais rápidos.

Essa era a posição que Freud usava com os pacientes: posicionava uma das mãos sobre a testa deles. A técnica funciona melhor se utilizada junto com a posição do coração e a da coroa (que Freud não fazia). Como médico, ele sabia que havia mecanismos *físicos* localizados nessa área, mas não entendia por que isso fazia problemas *psicológicos* virem à tona de forma tão consistente quando comparado às suas outras técnicas. Agora, nós sabemos.

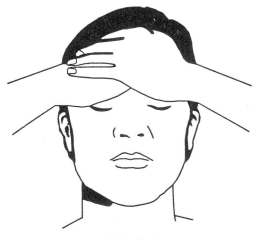

A Posição da Testa

Quando você joga energia na testa, está estimulando alguns dos mecanismos fisiológicos mais importantes do corpo. Primeiro, estimula todo o cérebro: não apenas o cérebro superior e inferior, como também os lados esquerdo e direito. De acordo com os experimentos de divisão cerebral de Roger Sperry, em 1972 (pelos quais ele ganhou um Prêmio Nobel), o lado direito do cérebro inclui o sistema límbico e a formação reticular, e controla a sabedoria, o significado, os sentimentos, as crenças, as ações e as imagens. O lado esquerdo controla as palavras, a lógica e o pensamento racional por si só (isto é, não as ações e o significado). Você também está jogando energia no terceiro chacra, um dos centros de energia mais poderosos do corpo.

Além disso, com base na pesquisa original de Sperry, eu particularmente acredito que o lado direito do cérebro pode ser um dos principais locais de centro de controle do coração espiritual, que é o "receptor" do espírito: o subconsciente, o inconsciente, a consciência e o que é chamado de a última fronteira — tudo que ainda não conhecemos. De certa forma, também acho que o principal centro de controle de nossa alma, além de nosso corpo, seja o lado esquerdo do cérebro — a mente consciente, a vontade e as emoções. E tudo isso está atrás da testa!

A Posição da Coroa

Para a posição da coroa, posicione uma das mãos em cima da cabeça, onde ficaria uma coroa, e a outra sobre ela, ambas com a palma para baixo. A posição não apenas ativa todos os mesmos mecanismos fisiológicos que a posição da testa (apesar de em um ângulo diferente), como também a espinha/coluna vertebral e o chacra coronário, outro ponto poderoso da medicina energética, que muitos acreditam controlar nossa conexão com o plano espiritual.

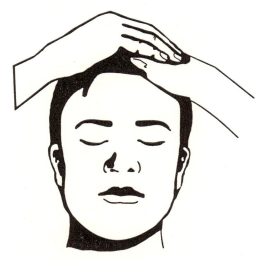

A Posição da Coroa

Agora você sabe como essa ferramenta fisiológica lida com todos os três aspectos de nosso ser: o físico, o mental e o espiritual. Ao aplicar energia a essas três áreas — o coração, a testa e o topo da cabeça —, você aumenta o fluxo sanguíneo e a funcionalidade dos centros de controle de cada célula, cada pensamento, cada emoção e cada crença, assim como dos chacras do coração, do terceiro olho e da coroa, os três centros de energia mais poderosos do corpo. Em resumo, você ativa e dá mais força aos mecanismos que controlam tudo em sua vida: o lado físico e o emocional, o consciente e o inconsciente, o exterior e o interior, a saúde, os relacionamentos, a prosperidade... *tudo*.

Usar a ferramenta Medicina Energética é como colocar combustível em um cortador de grama, ligar um tanque de propano em sua churrasqueira a gás ou dar comida e água para uma pessoa morrendo de fome. O corpo receberá energia para fazer o que precisa ser feito. Em seu estado atual, ele pode ser capaz de funcionar normalmente. Porém, com essa ferramenta, conseguirá realizar feitos *extraordinários* — será capaz de curar memórias, pensamentos e sentimentos, que é o que nós queremos, e a forma como nossos corpos foram projetados para funcionar.

Eu concordo com Freud. Essa ferramenta, especialmente quando utilizada nas três posições, quase nunca me deixou na mão. É ela que eu uso com mais frequência, há mais tempo.

USANDO A FERRAMENTA MEDICINA ENERGÉTICA

Você pode usar a ferramenta Medicina Energética de duas formas. A primeira é quando algo o está incomodando naquele momento, como ansiedade, enxaqueca, dor ou qualquer emoção negativa. Isto é o que deve fazer:

1. **Primeiro, pense no que está incomodando e avalie o problema em um grau entre 0 e 10.** Apesar de ser provável que você tenha uma lista de dificuldades que gostaria de solucionar, concentre-se em uma por vez, de preferência na que o incomoda mais. Talvez classifique o problema como 7 — não é a pior coisa que já viveu,

mas, obviamente, é relevante. (Se não conseguir avaliar o grau dos problemas, não se preocupe. Apenas determine se está ou não lhe incomodando.)

2. **Feche os olhos e relaxe. Faça uma oração curta, simples e sincera, que venha do coração, pedindo a cura de qualquer que seja a causa do problema (isto é, problemas espirituais obscuros).** Como expliquei quando tratamos de afirmações, essa oração precisa ser dita com verdade e amor (em vez de afirmar algo que não é mais verdadeiro ou declarar uma vontade por algo que prejudicará ou criará desvantagens para outra pessoa). Expresse um desejo verdadeiro de que o problema seja curado, em vez de afirmar que ele já melhorou, e ofereça uma oração com amor, deixando claro o seu anseio por um resultado que ajuda a todos e que não prejudica ninguém. Por exemplo, se estiver ansioso por algo relacionado a trabalho, pode dizer: "Peço para que o motivo da minha ansiedade, independentemente do que for, seja curado na fonte. Peço para ser libertado dessa ansiedade para que possa me tornar um funcionário melhor (um pai melhor, um cônjuge melhor etc.) e que o resultado só traga benefícios para todos os envolvidos." Em vez de ansiedade, pode substituir o problema por raiva, dor de barriga ou qualquer outra coisa que o incomode. A oração deve partir do coração, abrindo mão de resultados definidos e da força de vontade, permitindo que o processo, a luz e o amor façam o trabalho por você.

3. **Comece com a posição do coração e posicione as mãos sobre o peito.** Coloque as mãos na posição do coração conforme descrito na página 112. Então, concentre-se no problema, mas não tente modificá-lo. Simplesmente, observe-o. Como alternativa, também pode relaxar e se concentrar em imagens positivas que representam o amor e a luz para você. Pense em qualquer coisa que pareça melhor e correta. Eu gosto de me focar no problema e visualizá-lo derretendo. Por exemplo, para ansiedade, vez por outra observe

AS TRÊS FERRAMENTAS PARA DESPROGRAMAR E REPROGRAMAR... 123

com calma a imagem da ansiedade em sua tela do coração e veja se há alguma mudança.

4. **Mantendo uma das mãos em cima da outra, deixe-as paradas nesta posição ou comece a movê-las em um gesto circular, movendo a pele sobre o osso suavemente no sentido horário ou anti-horário, trocando de posição entre dez a 15 segundos, como descrito na página 113.** Lembre-se de que adicionar o movimento circular apenas acelera a eficácia da ferramenta; se você possui alguma deficiência ou for incapaz de executar o movimento circular, ou se cansar, não há problema em deixar as mãos paradas. Deixar de fazer isso não comprometerá a eficácia da técnica.

5. **Mantenha essa posição por um a três minutos.** Não é preciso cronometrar, e a quantidade de tempo só depende de você. No entanto, recomendo começar com um minuto, pois períodos mais longos podem provocar uma reação em alguns. A reação pode se manifestar na forma de dores de cabeça ou de outros sintomas novos e negativos vivenciados durante uma técnica curadora, e é comum em cerca de 10% das pessoas. Isso apenas significa que você está tentando fazer muita coisa ao mesmo tempo. Se você tiver uma reação de cura, simplesmente passe para a próxima posição. Se a próxima também se tornar desconfortável, pare e deixe seu corpo se adaptar. Caso contrário, continue relaxando e, enquanto estiver na posição, observe seu sintoma de vez em quando, para ver se algo mudou.

6. **Quando o tempo acabar, passe para a próxima posição: a testa.** Coloque as mãos na posição da testa, como mostrado na página 114. Se você quiser e for capaz, mova-as em gestos circulares, trocando de direção cada dez a 15 segundos, pelo tempo que se sentir confortável fazendo isso. Relaxe, observando o problema uma vez ou outra para ver se há alguma mudança, mas mantenha em mente que só deve verificar; não tente fazer nada mudar. Mantenha essa

posição por um a três minutos. Observação: não é uma regra mudar de direção enquanto faz os movimentos circulares; faça o que for melhor para você.

7. **Quando o tempo acabar, passe para a posição final: a coroa.** Mova as mãos para a posição da coroa, como mostrado na página 116. Siga o mesmo procedimento das posições anteriores: movimente as mãos em gestos circulares, trocando de direção a cada dez a 15 segundos, por quanto tempo se sentir confortável; observe calmamente o seu problema por um a três minutos.

8. **Repita o ciclo das posições entre duas a três vezes por dia, até que o problema possa ser classificado como abaixo de 1 (o que significa que ele não o incomoda mais).** Caso não tenha uma reação de cura, você pode repetir o ciclo quantas vezes quiser, mas sugiro que repita as posições duas a três vezes por sessão ou uma ou duas vezes por dia, durante cerca de dez minutos por vez. Uma única sessão pode ser suficiente para curar muitos problemas, mas outros podem levar dias, semanas ou até mesmo meses para serem solucionados completamente. Se a sua dificuldade ainda o incomodar depois da primeira vez, pode usar a ferramenta duas a três vezes por dia, pelo tempo necessário para chegar a abaixo de 1 (o que significa que o problema original não o incomoda mais, mesmo em circunstâncias exteriores estressantes).

9. **Por favor, não se preocupe com o tempo** — o período de tempo certo é aquele que levar para o problema chegar a abaixo de 1. O mais importante é praticar a técnica corretamente e com regularidade.

Você pode tentar usar a ferramenta Medicina Energética agora mesmo com qualquer sintoma físico ou interior que o esteja incomodando. Também pode usá-la em outra pessoa ou em alguém que não seja capaz de aplicá-la em si mesmo, como bebês, animais de estimação ou idosos. Como expliquei anteriormente, notei que os resultados são mais fortes quando uma pessoa utiliza a ferramenta na outra.

AS TRÊS FERRAMENTAS PARA DESPROGRAMAR E REPROGRAMAR... 125

Os resultados podem ser bastante poderosos e quase instantâneos, como foi o caso de uma médica que conheci na Espanha, em um seminário que apresentei em 2012. Quando a palestra acabou, ela fez questão de perguntar se poderia falar comigo. Encontramos uma sala para conversarmos, e os problemas dela logo ficaram óbvios — eram todos baseados em expectativas exteriores e em uma vida em que a força de vontade era usada ao máximo. Tudo se resumia ao fato de ter virado médica para deixar a família feliz, não porque era algo que realmente gostaria de fazer. Trabalhei com ela usando apenas a ferramenta Medicina Energética, e solucionamos vinte problemas em vinte minutos.

Ela me disse que a diferença no que sentia era imediata e diferente de tudo que já vivenciara. Sentia amor, alegria, paz, liberdade e energia. Mais do que isso, não queria mais praticar a medicina para deixar os pais felizes, e, sim, para ajudar pessoas — em específico, queria trabalhar para curar os problemas-fonte dos sintomas dos pacientes, da mesma forma que aquela ferramenta a ajudara. Seis meses depois, quando tive notícias dela novamente, soube que nenhuma das vinte questões voltara a incomodá-la, todas continuavam plenamente resolvidas.

Veja bem, esse tipo de resultado não costuma ocorrer em um dia, como foi o caso da médica. E, mais importante: tudo aconteceu sem que ela tentasse ou esperasse por aquilo. Quando curamos aqueles vinte problemas usando a ferramenta Medicina Energética, ela se concentrou em amor, alegria e paz no momento presente, sem esforço — ainda assim, *nenhuma* de suas circunstâncias exteriores mudou. Tudo foi baseado em uma mudança interior.

Essa é uma forma de usar a ferramenta Medicina Energética: em sintomas específicos que sente agora. Uma segunda forma é usá-la de forma preventiva se você não tiver nenhum problema, ou mesmo depois de eles terem sido resolvidos. Pode usar a ferramenta por cinco a dez minutos, duas a três vezes por dia, apenas para esquecer o estresse causado pelos acontecimentos do dia. Você pode até mesmo utilizá-la enquanto assiste à televisão ou faz algo similar. Já atendi muitos pacientes que usaram a ferramenta dessa forma e obtiveram ótimos resultados; no entanto, é melhor praticar esta posição como se você estivesse meditando, como descrevi antes — e essa abordagem preventiva deve ser utilizada enquanto cura questões específicas com a ferramenta, e não como substituta do primeiro método.

Finalmente, uma terceira forma é o processo de desprogramação e reprogramação de quarenta dias que faz parte da Fórmula do Princípio Mais Importante para Conquistar o Sucesso. Em vez de lidar com um único sintoma, a Fórmula para Conquistar o Sucesso foi projetada para ajudá-lo a alcançar sucesso no longo prazo em áreas específicas da vida, como, por exemplo, abrir um negócio, ser um pai melhor, alcançar algo na carreira ou no esporte, começar uma organização sem fins lucrativos, mudar para um lugar novo ou qualquer coisa que você definiria como uma necessidade ou sucesso pessoal baseado no amor. Discutiremos a Fórmula para Conquistar o Sucesso em mais detalhes no Capítulo 7.

A FERRAMENTA FRASES PARA REPROGRAMAÇÃO: CURANDO PROBLEMAS-FONTE COM A MENTE

A ferramenta Frases para Reprogramação trata, principalmente, do lado esquerdo do cérebro, lógico e analítico, lidando tanto com a mente (que inclui a vontade e as emoções) como com a alma. Mas ela também afeta o coração subconsciente e o espírito, além da parte fisiológica. A linguagem da mente é feita de palavras.

Primeiro, vamos ver como as frequências do amor e do medo afetam nossas vidas, observando o quadro a seguir.

AMOR	MEDO
Alegria	Tristeza, desespero, desamparo
Paz	Ansiedade, preocupação
Paciência, objetivos certos	Raiva, objetivos errados
Gentileza, aceitação	Rejeição

Bondade, não julgar os outros, perdão	Culpa, vergonha, julgamentos ou rancor[5]
Confiança, fé, esperança, crença	Desejo doentio de controle para manipular as circunstâncias a fim de conquistar os resultados desejados
Humildade ou acreditar na verdade sobre si mesmo	Acreditar em uma mentira sobre si mesmo (seja para melhor ou para pior)
Autocontrole	Desejo doentio de controle sobre pensamentos, sentimentos, crenças e ações

Todos os itens à esquerda geram e fluem das frequências de amor e luz, enquanto os à direita geram e fluem das frequências de medo e escuridão. O que determina se você vivencia a coluna esquerda ou a coluna direita é sua crença na verdade ou na mentira sobre determinado assunto. A mentira sempre leva ao medo, e o medo leva às experiências negativas listadas. A verdade sempre leva ao amor, que produz as virtudes apresentadas no quadro. As Frases para Reprogramação podem substituir e transformar a frequência do medo e suas consequências negativas na frequência do amor e suas consequências positivas.

Nesta seção incluí todas as Frases de Reprogramação que alguém precisaria para solucionar qualquer dificuldade para ser bem-sucedido. Isso significa que esta seção é maior e, provavelmente, mais complicada do que qualquer outra. Mas não deixe que isso o desanime. Já observei muitos pacientes passarem pela reprogramação com apenas uma frase ou uma seção que os afetava de verdade. Eles rezavam, meditavam e repetiam a frase por dias ou semanas, até o problema ser resolvido e a solução encontrada ser o divisor de águas para uma vida de sucesso. Então, se algumas frases lhe afetarem mais que outras, fique à vontade para se concentrar nelas. Você pode voltar depois e utilizar as outras até ter lidado com todos os problemas que precisa solucionar. Use as frases da maneira mais adequada para você e da forma que se sentir melhor — não existe um jeito errado de usá-las, na verdade.

COMO AS FRASES PARA REPROGRAMAÇÃO FUNCIONAM

Do ponto de vista espiritual e psicológico, acredito que todos os nossos problemas têm origem na lista de ações e reações a seguir (pense nela como uma longa fileira de dominós). Elas funcionam como um fluxograma ou uma reação em cadeia. Aqui vão elas, em ordem:

1. Você começa com a sua programação atual, baseada em memórias celulares de gerações passadas e na sua própria experiência de vida. Nela, há verdades ou mentiras (ou, provavelmente, as duas coisas).

2. Quando circunstâncias ou acontecimentos "em tempo real" ocorrerem, o subconsciente, automaticamente, compara as circunstâncias exteriores naquele momento com sua programação interior atual. Se a programação apresentar uma mentira sobre aquela circunstância, ela estimula dor, enviando um sinal de estresse ao hipotálamo, e os resultados negativos ocorrerão em todos os itens listados a seguir (os primeiros a serem mencionados). Se ela mostrar a verdade, o corpo/mente/espírito permanece em paz, e você obterá resultados positivos (os últimos a serem mencionados).

3. Você interpretará os eventos de forma errada (com base em algo falso ou em uma mentira) ou interpretará os eventos de forma correta (com base na verdade).

4. Você sentirá medo ou amor.

5. Você tomará uma decisão com base em dor/prazer ou em integridade.

6. Você terá dúvidas (rejeição) ou certeza (segurança).

7. Você se sentirá irrelevante (julgamentos/rancor) ou relevante.

8. Você sentirá um orgulho nocivo (sentindo-se inferior ou superior) ou humildade (acreditando na verdade positiva sobre si mesmo).

AS TRÊS FERRAMENTAS PARA DESPROGRAMAR E REPROGRAMAR... 129

9. Você sentirá um desejo de controle doentio, ou fé/confiança/crença/esperança.

10. Você irá reagir ou responder.

11. Você agirá com egoísmo ou com amor.

12. Você enfrentará as consequências do fracasso, da infelicidade e da doença, ou do sucesso, da felicidade e da saúde.

Qualquer situação pela qual você passar sempre envolverá essas reações, acontecendo nessa ordem (na maioria dos casos), terminando por criar um efeito dominó positivo ou negativo. Como aprendemos com a Dra. Caroline Leaf, nossos corpos não contêm um mecanismo, físico ou mental, que produz efeitos negativos — só positivos. Dessa forma, vivenciar coisas negativas *sempre é* um sinal de que as positivas estão funcionando mal, assim como acontece com um computador infectado por um vírus. Quando nos livramos do problema (o vírus), as partes positivas começam a funcionar da forma como foram projetadas para fazer. O resultado negativo sempre é causado por memórias que contêm uma mentira, feita de energia. Use a ferramenta energética certa para reparar a memória — para retirar a mentira —, e os sintomas automaticamente começarão a desaparecer, criando, assim, a versão positiva do efeito dominó.

Observe que é possível conquistar um resultado positivo em uma área da vida, e um negativo, em outra. Você pode encontrar felicidade, saúde e sucesso no casamento, mas deparar com infelicidade, doença e fracasso no trabalho. Se a sua programação contém tanto verdades quanto mentiras, pode até vivenciar resultados positivos e negativos no que diz respeito a uma mesma questão. Pode ganhar milhões de dólares e ainda assim viver cheio de ansiedade e infelicidade, ou pode ter poucos bens materiais e ser completamente feliz e saudável.

AS QUESTÕES-CHAVE DE RELEVÂNCIA E CERTEZA

As questões-chave no centro dessa reação em cadeia são a *relevância* e a *certeza*. Todos os eventos que as precedem determinam se você tem problemas com essas questões, e todos os eventos que se seguem são criados por elas. A relevância e a certeza são importantes porque estão diretamente relacionadas a aspectos da sua identidade.

A relevância está relacionada à autoestima: ao que acreditamos que podemos ou não fazer, e à culpa, à vergonha, a se considerar competente o suficiente ou não, a perdoar ou não, a julgar a si mesmo e aos outros. Em outras palavras, a relevância representa quem somos. Essa é uma questão quase totalmente interior, e é criada pelos bancos de memória e pelas crenças do subconsciente.

A certeza está relacionada ao sentimento de aceitação e rejeição dos outros, pelos outros e por nós mesmos. Nos 25 anos que trabalho com pacientes ao redor do mundo, nunca encontrei alguém que tivesse um problema de saúde ou psicológico grave que também não apresentasse um trauma de rejeição. Pode ter acontecido no parquinho da escola ou ter sido causado por um adulto bem-intencionado que disse algo aparentemente inocente, e nós, como crianças no estado de ondas cerebrais delta/teta, ainda não tínhamos a capacidade de filtrar informações (como as "memórias-pirulito"). Ou, talvez, possa ser o caso de abuso ou maus-tratos físicos ou emocionais. O oposto da rejeição é aceitação, ou gentileza, motivo pelo qual uma das coisas mais poderosas que alguém pode fazer pelos outros é simplesmente ser gentil. É claro que isso inclui sermos gentis com nós mesmos. Porém, diferentemente da relevância, a certeza é algo tanto interior quanto exterior. Ela também inclui nossa noção de segurança, ou se nossas necessidades básicas, como comida, abrigo e proteção, estão sendo satisfeitas pelas circunstâncias exteriores.

Os sentimentos de relevância e certeza são criados em nós por ancestralidade *e* durante os primeiros anos de vida, baseados no fato de sentirmos

AS TRÊS FERRAMENTAS PARA DESPROGRAMAR E REPROGRAMAR... 131

medo ou amor em cada situação pela qual passamos. Se a emoção dominante for o amor, contanto que nossas necessidades básicas estejam sendo satisfeitas, vamos, em geral, ter o sentimento de relevância e certeza. Se a emoção dominante for o medo, vamos nos sentir insignificantes e inseguros — em outras palavras, sentiremos culpa, vergonha, rejeição e a sensação de que não somos capazes.

Dependendo de como nos sentirmos, se relevantes e seguros ou não, veremos o mundo pela lente da crença, fé, confiança e esperança, ou nos tornaremos pessoas controladoras. Ter problemas de controle significa que estamos tentando forçar determinado resultado final (expectativa) contando com a força de vontade que acreditamos precisar ter para ficarmos bem. Isso, por sua vez, é baseado na tendência a buscar prazer e evitar dor. Nossa programação diz que não podemos confiar e acreditar, pois, no passado, recebemos dor sem amor. Lembre-se de que, se você só quiser buscar prazer e evitar dor, estará vivendo como se ainda tivesse 5 anos de idade. Viver dessa forma durante a vida adulta é sinal de que há um vírus no disco rígido humano. Existe algo no subconsciente que fornece ao cérebro instruções erradas e o mantém funcionando em um ciclo perigoso e destrutivo. Como aprendemos no Capítulo 2, somos "infectados" por vírus quando formamos uma interpretação equivocada de determinado evento. Se uma situação específica lhe causa mágoa e desconforto e sua programação básica afirma que dor é ruim e prazer é bom, há uma chance bem grande de você estar acreditando em uma mentira sobre esta situação. E acreditar nela, por sua vez, cria uma memória baseada no medo, que controla a reação que terá em situações futuras semelhantes, e isso se torna parte da sua programação e crenças interiores, iniciando o círculo vicioso de todos os resultados negativos listados na página 21.

Por outro lado, se você sente amor ao deparar com certa situação, então, não terá medo do resultado final quando uma situação similar ocorrer no futuro. É capaz de confiar e acreditar, estando em paz e tranquilidade, vivendo no momento presente e acionando todos os resultados positivos da página 21.

Assim, talvez você já tenha percebido que tudo isso também significa algo muito importante. Em minha opinião e experiência, quase todos os problemas são *problemas de relacionamento!* O amor não existe fora do contexto de um relacionamento. Então, todo medo tem como fonte um problema de relacionamento, seja ele consigo mesmo, com Deus, com os outros, com animais ou com a natureza. Este ano consegui, finalmente, me reencontrar com meu irmão — nós não nos falávamos havia quarenta anos. Sinto que uma parte de mim estava morta e voltou à vida. Foi uma sensação indescritível, que me curou internamente de uma maneira além das palavras e medidas; e sobre um aspecto que eu nem entendia que precisava ser curado. Não fazia ideia de como a perda do meu irmão afetara minha vida e minha saúde de forma negativa por tantos anos.

Acredito que esse seja o caso de todos. A relevância e a certeza sempre são formadas no contexto de relacionamentos (exceto quando você sofre uma situação que ameaça sua vida ou não é capaz de satisfazer necessidades físicas básicas e sentir-se em segurança). Mesmo que acredite que a sua dificuldade é apenas financeira, de saúde ou relacionada a outra condição exterior, se medo/dor/prazer estiverem envolvidos, ela estará associada a um problema de relacionamento. Então, quando chegar à Fórmula para Conquistar o Sucesso, no Capítulo 7, sugiro seriamente que use o processo de quarenta dias para conquistar objetivos de sucesso em *relacionamentos*. Cure seus problemas de relacionamento para curar a maioria de suas dificuldades com relação ao sucesso; geralmente todas, na verdade.

É exatamente isto que as Frases para Reprogramação lhe ajudam a fazer: elas desprogramam os fatores negativos de cada evento-chave e nos reprogramam com fatores positivos, de forma que possamos ser felizes, saudáveis e bem-sucedidos em qualquer área — da maneira como fomos projetados para agir.

Observação: as Frases para Reprogramação, diferentemente das afirmações, são baseadas na verdade e no amor, e nos ajudam a restaurar o coração e a mente para o estado perfeito em que se encontravam quando nascemos e quando nossos discos rígidos humanos eram livres de vírus.

Faz 25 anos que uso essas frases com pessoas ao redor do mundo, e isso tem dado muito certo.

Elas são conjuntos de perguntas e respostas interligadas que acompanham a reação em cadeia, removendo os vírus no disco rígido humano um por um. A seguir, você encontrará duas opções: a versão completa dos 12 conjuntos de Frases para Reprogramação que correspondem aos 12 eventos-chave na reação em cadeia, e a versão resumida, baseada nos quatro eventos mais importantes dela. Desenvolvi esta última porque alguns pacientes queriam um processo menor (apesar de, em certos casos, o mais longo ser melhor). Já que ele apresenta a mesma eficiência em algumas pessoas, decidi incluir as duas opções. Minha opinião é que, se você testou a versão resumida e não conseguiu que nenhum problema fosse totalmente resolvido em pouco tempo, tente a versão completa.

USANDO AS FRASES PARA REPROGRAMAÇÃO: A VERSÃO COMPLETA

Para usar as Frases para Reprogramação como ferramenta para desprogramar os vírus no disco rígido humano e se reprogramar com a verdade, simplesmente pense em uma dificuldade ou em um problema específico e comece o primeiro conjunto de frases. Todas as quatro listadas em cada um dos 12 conjuntos começam da mesma forma: "Eu desejo", "Eu estou disposto(a)", "Eu estou pronto(a)" e "Eu vou", e cada grupo corresponde aos eventos da reação em cadeia listados anteriormente. Observe que a primeira frase que começa com "Eu desejo" não se refere a expectativas, mas a esperanças, baseadas no amor e não no medo.

Diga a primeira frase no conjunto e determine se acredita nela ou não, com base em seus sentimentos subjetivos (que podem ser físicos ou emocionais). Por exemplo, a primeira frase do conjunto é "Eu desejo acreditar na verdade, apenas na verdade, sobre quem e o que eu sou e sobre quem e o que não sou". Diga essa frase para si mesmo, em voz alta ou mentalmente. Tente discernir se sente algo negativo ou alguma resistência, e observe exatamente os seus sentimentos e de onde eles vêm. A maioria das pessoas sente a negatividade como se fosse uma pressão ou um peso. (Se você pensar no assunto por algum tempo, pode até mesmo sentir dor de cabeça ou de estômago, mas não quero que chegue a tanto.) Repita a frase até realmente acreditar nela. Você sabe que esse é o caso quando aquele peso, emoção, tensão, dor ou aperto negativo for embora. Caso não sinta nada fisicamente, siga seus pensamentos e suas emoções.

Depois que passar a acreditar na primeira sentença, siga para a segunda, agindo da mesma forma: diga a frase para si mesmo, determine se acredita nela ou não (isto é, se sente alguma negatividade ou peso) e repita-a até que se torne verdadeira em sua mente e qualquer peso, pressão ou dor tenha ido embora. Então, siga para a terceira frase e, finalmente, para a quarta. Quando terminar as sentenças do conjunto, vá para o próximo e repita o procedimento, até chegar o fim.

Observe que as Frases para Reprogramação não funcionam apenas como uma ferramenta, mas como uma maneira de diagnosticar as inverdades em que você acredita. Enquanto avança pelas sentenças e descobre as mentiras, pode aplicar as ferramentas Medicina Energética e Tela do Coração nelas para que possam ser curadas na fonte. Simplesmente, afirme que a mentira é o seu problema enquanto utiliza cada ferramenta, e siga os procedimentos descritos neste capítulo. Da mesma forma, caso você se sinta empacado em determinada frase, consulte a seção após as Frases para Reprogramação para encontrar instruções específicas sobre como solucionar qualquer bloqueio, consciente ou inconsciente, que venha a surgir. (E lembre-se de que não há uma forma errada de usar a ferramenta.)

1. Programação atual. Nós não vemos as coisas como elas são. Mas, sim, como nós somos. E a forma como fazemos isso tem a ver com nossa programação, como em um computador. Nossa programação atual vem de gerações passadas e de nossa própria experiência de vida, com base no que herdamos, aprendemos, absorvemos, observamos e fizemos. *Todos* nós temos verdades e mentiras na programação, independentemente de quão

AS TRÊS FERRAMENTAS PARA DESPROGRAMAR E REPROGRAMAR... 135

bem-intencionados foram nossos pais ou no quão perfeitamente tentemos viver. Porém, para viver a vida que queremos, precisamos nos livrar da programação falsa, baseada no medo.

Por favor, compreenda: sua programação não é *você*. Se tiver vírus no disco rígido humano, pense neles como farpas dentro do coração espiritual, que causam uma reação em cadeia negativa. Então, não assuma a posse das mentiras na sua programação. Nós vamos usar a ferramenta para remover as farpas e permitir que você funcione da forma que deveria funcionar: produzindo felicidade, saúde e sucesso de forma constante. A primeira etapa é lhe reprogramar com a verdade: toda a verdade e apenas a verdade.

1. *Eu desejo* acreditar na verdade, apenas na verdade, sobre quem e o que eu sou e sobre quem e o que não sou.

2. *Eu estou disposto(a)* a acreditar na verdade, apenas na verdade, sobre quem e o que eu sou e sobre quem e o que não sou.

3. *Eu estou pronto(a)* para acreditar na verdade, apenas na verdade, sobre quem e o que eu sou e sobre quem e o que não sou.

4. *Eu vou acreditar* na verdade, apenas na verdade, sobre quem e o que eu sou e sobre quem e o que não sou.

Ao tomar consciência das mentiras em que acredita, liste-as e cure-as usando as ferramentas Medicina Energética e Tela do Coração (que será apresentada na próxima seção, com instruções).

2. Quando eventos atuais, "em tempo real", acontecem, nosso subconsciente automaticamente compara essas circunstâncias exteriores com a programação interior atual. Eu coloquei aspas "em tempo real" porque, na minha experiência, 99% das pessoas não compreendem suas circunstâncias como elas realmente são e não agem com a verdade. Elas as veem e reagem de acordo com a sua programação — que, mais uma vez, geralmente é baseada no medo. Em um piscar de olhos, o subconsciente e o inconsciente determinam os pensamentos, crenças e sentimentos apro-

136   O CÓDIGO DO AMOR

priados com base na programação atual, *não* com base nos acontecimentos reais. Se você sentir medo, raiva, ansiedade, tristeza ou qualquer outro tipo de emoção ou sentimento negativo, e sua vida não estiver em perigo, isso significa que a sua programação é baseada no medo, e isso o levará diretamente a todos os resultados negativos que você não deseja! Nós queremos ser capazes de agir do jeito certo para conquistar toda a felicidade, saúde e sucesso que realmente desejamos. Para fazer a opção correta, precisamos da programação correta.

1. *Eu desejo* acreditar e agir de acordo com a verdade, apenas com a verdade, sobre minhas circunstâncias atuais, não em distorções baseadas nas mentiras internas da minha programação.

2. *Eu estou disposto(a)* a acreditar e agir de acordo com a verdade, apenas com a verdade, sobre minhas circunstâncias atuais, não em distorções baseadas nas mentiras internas da minha programação.

3. *Eu estou pronto(a)* para acreditar e agir de acordo com a verdade, apenas com a verdade, sobre minhas circunstâncias atuais, não em distorções baseadas nas mentiras internas da minha programação.

4. *Eu vou acreditar e agir de acordo com* a verdade, apenas com a verdade, sobre minhas circunstâncias atuais, não em distorções baseadas nas mentiras internas da minha programação.

Ao tomar consciência das mentiras em que acredita, liste-as e cure-as usando as ferramentas Medicina Energética e Tela do Coração.

3. Mentira ou verdade. Toda mentira é uma interpretação equivocada da verdade; é por isso que é tão fácil acreditar nelas. *Existe* um pouco de verdade ali. O problema é que não é a verdade completa, ou pura. A verdade completa sempre nos leva ao amor, enquanto a mentira sempre leva ao medo. Para economizar tempo e evitar sofrimento, lide com o problema no nível da mentira/verdade. Treine a si mesmo para saber quando está acreditando em uma mentira, e não aja até alcançar a verdade.

AS TRÊS FERRAMENTAS PARA DESPROGRAMAR E REPROGRAMAR... 137

1. *Eu desejo* acreditar na verdade, apenas na verdade, em meu coração em minha alma, em meu espírito e em minha mente, e deixar de acreditar em tudo que for mentira.

2. *Eu estou disposto(a)* a acreditar na verdade, apenas na verdade, em meu coração, em minha alma, em meu espírito e em minha mente, e deixar de acreditar em tudo que for mentira.

3. *Eu estou pronto(a)* para acreditar na verdade, apenas na verdade, em meu coração, em minha alma, em meu espírito e em minha mente, e deixar de acreditar em tudo que for mentira.

4. *Eu vou acreditar* na verdade, apenas na verdade, em meu coração, em minha alma, em meu espírito e em minha mente, e deixar de acreditar em tudo que for mentira.

Ao tomar consciência das mentiras em que acredita, liste-as e cure-as usando as ferramentas Medicina Energética e Tela do Coração.

4. Dor/prazer ou integridade. Nós já falamos sobre a programação de dor/prazer: é uma equação simples, que afirma que prazer = bom e dor = ruim, não importa o caso. Essa programação é apropriada para os primeiros seis anos de vida, enquanto nossos instintos de sobrevivência estão naturalmente em alerta máximo; porém, ao alcançar os 6 ou 8 anos de idade, nós deveríamos mudar a programação e passar a tomar decisões com base na *integridade* — o que é verdadeiro, amoroso, bom e útil. Na verdade, viver com integridade e viver de acordo com a programação de dor/prazer são coisas mutuamente excludentes: não se pode ter os dois ao mesmo tempo.

1. *Eu desejo* abrir mão de ver a vida apenas como dor/prazer e passar a viver com integridade, da melhor forma que for para mim.

2. *Eu estou disposto(a)* a abrir mão de ver a vida apenas como dor/prazer e passar a viver com integridade, da melhor forma que for para mim.

138 O CÓDIGO DO AMOR

3. *Eu estou pronto(a)* para abrir mão de ver a vida apenas como dor/prazer e passar a viver com integridade, da melhor forma que for para mim.

4. *Eu estou abrindo mão, e vou abrir mão,* de ver a vida apenas como dor/prazer e passar a viver com integridade, da melhor forma que for para mim.

Ao tomar consciência das mentiras em que acredita, liste-as e cure-as usando as ferramentas Medicina Energética e Tela do Coração.

5. Amor ou medo. Ao depararmos com dor ou falta de prazer, algo que acontece com todos nós várias vezes por dia, devemos fazer uma escolha: lidamos com a situação com amor ou com medo? Vamos continuar sentindo dor ou passando por circunstâncias negativas, independentemente de qualquer coisa, mas reagir com medo ou amor gera diferentes formas de pensar, acreditar, sentir e agir. O medo atrai tudo que você não quer na vida; o amor, tudo o que deseja. O problema, na maioria dos casos, é que, mesmo quando as pessoas escolhem o amor, se a dor não for embora ou o prazer não aparecer rapidamente, elas voltam atrás, retornam para o medo e tentam forçar o seu desejo a acontecer. Se tivessem permanecido no caminho do amor, receberiam tudo que sempre sonharam e muito mais.

1. *Eu desejo* pensar, sentir, acreditar, agir e fazer tudo com amor e não medo, com meu coração, meu espírito, minha alma, minha mente e meu corpo.

2. *Eu estou disposto(a)* a pensar, sentir, acreditar, agir e fazer tudo com amor e não medo, com meu coração, meu espírito, minha alma, minha mente e meu corpo.

3 *Eu estou pronto(a)* para pensar, sentir, acreditar, agir e fazer tudo com amor e não medo, com meu coração, meu espírito, minha alma, minha mente e meu corpo.

4. *Eu vou* pensar, sentir, acreditar, agir e fazer tudo com amor e não medo, com meu coração, meu espírito, minha alma, minha mente e meu corpo.

Ao tomar consciência das mentiras em que acredita, liste-as e cure-as usando as ferramentas Medicina Energética e Tela do Coração.

6. Dúvida ou certeza. A certeza é uma das questões-chave para problemas de identidade. Junto com a relevância, ela é o ponto de partida para tudo nesta lista: todas as dificuldades anteriores afetam nossa noção de certeza e relevância, e todos os problemas que se seguem surgem disso. As duas questões estão intrinsicamente ligadas. Algumas vezes, a certeza precede a relevância e, assim, a afeta; em outros casos, é ao contrário.

A certeza é tanto exterior (Estou fisicamente seguro? Minhas necessidades básicas estão sendo satisfeitas pelo meio onde me encontro?) quanto interior (Sou uma pessoa com quem os outros querem se relacionar?). Ela se refere ao fato de nos sentirmos seguros e aceitos ou inseguros e rejeitados.

1. *Eu desejo* abrir mão do medo e das mentiras sobre meu sentimento de certeza e aceitação, de forma que possa me sentir seguro(a) e aceito(a).

2. *Eu estou disposto(a)* a abrir mão do medo e das mentiras sobre meu sentimento de certeza e aceitação, de forma que possa me sentir seguro(a) e aceito(a).

3. *Eu estou pronto(a)* para abrir mão do medo e das mentiras sobre meu sentimento de certeza e aceitação, de forma que possa me sentir seguro(a) e aceito(a).

4. *Eu vou abrir mão* do medo e das mentiras sobre meu sentimento de certeza e aceitação, de forma que possa me sentir seguro(a) e aceito(a).

Ao tomar consciência das mentiras em que acredita, liste-as e cure-as usando as ferramentas Medicina Energética e Tela do Coração.

7. Irrelevância e relevância. A relevância, a outra questão-chave para problemas de identidade, é quase exclusivamente um estado interior. É ela quem responde à pergunta "Quem sou eu?" e afeta em especial nossa capacidade de perdoar (ou não) e julgar (ou não). Se tivermos um senso de relevância forte, somos capazes de dar a todos — inclusive a nós mesmos — o benefício da dúvida, sabendo que não devemos julgar as pessoas, mas amá-las.

1. *Eu desejo* abrir mão da minha irrelevância, da minha amargura, da minha necessidade de julgar, de minha identidade distorcida e falsa noção de autoestima, para que possa sentir relevância, perdão, nenhuma necessidade de julgar e uma identidade e autoestima verdadeira.

2. *Eu estou disposto(a)* a abrir mão da minha irrelevância, da minha amargura, da minha necessidade de julgar, de minha identidade distorcida e falsa noção de autoestima, para que possa sentir relevância, perdão, nenhuma necessidade de julgar e uma identidade e autoestima verdadeira.

3. *Eu estou pronto(a)* para abrir mão da minha irrelevância, da minha amargura, da minha necessidade de julgar, de minha identidade distorcida e falsa noção de autoestima, para que possa sentir relevância, perdão, nenhuma necessidade de julgar e uma identidade e autoestima verdadeira.

4. *Eu vou abrir mão* da minha irrelevância, da minha amargura, da minha necessidade de julgar, de minha identidade distorcida e falsa noção de autoestima, para que possa sentir relevância, perdão, nenhuma necessidade de julgar e uma identidade e autoestima verdadeira.

Ao tomar conhecimento das mentiras em que acredita, liste-as e cure-as usando as ferramentas Medicina Energética e Tela do Coração.

8. Orgulho ou humildade. Humildade é a qualidade mais malcompreendida do planeta. Não significa ser fraco ou covarde. Significa acreditar na verdade sobre si mesmo. E a verdade é que, no fundo, somos todos iguais. Todos nós, seres humanos, temos a mesma essência: não importa nossa origem, a cor da nossa pele, o que temos e o que somos. Todos temos potencial e bondade ilimitados. Superioridade e inferioridade são igualmente falsos e, portanto, igualmente nocivos. Ambos são gerados pela dúvida e irrelevância. Ser humilde também significa não pensar apenas em si mesmo, mas ser capaz de se concentrar nos outros e no trabalho a ser feito. Porém, não é assim que a maioria vive — as pessoas estão sempre se comparando com os outros e criando expectativas baseadas nessas comparações: *Como está a minha vida? O que eles acham? Será que percebem?* A verdadeira humildade, criada pela relevância e certeza, traz a percepção de que, no fundo, você é extremamente valioso e não é melhor nem pior do que ninguém, então, não há motivos para fingir ou se esconder.

1. *Eu desejo* abrir mão de minhas crenças equivocadas de superioridade e inferioridade sobre quem e o que eu sou, para poder descobrir a verdade sobre a pessoa que realmente sou, que é fantástica, mas nem melhor nem pior do que ninguém.

2. *Eu estou disposto(a)* a abrir mão de minhas crenças equivocadas de superioridade e inferioridade sobre quem e o que eu sou, para poder descobrir a verdade sobre a pessoa que realmente sou, que é fantástica, mas nem melhor nem pior do que ninguém.

3. *Eu estou pronto(a)* para abrir mão de minhas crenças equivocadas de superioridade e inferioridade sobre quem e o que eu sou, para poder descobrir a verdade sobre a pessoa que realmente sou, que é fantástica, mas nem melhor nem pior do que ninguém.

4. *Eu vou abrir mão* de minhas crenças equivocadas de superioridade e inferioridade sobre quem e o que eu sou, para poder descobrir a verdade sobre a pessoa que realmente sou, que é fantástica, mas nem melhor nem pior do que ninguém.

142   O CÓDIGO DO AMOR

Ao tomar consciência das mentiras em que acredita, liste-as e cure-as usando as ferramentas Medicina Energética e Tela do Coração.

9. Controle doentio ou fé/confiança/crença/esperança. Esta categoria remete às nossas crenças: *placebo, nocebo* ou *de facto*. O controle doentio é o oposto de crer, ter fé e confiar de verdade. Ele sempre diz: "Preciso manipular ou controlar a situação para garantir que conseguirei o resultado final que desejo, porque, se eu não conquistar o que quero, não vou ficar bem." De fato, levar uma vida baseada em força de vontade e expectativas *é* exercer um controle doentio. Como nós já sabemos, isso é uma das coisas mais estressantes que você pode fazer; é por isso que as expectativas são assassinas da felicidade.[6]

O controle saudável, por outro lado, está diretamente ligado à fé, crença, esperança e confiança. Ele permite que sejamos capazes de abrir mão de resultados finais, tornando possível a crença de que ficaremos bem, independentemente das circunstâncias exteriores. Observação: muitos acreditam que, se viverem assim, não serão capazes de conquistar nada. Acreditam que o sucesso é causado pela força de vontade direcionada a expectativas exteriores. Na verdade, é exatamente o oposto: se você abrir mão das expectativas e de contar com a força de vontade, conseguirá fazer mais em menos tempo, e, ainda por cima, ser feliz.

1. *Eu desejo* abrir mão do controle doentio para alcançar determinados resultados, me tornando capaz de crer, ter fé, confiança, esperança e, portanto, de obter o melhor para a minha vida.

2. *Eu estou disposto(a)* a abrir mão do controle doentio para alcançar determinados resultados, me tornando capaz de crer, ter fé, confiança, esperança e, portanto, de obter o melhor para a minha vida.

3. *Eu estou pronto(a)* para abrir mão do controle doentio para alcançar determinados resultados, me tornando capaz de crer, ter fé, confiança, esperança e, portanto, de obter o melhor para a minha vida.

4. *Eu vou abrir mão* do controle doentio para alcançar determinados resultados, me tornando capaz de crer, ter fé, confiança, esperança e, portanto, de obter o melhor para a minha vida.

Ao tomar consciência das mentiras em que acredita, liste-as e cure-as usando as ferramentas Medicina Energética e Tela do Coração.

10. Reagir ou responder. Reações acontecem automaticamente como resultado do instinto de sobrevivência e da programação de dor/prazer. Quando uma luz vermelha é acesa no carro diante de nós e pisamos no freio na mesma hora, ou quando deparamos com uma fila enorme no supermercado e ficamos irritados, estamos *reagindo* — e essa atitude faz parte da reação em cadeia causada por nossa programação atual. Parte dessa programação reagente pode ser boa em situações realmente ameaçadoras, como a que nos faz pisar no freio ao ver a luz vermelha. Porém, qualquer reação negativa a situações que não ameacem sua vida é um sinal certo de programação baseada no medo. Depois de nos reprogramarmos da maneira correta, nos tornamos capazes de responder às situações com amor no momento presente, em vez de reagir com medo. No entanto, mesmo após nos tornarmos capazes disso, ainda precisamos *optar* por responder com amor. A programação de dor/prazer ainda pode, algumas vezes, dar sinal de vida, mas nós seremos capazes de responder com amor no momento presente, independentemente do que ela nos ordene fazer.

1. *Eu desejo* abrir mão de reagir de acordo com a dor e o prazer, e passar a responder com base na verdade e no amor.

2. *Eu estou disposto(a)* a abrir mão de reagir de acordo com a dor e o prazer, e passar a responder com base na verdade e no amor.

3. *Eu estou pronto(a)* para abrir mão de reagir de acordo com a dor e o prazer, e passar a responder com base na verdade e no amor.

4. *Eu vou abrir mão* de reagir de acordo com a dor e o prazer, e passarei a responder com base na verdade e no amor.

144   O CÓDIGO DO AMOR

Ao tomar consciência das mentiras em que acredita, liste-as e cure-as usando as ferramentas Medicina Energética e Tela do Coração.

11. Ações egoístas ou ações amorosas. Depois de determinar se vai reagir ou responder, a próxima etapa é agir. Você age com egoísmo ou com amor? Esta etapa não se refere ao que se faz, mas do motivo por trás da ação. Você está pensando apenas no seu lado ou no dos outros — ou age em benefício próprio com amor em vez de egoísmo? Se decidir que quer ganhar o máximo de dinheiro possível, pode estar sendo motivado pela ganância, tentando acumular tantas posses quanto puder. Ou talvez queira ajudar sua família a sair da pobreza, construir um orfanato ou doar tudo. Apenas você sabe o verdadeiro motivo por trás de suas atitudes. Mas, não importa o que você faça, suas ações devem ser baseadas no amor, não no medo.

1. *Eu desejo* viver com amor no momento presente, independentemente dos resultados.

2. *Eu estou disposto(a)* a viver com amor no momento presente, independentemente dos resultados.

3. *Eu estou pronto(a)* para viver com amor no momento presente, independentemente dos resultados.

4. *Eu vou, a partir de agora,* viver com amor no momento presente, independentemente dos resultados.

Ao tomar consciência das mentiras em que acredita, liste-as e cure-as usando as ferramentas Medicina Energética e Tela do Coração.

12. Fracasso/infelicidade/doença ou sucesso/felicidade/saúde. Se estivermos infelizes e doentes, isso geralmente significa que baseamos nossa felicidade em circunstâncias exteriores e no instinto de dor/prazer. Também significa que é extremamente provável fracassarmos em qualquer coisa que tentarmos fazer. Minha definição de sucesso, felicidade e saúde é sentir alegria e paz no momento presente, independentemente das circunstâncias exteriores. O conteúdo de nossa programação — se ela inclui mentiras ou a verdade, e apenas a verdade — sempre determina a experiência que temos.

1. *Eu desejo* desistir de alcançar o sucesso, a felicidade e a saúde, para conseguir ser bem-sucedido(a), feliz e saudável.

2. *Estou disposto(a)* a desistir de alcançar o sucesso, a felicidade e a saúde, para conseguir ser bem-sucedido(a), feliz e saudável.

3. *Eu estou pronto(a)* para desistir de alcançar o sucesso, a felicidade e a saúde, para conseguir ser bem-sucedido(a), feliz e saudável.

4. *Eu vou desistir* de alcançar o sucesso, a felicidade e a saúde, para conseguir ser bem-sucedido(a), feliz e saudável.

Enquanto você se torna ciente das inverdades em que acredita, liste-as e cure-as usando as ferramentas Medicina Energética e Tela do Coração.

CONJUNTO RESUMIDO DE FRASES PARA REPROGRAMAÇÃO

A versão completa é a forma mais abrangente e precisa para identificar e curar as crenças mentais que bloqueiam o seu sucesso. No entanto, alguns dos meus pacientes se sentiram intimidados pelo tamanho, então, desenvolvi uma versão resumida das Frases para Reprogramação, e ela também tem se mostrado eficaz. Na verdade, acho *altamente* recomendável que use ambas. As duas versões são bastante diferentes, e as formas como lidam com os problemas são um pouco distintas. Depois de testá-las, é provável que você se adapte mais a uma. No entanto, eu continuaria exercitando a outra, de tempos em tempos.

Se sintetizarmos ainda mais os 12 problemas, podemos dizer que toda dificuldade que temos na vida se resume a quatro pontos: se sentimos amor

146   O CÓDIGO DO AMOR

ou medo, relevância ou irrelevância, certeza ou dúvida e crença ou controle doentio. As Frases para Reprogramação desta seção se concentram em desprogramar e reprogramar essas quatro áreas.

Para usar a ferramenta, pense em um problema que gostaria de reprogramar ou melhorar. Então, faça a si mesmo uma pergunta. Pergunte ao seu corpo, à sua mente e ao seu coração se ele irá curar ou produzir o que você deseja em sua programação e estado atuais, e responda com sim ou não. A resposta quase sempre é não. Se o corpo, a mente e o coração fossem capazes de curar o problema, ele provavelmente já estaria curado, ou nunca teria surgido, para início de conversa.

Esta ferramenta apresenta dois conjuntos de perguntas. O primeiro lida com o fato de que todo paciente que atendi tem problemas relacionados a (1) falta de amor e rejeição de si mesmo (o que significa medo/estresse) e (2) falta de amor e rejeição do problema (o que significa medo/estresse). A solução é abrir mão do controle doentio e amar no momento.

As crianças, por exemplo, sabem naturalmente como abrir mão dos problemas e amar. Um menino de 5 anos de idade pode cair no chão depois que o irmão o fez tropeçar de propósito, bater com a cabeça no braço da cadeira, gritar e chorar, e agir como se nunca mais fosse melhorar. Então, uma hora depois, estará brincando com o irmão, se divertindo como nunca. Se você perguntar a ele se perdoou o que aconteceu antes, o menino dirá: "Ah, claro", como se nada tivesse acontecido. Caso já tenha testemunhado algo assim, você pode ter se perguntado: *Como ele fez isso — e por que eu não consigo?* A verdade é que tudo na natureza é capaz de esquecer e amar no momento presente — independentemente da circunstância ameaçadora que possa existir no passado ou no futuro —, com exceção de seres humanos com vírus no disco rígido.[7]

Comece respondendo ao primeiro grupo de perguntas a seguir. Observação: para este conjunto menor de Frases para Reprogramação não é necessário responder de determinada forma antes de seguir para a próxima pergunta. Apenas seja sincero. Complete os espaços em branco pelo problema exterior ou interior específico que deseja curar, como "minha ansiedade", "minha procrastinação" ou "minha tendência a me atrasar para tudo".

AS TRÊS FERRAMENTAS PARA DESPROGRAMAR E REPROGRAMAR... 147

- Você acredita que está agindo sem amor ou rejeitando a si mesmo ou aos outros?

- Você é capaz de deixar de se rejeitar e de não ter amor por si próprio ou pelos outros? Agora, diga isso como uma afirmação: "Eu parei de me rejeitar e de não ter amor por mim ou pelos outros." Repita até não sentir mais tensão ou estresse (físico ou emocional) relacionado a essa frase.

- Você é capaz de se amar e se aceitar? Se for, diga: "Eu amo e aceito você [seu nome]." Repita de acordo com as orientações anteriores.

- Você acredita que rejeita e não sente amor por _____?

- Você é capaz de aceitar e amar _____? Agora, diga isso como uma afirmação: "Eu amo e respeito _____" Repita de acordo com as orientações anteriores.

- Você acredita que não tem controle sobre _____?

- Você é capaz de abrir mão do desejo por controle para se tornar capaz de conquistar resultados? Agora, diga isso como uma afirmação: "Eu desisto de desejar ter controle para me tornar capaz de conquistar resultados." Repita de acordo com as orientações anteriores.

- Você é capaz de entregar o controle sobre _____ para Deus/a fonte/o amor, de forma que esse problema possa ser curado? Agora, diga isso como uma afirmação: "Eu entrego o controle sobre _____ para Deus/a fonte/o amor, de forma que esse problema possa ser curado." Repita de acordo com as orientações anteriores.

- Você é capaz de abrir mão do desejo de controle sobre _____ para ser capaz de conquistar _____? (No segundo espaço em branco, diga o resultado positivo e baseado em amor que deseja em vez do problema. A resposta geralmente é sim.) Agora, diga isso como uma afirmação: "Eu abro mão de desejar ter controle sobre _____ para ser capaz de conquistar _____"

148 O CÓDIGO DO AMOR

- Agora, a sensação é de que você está no controle ou de que deseja o controle? Repita as frases anteriores até a resposta ser "estar no controle".[8]

- Qual sensação é melhor: desejar o controle ou deixar Deus/a fonte/o amor no controle?

Pense em como você se sente agora sobre o problema original. Geralmente, muitas pessoas sentem algo positivo, mesmo sem encontrarem palavras para descrever a sensação. Se não for o seu caso, volte e refaça as perguntas. Se for, o que sente é o amor e o poder do amor/da fonte/de Deus, e você pode não estar acostumado a isso ainda. Mesmo que lhe pareça estranha ou fraca, deixe a sensação crescer e se espalhar por seu corpo. Deixe que tome o controle e lhe cure. Abrace o novo sentimento e o controle do amor/da fonte/de Deus. Agora, diga "eu amo você" para si mesmo, para os outros ou para o seu problema. Repita até acreditar nisso. Você tem a opção de despejar amor em qualquer pessoa, dificuldade ou problema, e transformar o medo/escuridão em amor/luz.

O segundo grupo de questões trata de como *querer* é igual a *não ter*. Para ilustrar isso eu o convido a fazer uma lista das mudanças que deseja em sua vida, sejam elas grandes ou pequenas. Agora, observe o que escreveu. Para cada uma das mudanças almejadas, seu desejo não apenas indica que você não as tem, como também que, com certeza, permanecerá sem tê-las. Um dos manuscritos mais conhecidos de todos os tempos é o Salmo 23: "O Senhor é meu pastor, nada me *faltará*." Nós não fomos projetados para viver com desejos; não podemos querer e ter ao mesmo tempo. É extremamente difícil almejar algo e ser grato e satisfeito ao mesmo tempo. Nós precisamos abrir mão do querer para passar a ter. O desejo, que é baseado na rejeição, na ausência e no medo, causa estresse, doenças e tudo negativo. Abrir mão disso para o amor/a fonte/Deus faz o oposto — e também permite que você se conecte ao plano sobrenatural, de forma que milagres se tornem possíveis. Essa compreensão muda a questão de "não pode ser" para "é". É uma transformação completa na maneira como você enxerga os seus problemas.

As TRÊS FERRAMENTAS PARA DESPROGRAMAR E REPROGRAMAR... 149

Agora, responda às perguntas a seguir. Como no primeiro conjunto, simplesmente responda com sinceridade e siga para a próxima questão, preenchendo os espaços em branco com o problema exterior ou interior específico que deseja curar.

- Você prefere vencer o(a) _____ ou amá-lo(a)? Repita isso como afirmação quantas vezes forem necessárias.

- Você está disposto a desistir de desejar segurança para ser capaz de ter segurança? Repita isso como afirmação quantas vezes forem necessárias.

- A sensação agora é de que ainda deseja segurança ou de que tem segurança?

- Qual sensação é melhor: ter segurança ou desejar segurança?

- Você entende que tem uma postura negativa sobre _____? Uma postura negativa significa medo; medo significa estresse. Tente dizer isto: "Tudo está bem. Tudo vai ficar bem." Repita quantas vezes forem necessárias para que acredite nisso. Quando se vive com amor e verdade, tudo sempre *está* bem — se isso ainda não estiver acontecendo com você, deve continuar usando esta ferramenta.

O QUE FAZER NO CASO DE FICAR EMPERRADO

Quero lembrar que você receberá instruções completas sobre como usar todas as Três Ferramentas para curar suas memórias-fonte e suas dificuldades em ser bem-sucedido na Parte III; aqui, simplesmente descrevo como elas funcionam, para que você possa se preparar para usá-las. Porém, ao utilizar as Frases para Reprogramação, seja a versão completa ou a resumida, talvez você acabe não conseguindo passar de determinada frase. Por exemplo, na versão completa, pode chegar à terceira frase do sexto conjunto, "Eu estou pronto(a) para abrir mão do medo e das mentiras sobre meu sentimento de certeza e relevância, de forma que possa me sentir seguro(a) e relevante", e a sensação de resistência e desconforto simplesmente não passam. Caso isso aconteça, pode usar a técnica combinatória que inclui todas as três ferramentas, apresentada no final deste capítulo. As Três Ferramentas funcionam muito bem juntas porque as Frases para Reprogramação, além de serem uma ferramenta de cura psicológica, também funcionam como uma maneira de diagnosticar os bloqueios conscientes, subconscientes e inconscientes que você sente em relação ao processo de cura. Quando essas crenças bloqueadoras forem identificadas, será possível usar a Medicina Energética com a Tela do Coração para desprogramá-las e reprogramá-las. A técnica combinatória está no final do capítulo.

No caso de você, mesmo com o uso da técnica, não notar nenhuma mudança, simplesmente observe em que ponto está e mude a frase atual para algo que seja verdade: *Eu desejo estar* pronto(a) para abrir mão do medo e das mentiras sobre meu sentimento de certeza e aceitação, de forma que possa me sentir seguro(a) e aceito(a)." Então, faça uma oração pedindo por mais ajuda: "Por favor, faça o que for necessário dentro de mim para que eu possa ser capaz de abrir mão do medo e das mentiras sobre meu sentimento de certeza e aceitação, de forma que possa me sentir seguro(a) e aceito(a)." Depois, siga para o próximo conjunto.

Mantenha em mente que você não terá acabado de usar as Frases para Reprogramação até acreditar de verdade em todas elas, da forma como foram escritas. Continue repetindo-as até isso acontecer. Até lá, eu revisaria os conjuntos uma ou duas vezes por dia, me concentrando na dificuldade que deseja curar.

Depois de ter desprogramado quaisquer vírus e reprogramado a sua mente e o seu coração espiritual com a verdade em cada etapa da reação em cadeia (independentemente de usar as 12 ou as quatro etapas), você saberá que sua programação atual sempre criará resultados positivos. A diferença que isso causa é tão profunda que, talvez, as pessoas nem lhe reconheçam mais!

AS TRÊS FERRAMENTAS PARA DESPROGRAMAR E REPROGRAMAR... 151

Uma das minhas pacientes, uma mulher de meia-idade (nas palavras dela), tentou todos os programas de autoajuda no mundo. O seu casamento não ia bem, ela estava acima do peso, doente e infeliz. Na verdade, essa mulher foi uma das pessoas mais negativas e amarguradas que já conheci; a cada consulta, apresentava uma lista enorme de tudo que as pessoas fizeram contra ela na vida. Até eu estava começando a ficar mal! "Se não fosse por isso, eu teria saúde. Se aquilo não tivesse acontecido, eu teria ficado rica. O mundo é um lugar horrível: o governo lhe persegue, as pessoas só pensam nelas próprias, meu marido é um vagabundo preguiçoso e nunca faz nada que eu quero." (É claro que grande parte disso não era verdade — ela estava apenas interpretando a realidade de forma errada, como resultado de sua programação.)

Eu acreditei que as Frases para Reprogramação a ajudariam. Você provavelmente é capaz de adivinhar o que ela pensou: aquilo era a coisa mais idiota que tinha ouvido! "Bem, eu já tentei repetir afirmações", me disse. Eu expliquei que aquilo era diferente; você só fala as frases se acreditar nelas. Além do mais, você só as usa se realmente desejar o que afirmam, e é por isso que a primeira frase em cada conjunto começa com "Eu desejo". (Para mim, desejo, nesse contexto, significa esperança.)

Então a mulher usou a ferramenta em casa, por conta própria — enquanto me dizia o tempo todo que as frases não estavam fazendo diferença alguma. Mas logo notei que ela parecia diferente — um pouco mais positiva, um pouco menos amargurada. Com o tempo, essa melhora continuou, até se tornar engraçada para mim: quando ela me ligava, soava tão positiva e alegre, mas então dizia: "Acho que repetir essas frases não está adiantando de nada."

Ela me contou que, um dia, durante um almoço, sua melhor amiga lhe disse: "Tudo bem, preciso perguntar... o que está acontecendo com você? Foi a algum curandeiro ou coisa parecida? Passou por alguma experiência mística? O que houve?" E minha paciente retrucou: "Do que é que você está falando?" Ela não entendia. A mudança estava acontecendo tão devagar que a mulher nem percebia. Depois de algum tempo ela confirmou que algo estava mesmo diferente ao perguntar a pessoas próximas se haviam percebido as mesmas transformações que a amiga. E todos respondiam:

"Nunca vi ninguém mudar tanto." Até mesmo o marido admitiu que ficara maravilhado com a mudança, mas que não queria dizer nada, com medo de estragar tudo!

A mulher perdeu muito peso, sem se esforçar, e ela e o marido se tornaram mais próximos. E tudo que nós usamos foram as Frases para Reprogramação. Depois de desprogramar e reprogramar a si mesma, tudo mudou. Se você remover os vírus, o cérebro fica livre para funcionar da maneira adequada.

A FERRAMENTA TELA DO CORAÇÃO: CURANDO PROBLEMAS-FONTE COM ESPIRITUALIDADE

A ferramenta Tela do Coração lida com o lado espiritual — isto é, o coração espiritual, as memórias celulares, o inconsciente, o subconsciente, o consciente e muito mais. Mais especificamente, a ferramenta ativa e usa, de forma consciente e intencional, a tela do coração, um mecanismo dentro de nós que é capaz de nos desprogramar e reprogramar em um nível espiritual. Como aprendemos no Capítulo 3, a tela do coração é a tela real e interna na qual vemos as imagens de nossas memórias na mente, da mesma forma que vemos fotos em um computador, em um tablet ou em uma tela de smartphone. É usada sempre que imaginamos alguma coisa, seja ela real ou inventada.

Para ver a tela do coração, simplesmente feche os olhos. Agora, pense em sua última refeição. Você consegue visualizá-la? Sentir o gosto dela? O aroma? Consegue se lembrar do que estava ao seu redor ou da conversa que tinha nesse momento? Se conseguir, acabou de ver sua tela do coração. Caso você tenha dificuldade em visualizar as coisas em geral, tente isto: chupe uma bala, observando tudo sobre a experiência — o gosto, a textura, o cheiro, os sentimentos e as sensações físicas que sente enquanto faz isso. Logo depois, feche os olhos e lembre como foi chupar a bala. (Se você não quiser comer doces, pode fazer a mesma coisa ao interagir com a natureza e observar uma flor. Depois, feche os olhos e veja a flor na sua tela do coração.) Caso não consiga visualizar a experiência, isso pode ser resultado de algum dano cerebral (principalmente devido a um traumatismo craniano grave, e você saberia se tivesse sofrido algo assim), ou pode ser que tenha passado por tanto sofrimento na vida que o seu inconsciente tenha desconectado o acesso ao criador de imagens por instinto de sobrevivência, porque tudo que ele exibia era sempre doloroso. Até mesmo essas dificuldades podem melhorar ou serem curadas completamente com o uso dessa ferramenta, então, acho que deveria tentar usá-la independentemente de qualquer coisa.

A Tela do Coração tem maior potencial do que as ferramentas Medicina Energética e Frases para Reprogramação em termos de força e eficácia. Por quê? Ela faz uso do criador de imagens, a fonte da força mais poderosa e destrutiva no planeta desde o início dos tempos (vide o Capítulo 3). Na verdade, tudo que já foi criado ou destruído pela humanidade primeiro surgiu no criador de imagens, e não poderia ter ocorrido sem ele.

COMO A FERRAMENTA TELA DO CORAÇÃO FUNCIONA

Como eu expliquei no capítulo anterior, a tela do coração exibe a imaginação. É a janela para o coração espiritual, ou disco rígido humano, que inclui o consciente, o subconsciente e o inconsciente. No entanto, eu prefiro o termo *criador de imagens* porque *imaginação* tende a soar como algo sonhador ou fantasioso, que não é, de forma alguma, o que estamos discutindo aqui. Estamos falando sobre criar o sucesso perfeito para você com o uso da ferramenta mais poderosa disponível.

Aquilo que aparece na tela do coração determina o que você sente, e ela pode exibir várias ou muitas coisas ao mesmo tempo — algumas podem ser visualizadas, outras, não. O consciente exibe imagens da mesma forma que uma tela de smartphone, e é possível apagar e modificar o que você vê ao apertar certos botões e mudar configurações. O subconsciente e o inconsciente são como a programação mais profunda e oculta, ou o hardware do telefone: só é possível modificá-los até certo ponto, pois nunca se sabe exatamente o que está acontecendo lá. A programação oculta ou o hardware do telefone podem não responder às mudanças feitas, ou, se forem fortes o suficiente, e estiverem em desarmonia com as alterações que você tentou fazer, podem até mesmo resistir a elas. Não é possível fazer nada que o telefone já não esteja programado para executar.

Então, vamos partir do princípio que a tela do coração esteja dividida no meio em duas partes: a superior e a inferior. Na parte inferior, ou o lado inconsciente da tela do coração, você não é capaz de controlar diretamente o aparelho para ver ou mudar o que é exibido. Precisa afetá-la com o lado que consegue enxergar (o topo, ou a parte consciente) e através da desprogramação e reprogramação — é como abrir a parte de trás de um aparelho para ajustá-lo, e para isso você precisa ter as ferramentas certas e saber usá-las. De qualquer forma, o que está no lado que você não consegue ver (o inconsciente) afeta tudo que está no que é visível (consciente) e em sua vida, incluindo as circunstâncias exteriores.

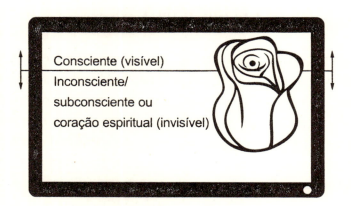

Então, se você sente raiva, é porque possui uma memória, consciente ou não, no coração espiritual que apresenta esse sentimento. Isso é certo. Caso contrário, não teria motivo para sentir raiva. Se a memória estiver apenas na parte inconsciente da tela do coração, você não será capaz de se lembrar

AS TRÊS FERRAMENTAS PARA DESPROGRAMAR E REPROGRAMAR... 155

dela nem de vê-la. Se estiver tanto no lado consciente quanto no inconsciente, essas duas coisas serão possíveis. Isso vale para qualquer problema: autoestima baixa, tristeza ou todas as outras experiências interiores.

Quanto maior a desarmonia entre as duas partes da tela, gerada pelas imagens serem baseadas em medo ou em amor, mais força terá o lado invisível, mais ele mandará na parte visível ou até mesmo passará por cima dela para definir sentimentos, pensamentos e ações, caso identifique a situação como uma emergência (seja ela real, imaginária ou herdada).

Um dos exemplos mais dramáticos que consigo me lembrar disso é de um dos meus pacientes. Ele não conseguia passar um dia inteiro sem ficar tão ansioso que se tornava incapaz de realizar qualquer ação. Seus dias começavam bem, mas, em algum momento, algo dentro dele era acionado, e o homem não sabia o que era. Para ser sincero, passei bastante tempo sem encontrar uma solução. Porém, certo dia, enquanto conversávamos e fazíamos alguns testes, finalmente entendemos o que era: seu problema era a cor amarelo. Sempre que ele via o amarelo como a cor de destaque em determinada situação, entrava no modo lutar ou fugir. Descobrimos que aquilo remetia a uma memória traumática em que certa pessoa usava amarelo. Sem dúvida, a reação que ele tinha à cor não era consciente, mas estava lá — e era bem mais poderosa do que qualquer pensamento, raciocínio ou defesa consciente que ele pudesse usar para desativar o problema. Depois que desprogramamos e reprogramamos a memória com a ferramenta Tela do Coração (e o Código da Cura), amarelo passou a significar amor, não medo, e ele parou de sentir aquela ansiedade paralisante. Quando começamos a cuidar do problema, o paciente não tinha consciência da memória, então, não conseguia vê-la na tela do coração (isto é, em sua imaginação). Depois que a descobrimos, ele passou a ser capaz de se lembrar dela e de visualizá-la.

A ferramenta Tela do Coração é uma forma muito eficaz de se infiltrar no poder do subconsciente e do inconsciente, que não apenas é mais poderoso que o do consciente, como também controla pensamentos e o corpo. Mas a melhor coisa sobre a tela do coração é que pode ser acessada do consciente, não só do subconsciente e do inconsciente. Não se esqueça de que a parte superior dela é consciente; pode ser vista. E o que acontece ali afeta a parte invisível (a inconsciente) — e pode ter um efeito curativo no lado inconsciente da tela. Com o tempo, conforme você desprogramar e reprogramar a tela do coração, será capaz de escolher o que deseja ou não ver nela. Em outras palavras, será capaz de escolher o que deseja ou não sentir, coisa que pode determinar sua saúde, sua riqueza, seus relacionamentos, sua felicidade e seu sucesso em qualquer área.

USANDO A FERRAMENTA TELA DO CORAÇÃO

Agora, vamos falar sobre a tela e como a utilizar por conta própria.

1. Visualize uma tela em branco em sua mente, como a de smartphone, tablet, computador ou televisão — seja lá o que parecer mais vívido e significativo para você. De acordo com a minha experiência, quanto maior, melhor. Imagine uma linha horizontal no centro dela, separando a parte consciente e a inconsciente. É possível ver o que é exibido no topo (o lado consciente), mas não na parte de baixo (o lado inconsciente).

2. Agora, tire a sua temperatura espiritual: o que sente neste momento que você não gostaria de sentir? Como exemplo, digamos que está com raiva, mas não quer se sentir assim.

3. Faça uma oração simples e sincera, de coração, pedindo para visualizar a raiva que está na tela do coração. Não faça isso acontecer; deixe acontecer. Permita que as imagens de raiva se manifestem na tela em palavras, figuras, memórias de experiências passadas ou de qualquer outra forma. Se nada ocorrer, tente colocar a palavra *raiva* na tela, e, então, relaxe, deixe-a lá e observe o que acontece. Talvez você sinta a raiva de forma mais vívida como a sensação de algo explodindo, de

AS TRÊS FERRAMENTAS PARA DESPROGRAMAR E REPROGRAMAR... 157

um rosto vermelho berrando ou de seu pai gritando em sua infância. Já que a raiva é consciente, pois você sabe que a sente, visualize essa imagem de raiva na parte de cima. Observe que, mesmo a experiência sendo consciente, ela também está no lado inconsciente (apesar de você não saber qual memória está sendo exibida lá); caso contrário, não seria um problema consciente por muito tempo. O inconsciente é tão mais forte que o consciente que, se os dois "discordassem", ele rapidamente mudaria a imagem consciente e a experiência subsequente (os sentimentos, as ações e a fisiologia).

4. Depois que você visualizar a raiva ou qualquer outra emoção, memória, crença, pessoa, localização ou coisa negativa na tela do coração, faça uma oração e peça para que a raiva suma dali e seja curada de forma que não exista mais em você — nem na tela nem em suas memórias. Por exemplo, você pode dizer: "Permita que a luz e o amor de Deus, e nada além disso, sejam exibidos em minha tela do coração." Ou, se você não acreditar em Deus, simplesmente diga: "Permita que a luz e o amor, e nada além disso, sejam exibidos em minha tela do coração."

5. Então, visualize essa luz e esse amor na forma de imagens, seja um céu azul, crianças, o pôr do sol, amor verdadeiro, flores, a luz divina de Deus/da fonte/do amor, ou uma bela vista da praia ou das montanhas. Como com a ferramenta Medicina Energética, apenas observe as imagens de luz e amor na tela do coração em vez de tentar forçá-las a aparecer. Você acabará vendo a luz e o amor se espalhando para a parte inconsciente e curando as memórias que estiverem lá, sejam elas quais forem, removendo a mentira, o medo e a escuridão, e transformando tudo isso em verdade, amor e luz. Talvez veja a palavra *raiva*, e, então, a luz e o amor dissolvendo-a, se espalhando para a parte da tela que lhe é invisível e, de lá, para todas as memórias relacionadas (conscientes e inconscientes). Essa mudança costuma acontecer em questão de minutos, mas pode levar dias, semanas ou até mesmo meses, em casos mais extremos,

158 O CÓDIGO DO AMOR

como quando uma programação de medo em longo prazo causa ciclos negativos profundos e recorrentes (e também depende da sua habilidade de realizar o processo). Você saberá que a memória foi desprogramada e reprogramada quando deixar de experimentar a sensação ou emoção negativa ao pensar ou visualizar aquela imagem de raiva, ou quando as circunstâncias que geralmente acionam o sentimento voltarem a acontecer em sua vida.

6. Até você ser completamente desprogramado e reprogramado no que se refere ao problema descrito, use essa ferramenta como sua oração/meditação uma ou duas vezes por dia. A duração do uso por sessão depende de você. Permita a si mesmo ser realmente transportado para o mundo interior, como se estivesse no seu próprio cinema imaginário gigante. Se o que surgir na tela for assustador para você, sinta-se à vontade para, mentalmente, levar alguém que ama e que o ame para o cinema. Se não conseguir pensar em ninguém, eu me sentiria honrado em acompanhá-lo. (Posso garantir que o amo. Talvez algum dia nós nos conheçamos, e poderei provar isso.)

Eu tive um paciente que era do tipo "machão", cheio de marra. Quando nos conhecemos, ele só queria "dar um jeito no problema". No seu caso, o "problema" era artrite: estava limitando sua capacidade de trabalhar, o que causava estresse, e que, por sua vez, o fazia se afastar da família, causando dificuldades de relacionamento e assim por diante. Curiosamente, ele estava disposto a meditar, especificamente, usando o antigo método de meditação oriental que almeja esvaziar a mente. Há uma vantagem óbvia em parar de pensar: isso tira o foco dos problemas e do estresse; é como trocar o canal da televisão. O método pode até garantir algum alívio, mas, a meu ver, não cura os problemas-fonte. Você precisaria fazer isso durante horas por dia, se quisesse manter a sensação de alívio. Na verdade, muitos pacientes que atendi tentaram meditar e finalmente desistiram porque, apesar de isso funcionar por algum tempo, eles não se sentiam verdadeiramente curados no longo prazo, e não tinham horas sobrando no dia para continuar com a atividade.

AS TRÊS FERRAMENTAS PARA DESPROGRAMAR E REPROGRAMAR... 159

Mas, veja bem, só para deixar claro, eu acho a meditação tradicional maravilhosa! É uma descoberta fantástica, que ajuda milhões de pessoas. Para a fisiologia do corpo, uma a três horas de meditação diária são como tirar uma soneca, e todos os estudos que li sobre tirar uma soneca curta, diariamente, apresentam resultados muito positivos. Além disso, é ótimo acalmar ou esvaziar a mente se ela estiver cheia de medo, mentiras e escuridão (isto é, estresse).

No entanto, esta é a questão: se a sua mente estiver cheia de luz, amor e verdade e, portanto, livre de medo, mentiras e escuridão, ela não precisa ser acalmada! Ela foi projetada para funcionar 24 horas por dia, e fará isso independentemente de qualquer coisa — você não poderia impedi-la, nem se tentasse. Se ela estiver estressada, simplesmente acalmá-la é uma forma de se adaptar ao problema, não de curá-lo. Sim, você vai se sentir mais relaxado. Sim, sua pressão vai melhorar. Sim, suas emoções ficarão mais tranquilas. Você, provavelmente, sentirá muitas outras coisas positivas. Porém, assim que parar de meditar diariamente por horas, todos os sintomas negativos voltarão, pois eles nunca foram curados; você estava apenas se adaptando.

A meditação da Tela do Coração é o oposto disso. Não se trata de esvaziar a mente, e, sim, de se concentrar demais (em uma paz relaxada) no mecanismo que controla o problema — e esse mecanismo é ativado pela mente. Juntos, a tela do coração e o criador de imagens formam o programa e o mecanismo de autocura da mente e do corpo. A solução não é se afastar deles (isto é, concentrando-se em nada ou desligando-os), mas usá-los para curar a fonte do estresse e do medo interior na mente, no coração e no corpo. A ferramenta Tela do Coração fará tudo que a meditação faz, em um tempo muito menor. Mas também irá curar a fonte em vez de apenas lhe fornecer uma forma de lidar com ela.

Expliquei esse conceito para o paciente, e ele ficou intrigado de verdade, mas também desconfiado. Seu tom de voz nunca foi caloroso, mas curioso por mais informações. Ele disse: "Então, se eu fizer a meditação da Tela do Coração, não vou precisar ficar repetindo isso várias vezes?" Esse era o pulo do gato. Se existisse uma solução que não lhe tomasse muito tempo (ou custasse caro) e pudesse ser feita em casa, por conta própria, ele tentaria.

O paciente me ligou um mês depois. Eu mal reconheci sua voz. Ele falou comigo como se eu fosse seu melhor amigo; só fazia elogios. Disse: "Era isso que eu estava procurando durante toda a minha vida." A dor da artrite havia passado, ele havia voltado ao trabalho com a corda toda e agora conseguia passar tempo com a família. A ferramenta Tela do Coração havia transformado seu círculo vicioso em um virtuoso. Ele alcançara seu sucesso verdadeiro.

Na época em que eu estava no doutorado, aprendi uma técnica de meditação que um dos professores ensinou para melhorar a ansiedade antes de provas. Ele pediu que visualizássemos a nós mesmos em nosso lugar favorito, em circunstâncias perfeitas, como se aquilo estivesse acontecendo no momento. Poderíamos estar na praia de uma ilha tropical, deitados em uma espreguiçadeira na areia branca, tomando uma bebida, jogados ao sol e observando as ondas azul-esverdeadas indo e voltando. Poderíamos estar sozinhos ou com a pessoa que mais amávamos. Nós devíamos nos imaginar naquele lugar, em circunstâncias perfeitas, naquele exato momento, da forma mais vívida que conseguíssemos. Essa técnica ajuda a diminuir a ansiedade quando se enfrenta circunstâncias exteriores estressantes, como fazer uma prova.

Como com a maioria das coisas, é necessário praticar para que a técnica funcione bem. Quanto mais fizermos isso, mais rápido conseguiremos nos visualizar no lugar perfeito, e mais rapidamente seremos capazes de neutralizar o estresse que sentimos em qualquer situação que o cause. Com a prática, eu passei a conseguir ir para "o lugar" e me acalmar antes de uma prova por cerca de dez segundos, mesmo se estivesse cercado por outras pessoas. Mas, é claro, essa imagem não é real. As circunstâncias atuais ainda causavam estresse, provando que a técnica era apenas uma forma de me adaptar a elas — apesar de causar o efeito desejado.

A ferramenta Tela do Coração multiplica mil vezes o poder dessa visualização. Ela leva essa imagem perfeita, baseada no amor, para o coração espiritual, de forma que essas circunstâncias exteriores nunca mais sejam capazes de acionar o estresse. Não é uma meditação ou um método de adaptação normal. É real. O que você observa na tela do coração determina o que acontece em seu interior — o que, por sua vez, determina o que acontece em sua vida exterior. Isso sempre funcionou desta forma; você simplesmente não sabia ou não entendia como usar isso a seu favor.

A ferramenta Tela do Coração é a chave para conquistar resultados realmente miraculosos; gastar o tempo que for preciso para aperfeiçoar a técnica vale muito a pena. Eu descobri que as Três Ferramentas aqui discutidas correspondem vagamente às diferenças naturais de nossos estilos de aprendizado. Se tendermos a ser mais orientados pelo tato e pela experiência, teremos mais facilidade para usar a Medicina Energética. Caso aprendamos melhor com um método analítico/verbal, será mais fácil usar as Frases para Reprogramação. E se somos mais visuais, teremos mais facilidade com a Tela do Coração. Mas também descobri que, de forma geral, apesar desta última ferramenta talvez não produzir resultados tão imediatos quanto a Medicina Energética, ela pode apresentar resultados ainda mais profundos com o tempo. Pode levar uma semana para as pessoas mais visuais, quatro meses para os outros — mas eu aconselharia que cem pessoas entre cem tentassem usar a ferramenta Tela do Coração até alcançarem resultados. Pode ser uma luta para determinadas personalidades, mas realmente é possível mudar de forma consciente o que está na tela do coração apertando apenas este botão.

A TECNOLOGIA DO SEU CORAÇÃO ESPIRITUAL

Não apenas nós temos acesso à tela do coração interior, como ela também se comunica com a tela do coração dos outros, o tempo todo. Nós funcionamos de forma semelhante a um smartphone ou um computador — ou, para ser mais preciso, como expliquei, eles foram projetados para funcionar como nós. Também sabemos que a internet, ou o que chamamos muito apropria-

162   O CÓDIGO DO AMOR

damente de World Wide Web,* foi criada (intencionalmente ou não) para funcionar da mesma maneira que os seres humanos. Eu chamo a conexão entre as telas humanas, o equivalente da vida real da conexão de internet entre computadores, de *tecnologia do coração espiritual.*

Assim como os computadores estão sempre enviando e recebendo dados sem usar fios, de forma invisível, para qualquer máquina conectada à internet, as telas do coração individuais também estão sempre enviando e recebendo dados de energia para toda tela do coração do planeta; esses dados, por sua vez, afetam nossa vida e saúde atuais o tempo todo, assim como as das pessoas a nós conectadas.

É como se as telas do coração estivessem conectadas entre si por um "Wi-Fi" orgânico, afetando pensamentos, sentimentos, comportamentos e fisiologia em todo o mundo de forma instantânea e contínua. Assim, a tecnologia do coração espiritual está ligada internamente às memórias hereditárias e pessoais armazenadas em nossas próprias telas do coração e, externamente, às telas do coração de todos de nossa família e de quem somos próximos, de quem acabamos de conhecer e das pessoas ao nosso redor. Todos os dados que recebemos nelas passam por nossa programação, sendo reescritas e modificadas constantemente, e, caso percebamos ou não, esses dados exteriores tiveram papel decisivo na formação original de nossa programação.

Físicos conseguiram provar a existência da tela do coração e da tecnologia do coração espiritual com experimentos que começaram sete décadas atrás, iniciados por Albert Einstein. A experiência de Einstein, Podasky e Rosen, de 1935, que identificou o efeito chamado "ação a distância", é um dos mais famosos da ciência. Os resultados obtidos confirmaram o que Einstein acreditava ser verdade e esperava que acontecesse. Mesmo assim, por anos foi conhecido como a "estranha" ação a distância, pois, apesar de os cientistas saberem que isso acontece, ainda não são capazes de explicar como.

O experimento começou quando duas pessoas completamente desconhecidas se apresentaram uma a outra e trocaram informações pessoais

---

* Em português, poderia ser traduzido, livremente, como "Teia Mundial". [*N. da T.*]

AS TRÊS FERRAMENTAS PARA DESPROGRAMAR E REPROGRAMAR... 163

básicas, como nomes, as cidades onde moravam, quantos filhos tinham e assim por diante — apenas o suficiente para saberem quem eram. Então, foram separadas e colocadas em gaiolas de Faraday, situadas de forma que um participante não conseguisse ver o que acontecia com o outro. Essas estruturas são construídas de maneira que a eletricidade e a energia comuns não sejam capazes de penetrá-las. Se você tivesse cinco barrinhas de sinal em seu celular e entrasse em uma gaiola de Faraday, o aparelho, imediatamente, perderia a conexão e indicaria "sem serviço". Porém, a energia quântica *consegue* passar. Dentro de gaiolas de Faraday distintas os cientistas conectaram as duas pessoas a equipamentos de diagnóstico que mediam reações fisiológicas e neurológicas. Um cientista acendeu uma lanterna diante dos olhos de um dos participantes, enquanto o outro permaneceu descansando confortavelmente em sua gaiola. Quando a luz da lanterna bateu nos olhos da pessoa, as agulhas em todos os equipamentos de diagnóstico se agitaram. Aqui está a parte estranha: as agulhas também se agitaram nas máquinas da *outra* pessoa, registrando exatamente a mesma reação fisiológica, apesar de o segundo participante não passar pela experiência nem ter conhecimento do que acontecia com seu companheiro.

O experimento foi repetido muitas vezes desde 1935, e os resultados são sempre os mesmos. Se você o mencionar para físicos hoje em dia (e eu realmente recomendo que faça isso), eles, provavelmente, colocarão as mãos na cabeça e dirão: "Ah, não, os experimentos estranhos de ação a distância!" Apesar de ser um fenômeno conhecido e provado, eles não conseguem explicá-lo.

Essa experiência mostra que estamos sempre conectados às pessoas ao nosso redor pela energia quântica, especialmente àqueles que somos mais próximos e com quem tivemos contato recente, assim como uma conexão Wi-Fi com a internet. Talvez estejamos ligados a todos no planeta, em certo grau. O que fazemos, na verdade, é transferir dados de forma constante, tanto de forma consciente quanto inconsciente, para aqueles a quem estamos conectados, e esses dados podem afetar instantaneamente a fisiologia de todos os envolvidos.

164   O CÓDIGO DO AMOR

Um estudo do Departamento de Defesa dos Estados Unidos[9] mostra de forma ainda mais clara como a energia que transmitimos imediatamente afeta as células individuais, causando estresse (se emitirmos medo) ou eliminando-o (se emitirmos amor). Nesse experimento de 1998, células foram retiradas do céu da boca do participante e levadas para outro local, a 80 quilômetros de distância. Então, foram mostradas ao participante cenas violentas na televisão, e se registrou o grupo esperado de mudanças fisiológicas relativas ao estresse: resposta galvânica da pele, batimentos cardíacos acelerados, mudanças na atividade neurológica e outros fatores similares. A 80 quilômetros de distância, ao mesmo tempo que o participante registrava sintomas fisiológicos de estresse, as *células removidas* também apresentavam os mesmos sinais.

Depois disso, o participante assistiu a cenas tranquilas na televisão, e suas reações fisiológicas indicaram um efeito calmante. A 80 quilômetros de distância, novamente ao mesmo tempo, as células removidas também exibiam a mesma calma. Na verdade, as células do participante continuaram a reagir exatamente da mesma forma que ele mesmo *cinco dias* depois de terem sido separados da pessoa, que continuava a 80 quilômetros de distância.

O best-seller do Dr. Masaru Emoto, *Hado: Mensagens ocultas na água*, e pesquisas importantes mostram que até mesmo palavras pensadas ou faladas podem mudar a estrutura molecular de cristais de água congelados. Usando um microscópio, é possível observar que palavras baseadas no medo transformam as moléculas em algo grotesco, escuro e distorcido, enquanto palavras de amor fazem com que tomem a forma de um floco de neve de luz caleidoscópico e deslumbrante.

Um estudo do Instituto HeartMath mostra que pensamentos ou palavras faladas com amor têm um efeito terapêutico no DNA, enquanto pensamentos e palavras baseadas no medo causam estresse e danos. Em uma pesquisa, quando os participantes seguraram tubos de ensaio e pensaram em coisas positivas e terapêuticas, o DNA apresentou o mesmo tipo de padrão harmonioso que as palavras amorosas do Dr. Emoto produziram nas moléculas. Da mesma forma, quando essas pessoas pensaram em elementos negativos e destrutivos, o DNA se tornou caótico.[10]

AS TRÊS FERRAMENTAS PARA DESPROGRAMAR E REPROGRAMAR... 165

Mais uma vez, a tela do coração e a tecnologia do coração espiritual não são metáforas. São reais. O amor e o medo estão afetando as suas células neste exato instante (e, dessa forma, a sua fisiologia, os seus pensamentos, os seus sentimentos, as suas crenças e as suas circunstâncias exteriores). Esses dados podem vir de sua programação, de suas memórias hereditárias, de suas próprias escolhas e *das outras pessoas com quem você está conectado e nem sabe.* É claro que, ao começar a se sentir para baixo, ninguém pensa: *Ah, é. Três dias atrás conversei com uma amiga minha e ela estava muito triste. Deve ser por isso que me sinto assim.* Não! A mente tenta encontrar um motivo para o sentimento, de forma que sejamos capazes de usar a força de vontade para evitar a dor e buscar o prazer enquanto olhamos ao nosso redor para culpar cônjuges, gritar com o cachorro ou buzinar para o carro da frente.

A compreensão da base científica por trás da tecnologia do coração espiritual leva a frase "Cuidado com quem andas" a outro nível! Ao mesmo tempo, se você se desprogramar e reprogramar em amor e luz, e escolher viver no momento presente, poderá ser uma presença terapêutica poderosa para todos que encontrar. O amor e a luz sempre superam o medo e a escuridão. Então, ao transmitir e receber apenas amor, de forma consciente, seu campo energético passará a agir como um mata-mosca elétrico contra qualquer frequência de medo ou estresse que venha em sua direção. E isso pode causar efeitos profundamente positivos na vida das pessoas, e na sua também.

Tive uma paciente que não falava com a filha havia dez anos. Quando ela me ligou pela primeira vez, disse: "Eu tenho um problema: minha filha." Finalmente, consegui convencê-la a não se preocupar com isso e simplesmente se concentrar em curar seu problema interior. Vários meses depois, enquanto a mulher se desprogramava e reprogramava, começou a se sentir cada vez melhor. Um dia, me ligou chorando. Disse: "Eu estava fazendo os exercícios de desprogramação e reprogramação hoje cedo e senti o último resquício de amargura e raiva ir embora. Eu soube que meu problema finalmente estava curado. Na mesma hora, a campainha tocou, e era minha filha, chorando, parada na porta com os braços abertos, dizendo: 'Mamãe, sinto muito. Será que você pode, por favor, me perdoar?'"

Os orientadores da minha rede de consultórios, que trabalham comigo há 12 anos, também já ouviram muitas histórias como essa. É possível se tornar uma influência terapêutica para todas as pessoas que conhece simplesmente ao se desprogramar e reprogramar para transmitir o amor de forma constante.

Aqui vai a minha pergunta: você gostaria de estar no controle da tecnologia do seu coração espiritual e decidir se recebe amor ou medo da tela do coração dos outros, ou prefere continuar à mercê de todo medo, raiva e estresse transmitidos o tempo todo pelas pessoas ao seu redor? Da mesma forma que se senta diante de um computador e ajusta as configurações de internet para escolher o tipo de informações que a máquina recebe e transmite, você pode escolher receber e emitir apenas frequências de amor.

Essas vias neurais e conexões não precisam ser criadas; elas existem em nós desde que estávamos no útero. A técnica da Tela do Coração permite que usemos as vias preexistentes de forma consciente para "sintonizar o amor" — o amor em você, ao seu redor, em suas células e memórias e nas de todos com quem está conectado. Você pode controlar onde "sintoniza" a sua estação.

Eu gosto de usar o Pandora para ouvir música. Escolho um grupo musical e a rádio encontra todas as canções que se assemelham às minhas escolhas sem que eu precise buscar por elas e criar uma *playlist,* ou ficar trocando de estação. De forma similar, é possível se manter consciente e sempre sintonizado em sua estação do amor, usando as vias neurais existentes. Antes de você se desprogramar e reprogramar, pode ser que não consiga fazer isso da maneira como gostaria. Porém, sintonizar o amor de forma consciente vai ajudá-lo a mudar a programação, e isso será surpreendentemente fácil e eficaz depois de ter se reprogramado usando os princípios e as ferramentas ensinadas neste livro.

Vamos tirar um momento para observar como "sintonizar o amor" funciona quimicamente dentro de nós. A oxitocina é com frequência chamada de o "hormônio do amor". Além de ser liberada no cérebro quando nos sentimos "apaixonados", ela também surge ao fazermos sexo, tomarmos sorvete ou executarmos qualquer atividade agradável. É, literalmente, tanto de forma física quanto emocional, o perfeito oposto do estresse/medo. Lembre-se de que somos construídos e projetados para viver com amor, não com medo — viver com medo é sinal de mau funcionamento. Apesar disso, não é possível passar a vida fazendo apenas atividades prazerosas, e isso nem seria bom para você.

No entanto, a Dra. Margaret Altemus e a Dra. Rebecca Turner, em um estudo sobre a oxitocina, descobriram que recordar um relacionamento amoroso pode fazer com que o hormônio seja liberado no cérebro.[11] Nessa mesma linha o Dr. Daniel Amen determinou que a lembrança de memórias associadas ao medo pode fazer com que hormônios e elementos químicos baseados no medo sejam liberados no cérebro como se o evento estivesse acontecendo naquele instante. Como mencionamos na Introdução, alguns dos efeitos clínicos do estresse/medo e da oxitocina, ao serem liberados no cérebro, são os seguintes:[12]

EFEITOS CLÍNICOS DO CORTISOL (Liberado pelo medo/estresse)	EFEITOS CLÍNICOS DA OXITOCINA (Liberada pelo amor)
Emburrece as pessoas	Melhora relacionamentos
Causa doenças	Aproxima pais e filhos
Suga energia	Resulta em amor, alegria e paz
Prejudica o sistema imunológico	Melhora o sistema imunológico
Aumenta o sofrimento	Reduz o estresse
Aumenta a pressão arterial	Diminui a pressão arterial
Bloqueia células	Abre as células
Destrói relacionamentos	Age contra os sintomas do vício e crises de abstinência
Causa medo, raiva, depressão, confusão, vergonha e problemas de autoestima e identidade	Estimula o hormônio do crescimento

168   O CÓDIGO DO AMOR

Nos faz agir com uma perspectiva negativa (mesmo que nos esforcemos para fingir que está tudo bem)	Aumenta a confiança e o bom senso
	Regula o apetite, a digestão e o metabolismo
	Estimula a cura
	Estimula o relaxamento
	Estimula energias tranquilizadoras
	Estimula uma atividade neurológica maior

Essas duas listas são a definição exata de fracasso e sucesso, e, enquanto as memórias baseadas em medo são a fonte definitiva da primeira lista, as memórias baseadas em amor são a da segunda. Uma memória baseada em medo aciona o estresse, que libera cortisol no cérebro, que resulta nos sintomas apresentados à esquerda. Uma memória baseada em amor, ativada pela tela do coração, pode liberar oxitocina no cérebro, resultando nos sintomas apresentados à direita. Aqui está a boa notícia: você pode escolher a experiência que deseja ter! Pode decidir continuar com a programação baseada no medo e seguir acionando o estresse, o cortisol e o fracasso, ou pode se desprogramar, se reprogramar para o amor, se concentrar em viver o momento presente e acionar o amor, a oxitocina e o sucesso!

Com base em minha própria experiência e no que meus pacientes me contaram nos últimos 25 anos, acredito que, quando somos desprogramados do medo e reprogramados para o amor, e escolhemos viver com amor, nos concentrando no momento presente, também criamos uma liberação constante de oxitocina no cérebro. Afinal de contas, meus pacientes relatam exatamente o mesmo tipo de experiência depois de se desprogramarem, reprogramarem e colocarem o Princípio Mais Importante em prática: eles sentem como se voltassem a ter 20 anos de idade, cheios de energia, pensando de forma mais clara, tornando-se mais saudáveis e mais positivos.

Você se lembra de como é se sentir loucamente apaixonado? Não era assim que se sentia? Mais cheio de energia, menos estressado, mais vibrante e saudável do que nunca? É isso o que acontece quando a oxitocina é libera-

AS TRÊS FERRAMENTAS PARA DESPROGRAMAR E REPROGRAMAR... 169

da no cérebro. O problema, é claro, é que a paixão acaba. Se você for capaz de desprogramar e reprogramar o coração espiritual, a mente e o corpo, e então, se concentrar no amor no momento presente, a sensação seria como se apaixonar e continuar assim para sempre. Talvez nada mais no planeta consiga causar isso e fazer com que nos sintamos dessa forma!

Depois que se desprogramar e reprogramar, você pode assumir o controle da tecnologia do coração espiritual de pelo menos duas formas. Primeiro, pode fazer um esforço consciente para sintonizar o amor, escolhendo apenas sentir, receber e enviar amor e luz. Visualize nada além de luz e amor na tela do coração, e veja a si próprio recebendo e enviando apenas isso, todas as horas, de todos os dias, exatamente como aprendeu a fazer com a ferramenta Tela do Coração. O amor/luz e o medo/mentiras estão dentro de você, ao seu redor, e naquelas vias de energia — assim como dados são enviados e recebidos em computadores, tablets ou smartphones pela rede Wi-Fi. Faça com que essa cura, limpeza e manutenção espiritual se torne parte de seu dia a dia, assim como escovar os dentes. Afinal de contas, se você simplesmente continuar a agir como sempre tem agido, vai permanecer recebendo, enviando e vivenciando as coisas de sempre, geralmente estresse, ansiedade, raiva e tristeza.

Se você não está certo sobre como começar a "sintonizar o amor", a boa notícia é que existe uma consciência em seu coração, ou o que eu chamo de "compasso do amor" — antigos textos espirituais se referem a ele como a lei escrita no coração.

Feche os olhos e imagine que está conectado a cada memória baseada no amor que possui, incluindo as hereditárias. Visualize estar conectado a todos os seus entes queridos, amigos, até mesmo pessoas que não conhece, enviando e recebendo amor para todos eles, o tempo todo. Não precisa se preocupar com as memórias de medo dos outros, sejam internas ou externas; a luz sempre elimina e supera a escuridão, assim como o amor faz com o medo. Você pode praticar isso a cada hora do dia: torne-se "sintonizado" para enviar e receber a energia do amor, interna e externamente — deixe essa configuração sempre acionada no fundo de sua mente, como se fosse uma música ligada enquanto você trabalha.

170 O CÓDIGO DO AMOR

Se isso parece muito "abstrato" porque é impossível enxergar a prática com seus olhos físicos, pense que você talvez jamais tentaria desafiar a gravidade, mesmo sem nunca tê-la visto. Da mesma forma, imagino que acredite no "som", apesar de nunca ter visto uma onda sonora. Você, provavelmente, tem um telefone celular ou um smartphone, mas nunca conseguiu enxergar os sinais de energia que entram e saem do aparelho para fazê-lo funcionar. Todos esses dispositivos imitam o funcionamento do corpo humano, que recebe e envia energia constantemente. Faz pouco tempo que conseguimos provar muitas das coisas que fazem nossa "estação do amor" funcionar.

A diferença entre isso e muitas outras meditações e visualizações é que você está visualizando algo que é completamente real e que está acontecendo agora mesmo, que acontece durante toda a sua vida, e que continuará a acontecer pelo restante de seus anos. Não é inventado. Pode pensar nisso como uma meditação *de facto*, diferente de meditações *placebo* ou *nocebo*. Foi apenas recentemente que conseguimos provar e quantificar muitas dessas coisas. A visualização (imaginação), de acordo com as minhas instruções, é realmente a única força criativa no planeta. Tudo é imaginado antes de acontecer. Você estará apenas, pela primeira vez, usando seu criador de imagens para construir algo interior com a tecnologia do coração espiritual.

Além de sintonizar o amor de forma consciente, outra técnica útil que você pode usar com a tecnologia do coração espiritual é se concentrar no que eu chamo de "imagem do amor", ou memória do amor, que as Dras. Altemus e Turner descobriram ser capaz de liberar oxitocina no cérebro. Pense em uma lembrança de quando você se sentiu completamente amado, e visualize essa imagem do amor em sua tela do coração. Se você não tiver nenhuma memória assim, pode inventar uma usando o criador de imagens. Contanto que seja gerada com verdade e amor, é muito provável que traga ótimos resultados. De toda forma, nós estamos sempre criando e editando memórias; e sua memória do que aconteceu e o que *realmente* ocorreu podem ser duas coisas completamente diferentes.

De certa maneira, o fato de a memória ser real ou não, de acordo com circunstâncias exteriores, é irrelevante. Ela sempre é real (e acontece neste exato momento) para o coração espiritual e o inconsciente. Não é necessário descobrir se é uma lembrança verdadeira ou falsa, apenas cure-a. Ela pode causar danos às suas células e à sua programação, de qualquer forma.

No entanto, muitas pessoas encontram dificuldades ao usar os dois métodos da tecnologia do coração espiritual porque, apesar de tentarem se concentrar em uma memória de relacionamento amoroso, sentem estresse e medo de todo o restante. Elas querem os benefícios da liberação da oxitocina no cérebro, mas se tornam sobrecarregadas demais pelos efeitos do cortisol e do estresse, de forma física ou mental — motivo pelo qual é necessário se desprogramar e reprogramar para esses métodos causarem o maior efeito.

A TÉCNICA COMBINATÓRIA QUE USA TODAS AS TRÊS FERRAMENTAS

Apesar de eu recomendar que você use as ferramentas separadamente para se familiarizar com a forma como elas agem em seu caso específico, creio que funcionam melhor juntas. Com a prática, você poderá usar todas as Três Ferramentas ao mesmo tempo, especialmente quando encontrar uma crença negativa que bloqueia o seu sucesso em determinada situação, seguindo a técnica combinatória a seguir.

1. Use a versão completa ou a versão resumida das Frases para Reprogramação (ou ambas). Comece com a primeira frase; por exemplo: "Eu desejo acreditar na verdade, apenas na verdade, sobre quem e o que eu sou e sobre quem e o que não sou."

2. Se você acreditar nessa frase, siga para a próxima, seguindo as Frases para Reprogramação até chegar a uma afirmação em que não acredita (veja a seção sobre essa ferramenta específica).

3. Quando chegar à frase em que não acredita, pode usar as ferramentas Tela do Coração e Medicina Energética em conjunto para curar essa crença. Imagine a tela como se estivesse dividida em duas partes: a superior representa o consciente e a inferior, o inconsciente.

4. Visualize a frase em que não acredita no lado consciente da tela do coração. Há várias maneiras de fazer isso: você pode simplesmente imaginar as palavras da frase na tela, ou, se não for uma pessoa muito visual, uma forma ainda mais poderosa é criar uma metáfora para o bloqueio. Por exemplo, você pode visualizar a si mesmo estando triste ou machucado, um animal sentindo dor ou uma árvore seca ou doente. Feche os olhos e exiba isso na tela do coração.

5. A oração que fará irá depender do que estiver visualizando:

- Se as palavras da frase forem exibidas na tela do coração, peça pelo seguinte: "Permita que a luz e o amor (de Deus), e nada além disso, sejam exibidos em minha tela do coração, de forma que todo sentimento, imagem, pensamento e crença sejam curados em minha programação, e eu possa me sentir pronto(a) para abrir mão do medo e das mentiras sobre meu sentimento de certeza e aceitação, de forma que possa me sentir seguro(a) e aceito(a) (ou seja qual for a sua frase problemática)."

- Se uma metáfora para o bloqueio for exibida na tela do coração, esclareça que está usando uma metáfora e peça: "Permita que a luz e o amor (de Deus), e nada além disso, entre em (mim, nesse animal, nessa árvore, nesse objeto etc.), de forma que todo sentimento, imagem, pensamento e crença sejam curados em minha programação, e eu possa me sentir pronto(a) para abrir mão do medo e das mentiras sobre meu sentimento de certeza e aceitação, de forma que possa me sentir seguro(a) e aceito(a) (ou seja qual for a sua frase problemática)."

- Se você tiver dificuldade em visualizar qualquer coisa, até mesmo palavras, simplesmente peça: "Não entendo por que não consigo visualizar essa frase, mas sei que o motivo está em algum lugar na minha tela do coração. Permita que a luz e o amor (de Deus), e nada além disso, sejam exibidos em minha tela do coração, de forma que todo sentimento, imagem, pensamento e crença sejam

AS TRÊS FERRAMENTAS PARA DESPROGRAMAR E REPROGRAMAR... 173

curados em minha programação, e eu possa me sentir pronto(a) para abrir mão do medo e das mentiras sobre meu sentimento de certeza e aceitação, de forma que possa me sentir seguro(a) e aceito(a) (ou seja qual for a sua frase problemática)."

6. Relaxe e observe o que é exibido na tela do coração enquanto acrescenta a ferramenta Medicina Energética.

- Comece com a posição do coração. Ponha as mãos no peito, sobre o coração, com as palmas para baixo. Movimente-as suavemente em círculos, se for capaz, trocando de direção a cada dez a 15 segundos, pelo tempo em que se sentir confortável ou até chegar o momento de trocar de posição. Continue observando a tela do coração para ver se a frase problemática está mudando.

- Continue nessa posição por um a três minutos (mas pare, ou troque de posição, se notar uma reação de cura).

- Quando o tempo acabar, passe para a testa. Continue relaxado o tempo todo, e observe de vez em quando a tela do coração para ver se alguma mudança ocorreu.

- Quando o tempo acabar, mude para a posição da coroa, seguindo o mesmo procedimento.

7. Repita as três posições da ferramenta Medicina Energética enquanto relaxa e observa o que é exibido na tela do coração até acreditar de verdade na frase, ou por aproximadamente dois a três ciclos.

8. Quando realmente acreditar na frase que antes duvidava, siga para a próxima, até alcançar o fim das Frases para Reprogramação. Quando acreditar de verdade em todos os conjuntos de frase, terá sido completamente desprogramado e reprogramado na fonte para conquistar o sucesso.

AS DIMENSÕES FÍSICAS, EMOCIONAIS E ESPIRITUAIS ESTÃO TODAS CONECTADAS

Apesar de a ferramenta Medicina Energética ser a que mais afeta a fisiologia, a ferramenta Frases para Reprogramação ser a que mais afeta o consciente e a Tela do Coração ser a que mais afeta o coração espiritual (que inclui o subconsciente e inconsciente), todas as Três Ferramentas se misturam e se afetam. E reconfigurar suas experiências com essas ferramentas é uma habilidade que se aperfeiçoa com o tempo, como aprender a atirar com um arco e flecha. Hoje consigo reconfigurar minha experiência em sessenta segundos, mas, com certeza, não era capaz disso no início. Quanto mais você praticar, melhor ficará. Como eu disse, pessoas com certos estilos de aprendizagem podem ter mais facilidade com uma ferramenta do que com outra. Não deixe que isso o desanime, e não se preocupe com quanto tempo vai demorar. Os resultados valerão a pena.

Agora que chegamos ao fim deste capítulo, permita-me deixar algo bem claro. Acredito que a coisa mais importante a se fazer é se conectar a Deus, à fonte/ao amor a cada hora de cada dia, como mencionei no Capítulo 3. Eu faço isso principalmente através da oração. Se você conseguir isso, tudo *vai* ficar bem. A segunda coisa mais importante é viver de acordo com a teoria, os ensinamentos e o processo do Princípio Mais Importante. Esse é o caminho para o sucesso, e 99% das pessoas, de acordo com a minha experiência, estão seguindo outro rumo. Algumas vezes, é necessário ter um mapa para descobrir a trajetória certa. O elemento menos importante neste livro são as Três Ferramentas. Lembre-se de que é possível conquistar a desprogramação e reprogramação internas que levam à transformação de várias maneiras: uma sacada transformadora causada por meditação e oração sobre os princípios do amor e da verdade, uma sacada transformadora causada por uma experiência de quase morte (seja ela física ou emocional), conectando-se com Deus/a fonte/o amor (o que pode acontecer através da oração) ou usando métodos específicos para os seus problemas, como as Três Ferramentas.

Dito isso, se você não conseguir desprogramar e reprogramar o seu subconsciente e inconsciente de outra forma, elas são indispensáveis. No entanto, sei de várias outras técnicas de medicina energética que conseguem produzir resultados similares aos da ferramenta Medicina Energética que descrevi aqui, então, sinta-se à vontade para usar qualquer um deles caso seja melhor para você.

Agora que você compreendeu como usar as Três Ferramentas, na Parte III eu vou explicar alguns diagnósticos básicos para ajudá-lo a identificar com mais facilidade a fonte por trás de seus problemas com sucesso, de forma que consiga aplicar essas ferramentas para desprogramar e reprogramar seu coração espiritual e alcançar o sucesso que deseja. Porém, antes de começarmos a colocar os métodos em prática, precisamos tratar de mais um conceito prático: como ter objetivos de sucesso em vez de objetivos estressantes.

capítulo 5

TENHA OBJETIVOS DE SUCESSO, NÃO OBJETIVOS ESTRESSANTES

O Princípio Mais Importante propõe que se faça tudo com amor, em um estado interior reprogramado com amor, alegria e paz, concentrando-se no momento presente. Como eu disse no Capítulo 1, "tudo que você faz" é determinado por uma meta. Sempre. O problema é que a maioria das pessoas não está ciente de seu objetivo, como ele surgiu, se é certo ou errado, em que direção o está guiando e, é claro, como mudá-lo. Ironicamente, muitos de nós têm propósitos bastante claros sobre as coisas mais simples da vida, como higiene pessoal, roupas e uma casa limpa. Não quero fazer pouco caso desses propósitos, mas a grande maioria das pessoas diria que não são as áreas mais importantes da vida.

Eu trabalhei com muitos militares (principalmente homens, mas algumas mulheres) e com muitas mulheres que tendem a ser perfeccionistas. Essas pessoas acabam sendo extremamente disciplinadas sobre questões exteriores em suas vidas: a casa, o carro, as roupas para lavar, o gramado do quintal, o comportamento dos filhos e o desempenho no trabalho, que deve ser cada vez melhor. Ainda assim, muitas vezes, lutam com questões interiores que são menos concretas, como relacionamentos e problemas do passado.

No entanto, quando se trata *dessas* áreas, das coisas que queremos mais do que tudo, as pessoas tendem a criar e seguir objetivos inconscientes que nos prendem a círculos viciosos de problemas de saúde, financeiros, mentais e de relacionamento. Esses círculos, por sua vez, nos levam a estados interiores de tristeza, frustração, ansiedade, desespero, solidão e rejeição — e, no fim das contas, fracasso em tudo que importa.

Nesse ponto eu gostaria de convidá-lo a parar e rezar ou meditar por dez minutos, e perguntar a si mesmo: *Eu estou intencionalmente criando objetivos saudáveis e certos (com verdade e amor) para as coisas que importam mais para mim? O carro pode estar brilhando de limpo, mas como está a minha raiva? Eu posso ter lavado toda a roupa suja — mas como lido com meus filhos?* Agora que você sabe que o estado interior influencia as circunstâncias exteriores, compreende o quanto é importante criar objetivos interiores, em vez de viver de acordo com uma programação inconsciente e, por vezes, inútil. (Mais uma vez, você aprenderá a diagnosticar e curar sua própria programação interior quando nós colocarmos o Princípio Mais Importante em prática na Parte III.)

Seja lidando com os filhos, com a raiva ou com qualquer outra área, caso perceba que seus objetivos não refletem o que realmente importa para você, este capítulo vai ajudá-lo a criar os objetivos que levarão ao seu melhor sucesso, tanto interior quanto exteriormente.

Porém, mesmo que você tenha objetivos muito claros e deliberados para as áreas mais importantes da sua vida, a tendência ainda é se concentrar nas circunstâncias exteriores conquistadas com a força de vontade, algo que, invariavelmente, sabota de forma grave as chances de um dia atingir esse objetivo. Ou você pode conquistar o que quer e ainda assim não se sentir feliz e pleno no longo prazo. Então, aqui vai a pergunta crucial: como podemos criar os tipos de objetivo que nos levam ao sucesso em vez de nos sabotar?

Para um dos meus pacientes, tudo se relacionava ao dinheiro. Muitos anos atrás, um senhor veio se consultar comigo sobre certos problemas de saúde que tinha. Depois que eles foram curados, ele entrou em contato novamente para saber se eu poderia ajudar com outra questão. Disse: "Oi, doutor. Faz dez anos que tenho um objetivo de sucesso que nunca consegui alcançar. Nem sei se o senhor faz coisas assim, mas será que poderia me ajudar com isso?" Eu pedi que ele entrasse em detalhes. O homem me contou que era um dos empreiteiros mais bem-sucedidos de uma cidadezinha. Fazia dez

TENHA OBJETIVOS DE SUCESSO, NÃO OBJETIVOS ESTRESSANTES   179

anos que queria ganhar 1 milhão de dólares em um ano. Não era 1 milhão de dólares na conta da empresa, mas, sim, no bolso dele. E, em dez anos, o máximo que conseguira fora metade disso. Ainda era bastante dinheiro; porém, em vez de ficar satisfeito e aproveitar o que ganhara, ele ficava frustrado por não alcançar sua meta.

Esse senhor tinha uma personalidade ambiciosa e competitiva. Ele pegava pesado com tudo e com todos. Trabalhava oitenta horas por semana, explorava os funcionários e, com frequência, não lhes pagava hora extra. Era conhecido por ter uma língua afiada e mordaz, e sempre dava um jeito de conseguir o que queria, então, não tinha a melhor das reputações no mercado. Todos os seus relacionamentos iam mal, e sua saúde piorava a cada ano que passava, razão pela qual me procurara.

Assim, minha próxima pergunta para ele foi: "Quero saber como você enxerga esse seu objetivo de ganhar 1 milhão de dólares em um ano. Descreva para mim. O que faria com o dinheiro? O que ele mudaria em sua vida?" O homem não hesitou em sua resposta. Via aquele "filme" em sua tela do coração todos os dias da última década. Contou que desejava comprar a mansão no topo da colina que tinha vista para toda a cidade. Sim, queria um carro esportivo vermelho também. E havia uma viagem luxuosa para jogar golfe e todos os outros "brinquedos" caros de sempre.

Quando eu perguntei por que ele queria a casa na colina e o carro vermelho, o homem me disse que era para que todos na cidade pudessem ver o quanto ele era bem-sucedido e o invejassem. Eu sabia que o problema não era exatamente o objetivo, mas *por que* ele queria aquilo. Falei que poderia ajudá-lo, mas para fazer isso precisaríamos modificar um pouco seus planos. O homem concordou, relutante.

Eu não tinha problema algum com ele querer ganhar 1 milhão de dólares em um ano, mas essa parte mudaria para "desejo", em vez de ser "objetivo". (Falaremos mais sobre a diferença entre esses dois termos mais adiante.) Se ganhasse 1 milhão de dólares, poderia comprar uma casa nova, mas não no topo da colina. Poderia comprar um carro, mas não o esportivo vermelho. (Não que haja alguma coisa errada com qualquer dessas duas coisas — o problema era *por que* ele os queria. Para outra pessoa, elas poderiam ser

180   O CÓDIGO DO AMOR

completamente apropriadas.) Nós trocamos a viagem para jogar golfe por uma viagem com a família. Eliminamos alguns dos "brinquedinhos" caros. Concordamos que ele usaria parte de seu tempo e de suas habilidades trabalhando em um projeto comunitário de construção, no qual poderia ajudar os menos favorecidos. Diminuímos seu horário de trabalho para cinquenta horas por semana. Não apenas cortamos as horas extras dos seus funcionários como também lhes demos um aumento e benefícios melhores. Determinamos momentos para fazer exercício, meditar, caminhar e ter um estilo de vida mais saudável, além de mais tempo com a família do que ele achava que conseguiria aguentar... já deu para entender.

O objetivo foi completamente revisto. No fim das contas, seu *desejo de sucesso* (não seu objetivo de sucesso, como definiremos mais tarde) passou a ser ganhar 1 milhão de dólares no ano seguinte, mas usar o dinheiro para coisas boas, saudáveis e equilibradas — em outras palavras, "com amor". O *objetivo de sucesso* virou se concentrar no momento presente com amor, fazendo o que fosse necessário para alcançá-lo, mas deixando o resultado de 1 milhão de dólares nas mãos do amor/da fonte/de Deus. Para fazer isso ele precisou desprogramar e reprogramar suas questões interiores antes. Só então foi capaz de conquistar o objetivo, caminhando na direção de seu desejo.

Na última vez que nos encontramos, ele havia começado o processo de desprogramação e reprogramação, e estava extremamente relutante. Suas palavras exatas foram: "Isso nunca vai dar certo. Se o senhor não tivesse resolvido meus problemas de saúde, eu diria que está completamente doido."

O empreiteiro me ligou cerca de um ano e meio depois. Eu fui incapaz de reconhecer sua voz, sempre muito distinta, antes de ele se identificar. Suas primeiras palavras foram: "Oi, doutor, o senhor se lembra de mim? O empreiteiro estressado que achava que o senhor era doido?" Eu sempre me perguntava o que teria acontecido com ele, e rezei pelo homem em muitas ocasiões. Havia um grande risco de que tivesse arruinado o tratamento e voltado para sua vida antiga. Aqui vai o que ele disse: "Bem, doutor... eu fiz exatamente o que nós combinamos, e não ganhei 1 milhão de dólares no ano seguinte. *Ganhei 1 milhão e meio.* E, do jeito como as coisas vão, vou ganhar ainda mais este ano. Até hoje não faço ideia de como isso aconteceu — pareceu mágica. Foi o ano de trabalho mais tranquilo que tive na vida."

Ele continuou contando que praticamente tudo em sua vida havia mudado. Estava saudável e feliz, seus relacionamentos eram maravilhosos e sua reputação havia se transformado da água para o vinho. Agora, tinha uma lista de pessoas solicitando seus serviços, havia diminuído os preços e passara a respeitar as leis trabalhistas. Os funcionários o amavam e nunca iriam querer trabalhar em outro lugar, e o escritório inteiro era cheio de uma alegria, paz e camaradagem que ninguém antes havia sentido ali.

Quando o empreiteiro se desprogramou, reprogramou e aprendeu a trocar seus objetivos estressantes por objetivos de sucesso, a circunstância exterior que desejava surgiu com facilidade. Eu poderia encher vários livros com histórias como essa. Os resultados são surpreendentemente previsíveis. As pessoas que criam e realizam *objetivos de sucesso* inspirados no estado interior que "realmente" querem, em vez de na circunstância exterior que "pensam" que querem, sempre são bem-sucedidas. Sempre. Os que não fazem isso, fracassam. Sempre.

A DIFERENÇA ENTRE OBJETIVOS E DESEJOS

Vamos tratar de alguns detalhes práticos sobre como o empreiteiro foi do fracasso ao sucesso de forma tão rápida — e, mais importante, como você também pode fazer isso. Como já deve ter adivinhado, a questão tem tudo a ver com os objetivos que se cria. Chegou a hora de esclarecer exatamente o fator determinante para um objetivo de sucesso e um objetivo estressante.

A definição de desejo

Primeiro, vamos começar definindo alguns termos. O primeiro é *desejo* (ou "esperança"). Um desejo que traz sucesso apresenta quatro características:

1. Precisa ser definido com verdade.

2. Precisa ser definido com amor.

3. Precisa estar em harmonia com o seu objetivo de sucesso principal (do Capítulo 1).

4. Geralmente, ocorrerá no futuro.

Nós já mencionamos os dois primeiros componentes, verdade e amor, no contexto da crença: se algo deve funcionar no longo prazo, deve ser feito com verdade e amor. Mas agora chegou o momento de entrar em detalhes sobre o que isso realmente significa.

1. A *verdade* se refere aos fatos *práticos* da situação: recursos, necessidades, habilidades, mercado, questões financeiras, tempo — essencialmente, todo fato prático relevante para conquistar o desejo, tanto de forma circunstancial quanto exterior. Isso é o "que" é o desejo. Por exemplo, digamos que um senhor de 72 anos de idade tenha me contado que deseja ser atacante de um time de futebol profissional. Eu teria que lhe perguntar se o desejo foi definido com verdade — em outras palavras, ele está em harmonia com os fatos práticos da situação?

2. Algo ser feito com *amor* se refere aos fatos *subjetivos* da situação. É o "por que" do desejo. Por que você quer isso, para início de conversa? Por quem está fazendo isso? Qual é a inspiração e a motivação por trás do desejo? Se o motivo for predominantemente egoísta e se alguém for "perder" ou ser prejudicado de alguma forma, o desejo não se enquadra na categoria do "amor". O desejo de ser atacante de futebol aos 72 anos pode ser baseado no amor, mas, provavelmente, não é baseado na verdade. Por outro lado, o desejo original do empreiteiro por 1 milhão de dólares era baseado na verdade (isto é, era viável, dadas as suas circunstâncias atuais), mas não no

TENHA OBJETIVOS DE SUCESSO, NÃO OBJETIVOS ESTRESSANTES 183

amor, como nós descobrimos quando soubemos como ele queria gastar o dinheiro. Isso significa que nenhuma das duas vontades cumpre os critérios para um desejo de sucesso, e ambas precisariam ser modificadas de alguma forma. O empreiteiro, por exemplo, mudou sua meta ao decidir gastar seu tempo e dinheiro cuidando dos outros e ajudando os menos favorecidos, e, dessa forma, cumpriu o critério do amor.

E há mais uma coisa importante sobre desejos: eles devem estar em harmonia com o *objetivo de sucesso principal*. Tire um momento para se lembrar do estado interior que foi a sua resposta para a pergunta 3 no Capítulo 1 (como se sentiria se você conseguisse o que mais deseja e as circunstâncias que isso causaria?). Esse sentimento ou estado interior é o seu objetivo de sucesso principal. Você pode ter dito paz, amor, alegria, segurança ou qualquer outro estado interior positivo. Esta é a razão das suas atitudes — então, é obviamente contraproducente ter um desejo que vai contra esse objetivo, sentimento e estado de sucesso interior.

Eu adoro ir à praia. É um lugar muito espiritual e terapêutico para mim. Vamos pensar que ir à praia é o meu desejo, e a paz que sinto lá é o meu objetivo de sucesso principal. Veja bem, para chegar até a praia preciso ser específico: a qual delas quero ir? Como chegarei lá? O que preciso levar para aproveitar o dia? Ao mesmo tempo, preciso ser cuidadoso para que os detalhes da minha viagem não prejudiquem o que eu defini como objetivo de sucesso principal: a paz que vem do amor. Se eu não me der tempo suficiente para arrumar minhas coisas e acabar correndo como um louco na manhã antes de partir, então, a forma como vou à praia está, pelo menos em parte, causando o efeito contrário do que eu desejava ao planejar o passeio. A mesma coisa acontece se eu descobrir que minha sobrinha vai casar no mesmo dia que me programei para ir à praia, e deixar de ir à cerimônia causaria muito estresse pessoal e familiar. Isso não quer dizer que preciso abandonar o passeio por completo, mas seria necessário reavaliar a situação e fazer algumas mudanças práticas no plano, para que ele continue a ser feito com paz e amor, e consistente com o meu objetivo de sucesso principal neste momento e no futuro.

Aqui vai um exemplo mais prático. Digamos que o objetivo de sucesso principal de um pai de meia-idade também seja paz, e o seu desejo de sucesso seja voltar a estudar e se formar em engenharia. Ele havia se inscrito em uma universidade renomada perto de casa e descobriu que conseguiu entrar. Ficou felicíssimo! No entanto, depois que começam as aulas, o homem percebe que aquele desejo o está afastando de seu objetivo de sucesso principal de paz no que concerne à sua família: agora se sente muito estressado e é pressionado em casa por estar sempre ocupado demais. Esse estresse é um sinal de que precisa reavaliar as coisas. Talvez seja necessário fazer um trabalho interior para lidar com o problema. Talvez seja necessário considerar estudar outra coisa. Ou, talvez, abandonar completamente os estudos. A questão é que nós nunca devemos sacrificar nosso objetivo de sucesso principal (o estado interno de amor) por um desejo de sucesso (a circunstância exterior que é o resultado final).

Finalmente, desejos são, no geral, algo que ainda não aconteceu. Outra palavra para isso é *esperança*. É algo que queremos no nosso interior, em que acreditamos, que gostaríamos que acontecesse, que estamos nos esforçando para conquistar, mas ainda não sabemos se vai se realizar mesmo. Ele nos direciona para um caminho. Por outro lado, o aspecto crítico de ter um desejo é que devemos desistir totalmente de todas as expectativas de conquistá-lo logo de cara e a cada etapa do caminho. Você deve deixar o resultado final nas mãos de Deus/da fonte/do amor ou na bondade de outras pessoas — ou da forma que achar melhor pensar nisso para ser capaz de abrir mão do resultado.

A definição de objetivo

Agora vamos definir o que é um *objetivo*. Um objetivo que traz sucesso apresenta quatro características:

1. Precisa ser definido com verdade.

2. Precisa ser definido com amor.

3. Precisa estar 100% sob o seu controle.

4. Acontece no momento presente.

TENHA OBJETIVOS DE SUCESSO, NÃO OBJETIVOS ESTRESSANTES 185

Se ele tiver todas as quatro características, é um *objetivo de sucesso*. Isso significa que funcionará no longo prazo, e sempre o levará ao sucesso se você continuar no caminho correto, tendo se desprogramado e reprogramado antes.

O principal aspecto que difere um objetivo de um desejo é o item número 3, que afirma que ele precisa estar 100% sob o seu controle — não é 99%, não é "em grande parte", mas *totalmente* sob o seu controle. Em outras palavras, você pode realizá-lo agora, ou pelo menos nos próximos trinta minutos. Se a verdade for o "que" e o amor, o "por que", o controle é o "como" do objetivo. Não há exceções. Esse componente, obviamente, limita o que pode ser um objetivo de sucesso, mas faz toda a diferença.

Essa também é a parte em que a maioria das pessoas encontra dificuldade. Geralmente, ninguém vê problema quando eu falo de verdade e amor, mas, quando digo que precisam ter 100% de controle, meus pacientes, às vezes, fazem uma cara esquisita, que remete a decepção ou frustração. Por exemplo, a meta do empreiteiro de ganhar 1 milhão de dólares não estava 100% sob o controle dele, então, isso não poderia ser o objetivo dele. O mesmo acontece com a vontade do senhor de 72 anos de idade que queria se tornar atacante de futebol. Quando falamos de "100% sob seu controle" queremos dizer um controle saudável, não doentio. Falamos um pouco sobre isso no capítulo anterior: doentio é buscar um resultado que não está 100% sob o seu controle, o que não é feito com verdade e amor.

Sempre que alguém questiona a ideia de que contar só com a força de vontade para conquistar expectativas exteriores é contraproducente — geralmente porque este conceito é popular há muito tempo e parece natural —, dou esta explicação: digo que um outro nome para a busca por expectativas exteriores (isto é, ter um objetivo que não está 100% sob o seu controle) apenas com força de vontade é sinônimo de controle doentio e preocupação. Por exemplo, com o passar dos anos, tive pacientes que afirmavam ter expectativas exteriores completamente positivas — sem nenhum sinal de pensamentos, crenças ou sentimentos negativos. Eu perguntava como eles se sentiriam, pensariam ou acreditariam se essas expectativas não apresentassem os resultados esperados. Em geral, as pessoas faziam uma cara confusa e me diziam que se sentiriam péssimas. Essa reação provavelmente acontece porque os pacientes estão contando que conquistarão aquele resultado final e não acreditam que ficariam bem com qualquer alternativa, geralmente porque acham que, se acreditarem de verdade, aquilo *vai* acontecer. Então, mesmo que estivessem 100% certos de seus pensamentos, crenças e sentimentos conscientes, o subconsciente e o inconsciente não estavam.

A principal tarefa do inconsciente, não esqueça, é nos proteger — não ser positivo. Então, havia um conflito interno: as pessoas eram conscientemente positivas, mas pelo menos parte de seu inconsciente era negativa. Essa desarmonia interna cria estresse, e lembre-se de que, quando o inconsciente e o consciente "discordam" sobre algo, o inconsciente sempre ganha. O outro fator é o controle doentio. Tentar forçar ou manipular um resultado de circunstância exterior que *não* está sob seu total controle é uma das coisas mais estressantes que se pode fazer, e a maioria de nós não consegue se manter assim até obter o resultado desejado. Mesmo que o forcemos, geralmente *não* encontraremos felicidade, contentamento e realização no longo prazo.

É verdade que os melhores resultados vêm se você acreditar neles — mas não se trata de simplesmente acreditar. Todos os bons resultados surgem quando você *acredita na verdade*. O controle saudável sempre é baseado em amor e verdade. Ele é, simplesmente, a coisa certa a se fazer, a coisa amorosa a se fazer, a melhor coisa a se fazer. O controle doentio, por outro lado, frustrará o resultado que você deseja alcançar, uma vez que é sempre baseado no medo — e todo medo é causado por uma mentira. A preocupação (estresse) e o controle doentio (o oposto de uma crença que produz resultados) são apenas maneiras alternativas de descrever expectativas e força de vontade. Preocupação corresponde a expectativas, e controle doentio é igual a força de vontade. Tudo isso nos deixa em desarmonia com nós mesmos e sofrendo de estresse crônico — estejamos conscientes disso ou não.

Dessa forma, um objetivo precisa estar 100% sob o seu controle *saudável*. Se for assim, é possível conquistá-lo no momento presente, agora. Os resultados também tornam possível diferenciar com facilidade o controle saudável e o doentio. O primeiro geralmente produz paz e alegria, enquanto o segundo causa ansiedade e estresse. Um dos efeitos colaterais maravilhosos dessa Fórmula para Conquistar o Sucesso é o fim da ansiedade em sua vida.

TENHA OBJETIVOS DE SUCESSO, NÃO OBJETIVOS ESTRESSANTES   187

E se o que você determinou como objetivo não cumprir um ou mais dos critérios necessários? Talvez ele não esteja em harmonia com a verdade. Pode não ter sido baseado no amor. Ou, quem sabe, não esteja 100% sob o seu controle (como a maioria dos objetivos criados pela maioria das pessoas). Então, você tem o que eu chamo de um *objetivo estressante* e, em resumo, precisa mudá-lo. Por quê? Ter um objetivo estressante é a forma mais rápida que eu conheço de fracassar. Mesmo que ele tenha sido criado com amor e verdade (mas não esteja sob o seu controle), irá criar expectativas que, por sua vez, acabarão com os resultados e causarão infelicidade, que é o oposto do sucesso.

Aqui vai a forma mais fácil de descobrir se você criou um objetivo estressante ou de sucesso: se estiver sentindo ansiedade, raiva ou qualquer emoção relacionada a ela (irritação, frustração etc.), você provavelmente tem um objetivo estressante e precisa se esforçar um pouco mais com a sua desprogramação e reprogramação para viver com amor. O estresse é um sintoma físico direto do medo, enquanto a ansiedade é o sintoma mental. A ansiedade é precursora da raiva ou de qualquer emoção a ela associada. Algumas pessoas compreendem muito bem que sentem raiva (e não admitem que sentem ansiedade), enquanto outras compreendem muito bem que sentem ansiedade (e não admitem que sentem raiva). A questão é que, se você sente uma das duas coisas, ambas são indicativas de um objetivo estressante.

A ansiedade (ou a raiva, que é uma ansiedade avançada) leva diretamente ao fracasso, como segue:

- Qualquer forma de ansiedade e raiva indica que você tem um objetivo estressante que está sendo bloqueado no momento.

- Um objetivo estressante indica que você vai sentir ansiedade, medo, preocupação, tristeza, rancor, problemas de autoestima, culpa, vergonha e pensamentos e crenças baseados em medo (se isso já não estiver acontecendo).

- Pensamentos, crenças ou sentimentos negativos sobre as suas circunstâncias indicam que você se compara com os outros.

- A comparação com os outros indica que você tem um problema com expectativas.

- Um problema com expectativas indica que você está usando força de vontade para conquistar o que deseja.

- Tentar controlar as suas circunstâncias com força de vontade indica que você está estressado, o que provavelmente o levará ao fracasso (em outras palavras, a não ser saudável e feliz e a não estar na circunstância exterior perfeita para você).

- Fracasso indica que você tem um objetivo estressante.

Por outro lado, se você sente alegria e paz em qualquer circunstância, provavelmente, tem um objetivo de sucesso (de forma consciente ou não) e foi desprogramado e reprogramado para viver com amor. É claro que, mesmo com objetivos de sucesso, você vai se sentir desapontado quando as coisas não acontecerem da forma como queria. A diferença é que você se recupera da decepção com rapidez e nunca mais cai em desespero. Apesar das dificuldades, sentirá alegria, paz, satisfação, gratidão e realização de forma profunda e duradoura, independentemente das circunstâncias ou dos problemas que enfrentar.

Agora, você pode estar pensando: *Mas qual é o problema de um pouco de estresse? Estresse deixa a mente mais afiada, me torna mais atento e faz com que eu tome atitudes.* Se as provas apresentadas até aqui sobre como o estresse leva ao fracasso ainda não o convenceram, considere isto: o segundo assunto mais pesquisado em estudos científicos, depois daqueles que provam os efeitos negativos do estresse, são os efeitos negativos da gratificação instantânea. Cinquenta anos antes das pesquisas dos Drs. Gilbert e Lipton, vários testes duplo-cego mostraram que a busca pela gratificação instantânea (ao contrário da gratificação tardia) produz, de maneira consistente, resultados negativos em todas as áreas da vida, incluindo felicidade, saúde, a quantidade de dinheiro que se ganha — até mesmo a nota do vestibular. A gratificação instantânea é baseada na reação de dor/prazer, o que significa que, quando você a busca, reage à dor escolhendo medo em vez de amor.

Objetivos estressantes são *sempre* baseados na gratificação instantânea, assim como objetivos de sucesso sempre exigem que esperemos por uma gratificação tardia. Na verdade, esta última é a essência do que significa deixar o resultado final nas mãos de Deus/da fonte/do amor e escolher o amor no presente — exatamente o que eu afirmo ser a chave para o sucesso. Qualquer coisa diferente disso é praticamente uma garantia para o fracasso. A pesquisa sobre a gratificação instantânea em oposição à tardia prova isso. Tudo na vida leva ao sucesso se você for capaz de aceitar uma gratificação tardia, e tudo leva ao fracasso caso escolha ser recompensado agora (a menos que isso seja a coisa certa e mais benéfica para todos em um caso específico). No entanto, a gratificação tardia precisa acontecer de forma fácil e natural, e não ser forçada pela força de vontade. Quando isso não acontece, o estresse só aumenta. Como você pode adivinhar, só é possível garantir que nada será forçado depois de se desprogramar e reprogramar, como aprendeu no Capítulo 4.

TRANSFORMANDO OBJETIVOS ESTRESSANTES EM DESEJOS

No entanto, é possível transformar os objetivos estressantes em *desejos* saudáveis. O que difere os dois é o sucesso no longo prazo ou o fracasso inevitável.

Digamos que houve uma nevasca terrível e você precisa caminhar até o mercado, que fica a cerca de 2 quilômetros e meio de distância, para comprar leite. A neve já está derretendo, e entre a sua casa e o mercado há uma floresta cheia de raízes de árvores e vários perigos escondidos que provavelmente só serão identificados quando não puder mais evitá-los. Mas você sabe que o mercado fica ao lado de uma grande torre de rádio que pode ser vista acima das árvores, mesmo da sua casa.

Então, aqui fica a pergunta: você passa o caminho todo até o mercado olhando para a torre? Não! Talvez até olhe uma vez ou outra, mas, se deseja chegar ao seu destino, vai se concentrar no próximo passo que dará — do contrário, poderá torcer um tornozelo ou cair em um buraco. Se passar o tempo todo focado no resultado final, nunca chegará nele.

Acredite em mim, quando se está tentando alcançar objetivos de sucesso, há muitos buracos e raízes de árvores pelo caminho. Para as coisas mais importantes na vida, a trajetória raramente é reta e sem obstáculos; algumas vezes, nem é visível. Mesmo assim, os especialistas afirmam que você deve *se concentrar na torre de rádio* — visualize, sinta, experimente, nunca tire os olhos da torre — ou talvez não consiga chegar. Esse conselho só faz com que o caminho fique lotado de corpos de pessoas que tropeçaram em raízes de árvores e caíram em buracos, sem nunca alcançar o seu destino, pois não estavam prestando atenção no próximo passo.

A torre de rádio é o desejo; não o objetivo. O objetivo é caminhar com sucesso, pois você sabe que, se conseguir dar o próximo passo, um atrás do outro, tem boas chances de chegar aonde quer. Porém, é importante manter a torre em mente e olhar para ela de tempos em tempos, desta forma você continuará seguindo na direção certa. Mas digamos que você chegue na metade do caminho e esteja com frio, cansado, com fome, e só queira voltar para casa. E é então que encontra um vizinho. Ele pergunta sobre o seu destino, e você conta que vai ao mercado comprar leite. "Ah", diz ele. "Você não precisa ir até o mercado para isso. Tem uma loja de conveniência aqui perto que vende leite." Essa informação lhe era desconhecida. O que deve fazer? Mudar de ideia, agradecer pela ajuda, comprar o leite na loja de conveniência e voltar para casa bem mais rápido do que esperava! É isso que significa abandonar o resultado final: mesmo enquanto nos concentramos em dar o próximo passo na direção do desejo que estipulamos, permanecemos abertos a mudá-lo se determinarmos que outra opção é mais vantajosa. Apenas precisamos admitir que não sabemos o suficiente sobre o futuro para termos certeza de que vamos continuar desejando aquele resultado final específico. Além disso, no fim das contas, um resultado final que talvez imaginássemos que seria a pior coisa que poderia nos acontecer pode acabar sendo a melhor.

Não consigo pensar em um exemplo melhor do que quando Hope me expulsou de casa depois de três anos de casamento. Eu achei que minha

TENHA OBJETIVOS DE SUCESSO, NÃO OBJETIVOS ESTRESSANTES   191

vida tinha acabado! Mas, como você sabe, aquele incidente acabou sendo a mudança mais positiva pela qual já passei. Ele me levou a ter a grande sacada transformadora que me reprogramou no mesmo instante. Fez com que eu descobrisse minha vocação e, provavelmente, foi o elemento decisivo para todo o sucesso que tenho hoje. Na verdade, todas as minhas conquistas foram muito além do que imaginava para mim mesmo 25 anos atrás. Se eu tivesse me concentrado em um resultado final específico para a minha carreira naquela época (algo que muitas pessoas estavam me pressionando a fazer), nunca teria chegado onde estou agora, pois o que faço ainda nem existia!

Não sou o único a ter passado por uma experiência assim. Quando dou palestras para grupos grandes, geralmente pergunto: "Quantos de vocês passaram por algo que parecia muito ruim naquele momento mas, meses ou anos depois, ficou óbvio que o que aconteceu foi muito bom, ou até mesmo uma das melhores coisas que já lhe ocorreu?" Grande parte da plateia sempre levanta a mão.

Com frequência, o que eu vejo são pessoas estabelecendo limites muito *baixos* para si próprias. Elas querem dinheiro (aquele 1 milhão de dólares) ou serem promovidas, sem o amor, a felicidade, a paz, a intimidade, os relacionamentos saudáveis e a felicidade interna que deveriam acompanhar tudo isso. Conversamos sobre isso no Capítulo 1: quando você determina um resultado final como objetivo, mesmo que o alcance, muitas vezes acabará ainda mais infeliz do que antes, pois compreende que aquilo nunca poderia satisfazê-lo interiormente.

No fim das contas, não podemos sempre contar com o pensamento racional e consciente para determinar os melhores resultados finais para nós — e todas as experiências que tivemos provam isso. O melhor a se fazer é viver no presente de forma bem-sucedida, com amor e verdade, não importa o que estivermos fazendo.

Se algum dia você chegar ao ponto em que consegue viver no momento presente, com amor e verdade, na maior parte do tempo, garanto que vai acreditar e se sentir como se fosse extremamente bem-sucedido, e talvez nunca mais desejará ter a vida de outra pessoa. Por mais clichê que isto pareça, este método realmente nos torna capazes de *termos tudo*. Amor,

192   O CÓDIGO DO AMOR

alegria, paz e felicidade interiores *e* sucesso com saúde, finanças, carreira e relacionamentos exteriores. A única maneira que encontrei para conquistar tudo isso foi seguindo estes ensinamentos, além de manter, acima de tudo, um bom relacionamento com Deus/a fonte/o amor (para mim).

Quando amamos alguém, conseguimos transformar objetivos estressantes em desejos de forma mais natural. Digamos que você e uma pessoa a quem realmente ama com todo o coração queiram fazer algo específico hoje. Quando a outra pessoa lhe diz o que ele, ou ela, gostaria, e você vê aquele brilho em seus olhos, naturalmente sacrifica todos os seus desejos para fazer o que a pessoa deseja — mesmo que seus desejos não tenham mudado. Se amar esse alguém com um amor *ágape* (não *eros*, como explicamos na Introdução), você não se sacrifica de forma amargurada ou por um senso de dever. O amor transforma o "preciso fazer" em "quero fazer". Ele supera suas vontades particulares. O que você quer é um desejo, não um objetivo nem uma necessidade. Em outras palavras, se não acontecer, não afetará sua noção de identidade, certeza e relevância.

Essa transição pode ser muito difícil, pois estamos muito acostumados a ver o resultado final como a parte mais importante. É por isso que você tinha aquele objetivo para início de conversa, não é? Tudo se resume aos resultados. Como Vince Lombardi disse: "Vencer não é o principal, é o fundamental." Por décadas eu interpretava essa citação exatamente como está escrita, assim como você deve ter feito, entendendo que os resultados são a única coisa que importa. Recentemente, assisti a um documentário sobre Lombardi e dei um pulo e um grito de alegria quando ouvi essa citação.[1] Pelo visto, ele falou mesmo essa frase, mas a forma como ela foi interpretada lhe causou uma tristeza extrema, pois *nunca* foi isso o que ele quis dizer. Sua definição de vencer — que era o que ele repetia para seus jogadores o tempo todo — era sair do campo sabendo que fez o melhor. Não tinha relação alguma com o placar final. Então, até mesmo Vince Lombardi definiu vitória como algo baseado no *processo*, não no resultado final. Na verdade, o processo *se torna* o resultado final.

O OBJETIVO DE SUCESSO PRINCIPAL e OS OBJETIVOS DE SUCESSO ESPECÍFICOS

Nós definimos um objetivo de sucesso desta forma: ele deve ser baseado na verdade e no amor, e deve estar 100% sob o seu controle, o que, por sua vez, significa que quase sempre ocorre no momento presente. Um objetivo de sucesso é o próximo passo na direção do desejo; ele determina o que, como e por que fazemos o que fazemos, enquanto o desejo é a torre de rádio; ele direciona a caminhada. No Capítulo 1 determinamos o objetivo de sucesso principal, ou o estado interior que mais desejamos. Mas precisamos de mais do que isso para encararmos as tarefas diárias da vida. Precisamos de *objetivos de sucesso específicos* que nos orientam de forma mais precisa sobre o que fazer, como fazer e por que fazer em cada momento presente, e que podemos realizar sem o uso da força de vontade.

Quando se trata de determinar objetivos de sucesso específicos, a parte mais difícil é encontrar algo que esteja 100% sob nosso controle saudável. É aí que muitas pessoas bem-intencionadas tropeçam. Como exatamente se exerce controle saudável como parte da Fórmula para Conquistar o Sucesso? A maneira mais simples que encontrei é esta: em qualquer e toda situação, seu objetivo é fazer tudo em um estado interior de verdade e amor pelos próximos trinta minutos. Isso mesmo — é o Princípio Mais Importante. Agir assim sempre resultará em controle saudável. E ainda se enquadra no requisito de estar 100% sob o seu controle, pois, depois de se desprogramar e reprogramar, ninguém pode controlar o seu estado interior além de você.

Falando de um jeito mais prático, o desejo vai ajudá-lo a determinar o *que* você fará nos próximos trinta minutos (sua direção), mas o Princípio Mais Importante sempre lhe indicará *como* e *por que* fazê-lo: com amor, se concentrando no momento presente *e* abrindo mão do resultado final. Na verdade, o "que" não é mais seu objetivo principal; são o "como" e o "por quê". É o *processo*, não o resultado final — pois a realidade interior sempre determina os resultados exteriores.

No entanto, talvez você perceba uma leve diferença na definição do Princípio Mais Importante aqui. Primeiro, adicionamos a palavra "verdade" junto com amor. A verdade está muito próxima do amor, porém, agora que explicamos a importância de viver de acordo com a verdade na Parte I, espero que a diferença seja mais significativa, especialmente quando você trabalhar com a Fórmula para Conquistar o Sucesso, no Capítulo 7. Em segundo lugar, quando eu simplesmente aconselhava as pessoas a "sempre agirem com verdade e amor, se concentrando no momento presente", observava que muitos tinham dificuldade em colocar isso em prática. Se você pensar no assunto, o que eu estava pedindo para que fizessem era viver com amor em todos os momentos, pelo restante da vida. Não é de surpreender que isso parecesse exagerado para algumas pessoas, especialmente se já tinham tentado viver com amor no passado e não conseguiram, fazendo com que isso se tornasse outro fator estressante em suas vidas. Porém, quando comecei a sugerir que vivessem com amor pelos próximos trinta minutos, a maioria das pessoas passou a achar isso mais possível. Talvez não sejam capazes de agir dessa forma "para sempre", mas poderiam tentar pela próxima meia hora. Para ser sincero, se eu estiver sob algum tipo de pressão, às vezes, não consigo aguentar nem esse tempo. Digo para mim mesmo: *Esqueça os trinta minutos. Será que posso fazer isso com amor pelos próximos cinco?* Isso geralmente funciona, mesmo sob muita pressão.

Agora que explicamos os conceitos práticos do Princípio Mais Importante — para ser mais específico, como usar as Três Ferramentas e como ter objetivos de sucesso em vez de objetivos estressantes —, estamos prontos para colocá-lo em prática, coisa que descreveremos passo a passo na Parte III.

parte III

COLOCANDO O PRINCÍPIO MAIS IMPORTANTE EM PRÁTICA

capítulo 6

DIAGNÓSTICOS BÁSICOS: IDENTIFIQUE E CURE A FONTE DOS PROBLEMAS COM SUCESSO

Certo, finalmente chegamos ao momento em que podemos começar a juntar os pontos. Enquanto começo este capítulo, tambores soam em minha mente e em meu coração, pois passei cerca de 25 anos esperando para compartilhar este processo publicamente — e foi apenas nos últimos dois anos que consegui juntar todos os detalhes finais para que isso fosse possível.

Décadas atrás, eu sabia que viver com amor no momento presente (em um estado interior que foi reprogramado com amor, alegria e paz) era a chave para o sucesso. E, muito antes de eu perceber isso, várias pessoas haviam ensinado a mesma coisa, incluindo mestres religiosos, terapeutas, gurus da autoajuda e outros especialistas motivacionais. Sei que disse isto antes, mas preciso repetir: o problema não é que nós não saibamos o que fazer. O problema é que mais de 99% da população não são capazes de agir assim por causa da tradicional fórmula para conquistar o sucesso que já conhecemos; isto é, (1) concentrar-se no resultado final que deseja; (2) elaborar um plano para conquistá-lo; (3) usar a força de vontade e o esforço pessoal para seguir o plano até atingir a meta.

Foi apenas a relativamente pouco tempo que a ciência nos mostrou que essa fórmula leva ao fracasso em vez de ao sucesso, com a pesquisa dos

Drs. Lipton, Gilbert, Tiller, Weil, Sarno e muitos outros. A menos que o seu coração espiritual *já* esteja programado para o sucesso, tentar ir contra a programação dele usando apenas a força de vontade tem uma chance em 1 milhão de dar certo, pois o coração espiritual (ou o que o Dr. Lipton chama de subconsciente) é 1 milhão de vezes mais poderoso que o consciente. O problema é que a maioria de nós tem um vírus no disco rígido humano que nos programa para fracassarmos, com base em memórias interiores de medo. O invisível sempre faz parte do visível. Expectativas (o foco em resultados finais) são assassinas da felicidade. A força de vontade, por si só, nunca nos levará à vida que queremos.

Sei que muitos tentam usar a força de vontade para viver com amor no momento presente há bastante tempo, e, provavelmente, se censuram quando não conseguem fazer isso. Alguns fingem fazer isso, porém, por dentro, estão perdidos. Talvez achem que os seus problemas são grandes demais, ou que estavam fazendo algo errado. Talvez tenham se perguntado, enquanto se comparavam com o sucesso (aparente) de outras pessoas, se há algo de errado com eles, pois não conseguem agir como sabem que deveriam. Era assim mesmo que eu me sentia antes de ter a minha grande sacada transformadora e encontrar as Três Ferramentas. Baseando-me nas histórias de sucesso fantásticas que lia e nos conselhos que recebia, simplesmente aceitei que haveria algo de errado comigo se eu não fosse capaz de agir como deveria. Deixe-me dizer isto da forma mais clara: O PROBLEMA NÃO É VOCÊ! Por favor, compreenda isso. Abandone a culpa e a vergonha. O problema *nunca* foi você. Você só estava tentando fazer algo impossível com a sua programação atual.

Meus filhos têm sete anos de diferença entre eles. O mais velho, Harry, gostava de escalar tudo: árvores, postes, até cordas penduradas no teto. Quando visitávamos prédios, ele subia até nas colunas grandes! Nós nos perguntávamos seu paradeiro e lá estava ele, no ar. Todos ao redor ficavam maravilhados, perguntando: "Como ele fez isso?" Outras crianças de sua idade não conseguiam imitá-lo. Mas, é claro, George, com sete anos a menos, observava o irmão e pensava *Eu posso fazer isso!*

Havia uma árvore alta e reta em nosso quintal, que não tinha muitos galhos baixos. Harry pulava nela e a escalava lentamente até chegar ao primeiro galho, e quando nós víamos, ele já estava no topo. Um dia, quando Harry tinha 12 anos, estava sentado lá em cima da árvore e viu George no chão. Ele gritou "George, suba!", sabendo muito bem que o irmão não conseguiria. Então, o menino de 5 anos se voltou para mim, animado. "Papai, vou subir na árvore, está bem?" Eu tentei fazer com que ele visse a razão. "George, talvez seja difícil. Harry é maior e mais forte. Ela não tem galhos baixos. Você não vai conseguir." Ele insistiu que era capaz. Então, eu finalmente me afastei e disse: "Tudo bem, filho, pode ir." É claro que George ficou empacado a 2 metros de altura do chão, fora do alcance dos galhos, e eu precisei ajudá-lo a descer.

Muitas vezes, nós agimos assim. Vemos outras pessoas no topo de uma árvore metafórica (ou pelo menos achamos que estão no topo). Então dizemos "Vou subir também!". Corremos e tentamos imitá-las com expectativas e força de vontade. Mas o que acaba acontecendo é que elas, geralmente, não estão no topo como nós acreditávamos; só parecia assim da nossa perspectiva no chão. Ou, talvez tenham sido ajudados por uma escada, pela ferramenta certa. Ou, quem sabe, querem que todos *pensem* que estão no topo, quando essa não é a verdade. Ou podem estar mesmo no topo, mas terem uma programação completamente diferente da nossa. Enquanto isso, para nós, é impossível chegar ao topo daquela árvore sem ajuda.

Somos capazes de agir como crianças de 5 anos de idade quando criamos essas expectativas e tentamos usar a força de vontade para alcançá-las. Mas, assim como um pai amoroso teria compaixão e compreensão por um filho que age de acordo com o que achava que era correto no momento, nós também devemos ter compaixão por nós mesmos. Simplesmente não sabíamos — não estávamos cientes de todos os fatos. É como quando acreditávamos que a Terra era o centro do universo, ou que o mundo era plano, ou não sabíamos que há organismos invisíveis em nossas mãos chamados de germes. Este livro está lhe oferecendo uma tecnologia nova, que vai ajudá-lo a usar o conhecimento que sempre foi verdadeiro, mas sobre o qual só descobrimos provas científicas recentemente.

No fim das contas, para alcançar o sucesso que desejamos, é preciso acertar aquela chance em 1 milhão de superar a programação subconsciente com a força de vontade consciente; ou precisamos de ajuda sobrenatural e miraculosa; ou a solução é uma fórmula e ferramentas totalmente inéditas. Eu já testemunhei muitos milagres em minha vida e na de outras pessoas, e o primeiro conselho que dou, até hoje, é a oração.

Mas também acredito que temos algumas ferramentas miraculosas — uma nova tecnologia — capazes de nos programar especificamente para o sucesso, sem precisar da força de vontade. Voltando à metáfora que tem nos acompanhado neste livro, essas ferramentas carregam um software novo no disco rígido humano, e ele, automaticamente, nos desprograma e reprograma nos pontos necessários. Tudo que precisamos fazer é sentar diante do computador e usá-lo; então, seremos capazes de fazer coisas que nunca conseguimos antes. Agora, vamos começar com os diagnósticos básicos.

IDENTIFICANDO OS VÍRUS BÁSICOS NO DISCO RÍGIDO HUMANO

Quase todos os meus pacientes chegam ao consultório precisando de uma "desprogramação e reprogramação básica" antes de conseguirem lidar com seus objetivos de sucesso e realmente começar a colocar o Princípio Mais Importante em prática. Neste capítulo incluí três diagnósticos para a desprogramação e reprogramação que sempre aconselho que sejam usados no início. Minha recomendação não é escolher um ou dois delas, mas usar todos. Os três lidam com problemas de pontos de vista diferentes, mas funcionam em harmonia para ajudá-lo a curar as memórias-fonte. Depois que tiver terminado essa programação básica, você estará pronto para começar o processo completo de quarenta dias, detalhado no Capítulo 7, e que praticamente garantirá sucesso em qualquer área da sua vida.

Porém, esteja ciente de que esse tipo de reprogramação básica pode despertar os problemas mais graves e difíceis de curar. Alguns deles podem ter permanecido incubados por anos, décadas, ou até mesmo gerações. Se você começar a usar os diagnósticos e se sentir empacado, ou simplesmente não quiser encarar questões obscuras antes de começar a lidar com os problemas relacionados ao sucesso que precisa solucionar, siga em frente e pule para o próximo capítulo. O tratamento pode começar tanto com os Diagnósticos Básicos quanto com a Fórmula para Conquistar o Sucesso, já que esta última permitirá que você lide com as mesmas questões que os diagnósticos revelam, porém em um contexto mais específico — isto é, o motivo para esses problemas estarem lhe impedindo de conquistar o sucesso que você deseja ter agora. Sempre é possível voltar para este capítulo e fazer a desprogramação e a reprogramação completa quando você estiver pronto.

Porém, se tiver interesse e quiser usar os Diagnósticos Básicos, deve saber que a Fórmula para Conquistar o Sucesso será mais fácil e mais rápida. Você, muito provavelmente, ficará "surpreso" com algo que descobrir com os diagnósticos — isso acontece quase sempre. Tal surpresa pode acabar sendo fundamental para o seu sucesso.

DIAGNÓSTICO I: DESCOBRIDOR DE PROBLEMAS RELACIONADOS AO SUCESSO

A primeira coisa que realmente acho que você deveria fazer é acessar www.beyondwillpowernow.com [em inglês] e fazer o teste Success Issues Finder [Descobridor de Problemas Relacionados ao Sucesso]. Ele é o único desse tipo no planeta (pelo que nós sabemos) e é totalmente grátis, pois você já comprou este livro. No mundo inteiro, médicos, presidentes de empresas, pastores, assistentes sociais e professores o usam como o método principal para descobrir fontes ocultas de problemas em clientes, pacientes e alunos — em outras palavras, os vírus no disco rígido humano. O teste diagnostica as principais causas de todos os problemas e bloqueios contra o sucesso, sejam eles físicos, emocionais, espirituais ou até mesmo circunstanciais.

O Descobridor de Problemas Relacionados ao Sucesso é um diagnóstico espiritual que leva dez minutos para ser executado, mas não é religioso.

Ele é chamado de "diagnóstico espiritual" por detectar as questões do coração espiritual.

Cerca de vinte anos atrás, quando deparei com os manuscritos antigos que falavam sobre as questões do coração, as crenças subconscientes e inconscientes e seus efeitos na saúde e em tudo mais, busquei no mundo inteiro um teste que fosse capaz de diagnosticar com precisão esses problemas-fonte obscuros. Não consegui. Então, tentei desesperadamente criar algo que fizesse isso. Não deu certo. Felizmente, um dos assuntos estudados no meu doutorado em psicologia foi psicometria, ou a criação e administração de questionários, e foi então que descobri o que estava faltando. Voltei a trabalhar no teste com uma equipe de programadores de informática, uma psicóloga chamada Lorna Meinweiser e Tom Costello, uma das pessoas mais brilhantes que conheço, e, *voilà!*, alguns anos depois nascia o Descobridor de Questões do Coração e, depois disso, o Descobridor de Problemas Relacionados ao Sucesso.

Desde então, muitas pessoas compartilharam conosco que, depois de décadas de análise e terapia, inúmeros testes, bibliotecas de livros de autoajuda e uma quantidade infinita de exames (tanto físicos quanto mentais), os testes Descobridores deixaram claro a fonte real de seus problemas em dez minutos. Como elas tinham certeza disso? Primeiro, muitos apenas sabiam intuitivamente, da mesma forma que uma pessoa sabe quando se apaixona. Mas eles também sabiam porque, quando começaram a se concentrar pela primeira vez em curar a fonte real dos seus problemas, revelada na avaliação, seus sintomas magicamente desapareceram.

Uma observação: depois de publicar *O código da cura*, que deu acesso on-line ao Descobridor de Questões do Coração (principalmente para problemas de saúde), me perguntaram por que não incluí uma versão do teste no livro. O motivo é bem simples: ele existe apenas na internet porque possui um algoritmo matemático extremamente complicado, e só é prático no formato de questionário computadorizado. O mesmo vale para o Descobridor de Problemas Relacionados ao Sucesso. Se essa ferramenta maravilhosa só pudesse ser oferecida se fosse replicada por completo neste livro (as perguntas, a pontuação e a interpretação), eu não seria capaz de apresentá-la para você. Imediatamente após o teste ser completado, ele criará um relatório individualizado de oito a 15 páginas com interpretações sobre os problemas espirituais ocultos relacionados ao sucesso em sua vida — em outras palavras, todos os detalhes sobre as fontes reais de suas dificuldades com sucesso *e* como resolvê-las, customizados especificamente para você. E uma das melhores partes desse teste, em minha opinião, é que ele é grátis para quem comprou este livro. Na verdade, é grátis para você e para a sua família de agora em diante. Faça-o uma vez por mês e, enquanto se desprogramar e reprogramar, observe como seus resultados mudam.

USANDO O TESTE DO DESCOBRIDOR DE PROBLEMAS RELACIONADOS AO SUCESSO

Com base nas suas respostas para as perguntas, este teste cria uma pontuação em escala (entre - 10 e + 10) para 16 problemas-fonte diferentes e que podem estar além das dificuldades visíveis em sua vida, impedindo-o de ser bem-sucedido. A interpretação individualizada incluirá uma descrição abrangente de cada um desses potenciais problemas:

- rancor *versus* perdão
- ações prejudiciais *versus* ações prestativas
- tristeza/depressão *versus* alegria
- ansiedade/medo *versus* paz
- impaciência *versus* paciência
- rejeição/rispidez *versus* gentileza
- não ser bom o suficiente *versus* bondade
- controle *versus* confiança
- crenças equivocadas *versus* crenças transformadoras
- egoísmo *versus* amor
- orgulho doentio/arrogância/controle sobre a reputação *versus* humildade

204   O CÓDIGO DO AMOR

- controle doentio *versus* autocontrole saudável
- estados interiores

- foco no exterior
- determinação de objetivos

orientação para o sucesso

Eu o convido a acessar agora mesmo www.beyondwillpowernow.com e fazer o teste. Responda às perguntas de acordo com a forma como se sente na maior parte do tempo — em outras palavras, em um dia normal. Se estiver em um dia ruim, a tendência é responder às questões com base nos sentimentos negativos do momento. Ou talvez você se sinta extraordinariamente bem, e responderá o questionário de acordo com seus sentimentos bons. Isso pode prejudicar os resultados, então, para obter uma avaliação mais precisa, pense em como costuma se sentir na maioria dos dias. Também é possível fazer o teste para identificar as causas ocultas relacionadas a uma dificuldade específica em sua vida, como o trabalho ou determinado relacionamento. Apenas mantenha o foco (o máximo possível) nesse assunto ao responder. Você pode fazer o teste várias vezes, para lidar com quantos problemas desejar.

Depois que receber o resultado, observe, primeiro, as pontuações mais baixas. Digamos que as piores notas foram em Paciência (- 5), Paz (- 3) e Amor (- 3). Esses números negativos provavelmente identificam as fontes mais fortes do que mais o incomoda — onde o sucesso e a cura são mais urgentes. Eles também tendem a ser a fonte de qualquer objetivo final que você tenha determinado e o motivo pelo qual não sabe o que realmente quer. A dor dessas questões com pontuação baixa faz com que você se concentre em circunstâncias exteriores para buscar alívio. Como aprendemos no Capítulo 2, temos a tendência a acreditar, de forma equivocada, que a fonte de nossa dor vem das circunstâncias exteriores, em vez das questões espirituais incubadas em nossas memórias, que geralmente surgiram em gerações anteriores. Enquanto você observa os resultados, encontrará uma interpretação do que a pontuação em cada área significa. Por exemplo, aqui vai o que o teste diz para a nota - 5 em Paciência:

DIAGNÓSTICOS BÁSICOS: IDENTIFIQUE E CURE A FONTE DOS PROBLEMAS... 205

Na área de Paciência, você recebeu nota - 5 em uma escala de - 10 a + 10.

Talvez, muitas vezes você se sinta impaciente ou com raiva quando as coisas não acontecem com a rapidez que gostaria. Quando quer algo, tem dificuldade em esperar para que seu desejo se realize. Pode ser que seus objetivos estejam baseados no egoísmo, e não no amor e na verdade. Você é capaz de aprender a criar objetivos verdadeiros e amorosos, e encontrar paz e alegria na vida.

Então, olhe para a pontuação mais alta. Essas são as suas forças e os seus dons — aquilo no que é melhor. Use esse conhecimento para melhorar relacionamentos, carreira e qualquer outra coisa que faça — da mesma forma que um time usaria os pontos fortes dos jogadores para ganhar. Por exemplo, eu recebi uma bolsa de estudos para jogar tênis na equipe da faculdade. Minha habilidade não era das melhores, mas eu era determinado e odiava perder. Então, mergulhava na quadra para rebater todas as bolas, o que costumava ser frustrante para o meu oponente. O *backhand* era o meu ponto fraco, então, tentava compensar isso. Eu corria mais para executar um *forehand*. Ficava em posições que tornavam difícil para o oponente me colocar em desvantagem. Toda essa compensação e proteção me tomavam muita energia e davam trabalho, mas era uma forma eficaz de eliminar minha fraqueza. Então, acredito em duas abordagens: elimine os pontos fracos e enfatize os fortes. Faça-as duas coisas! O Descobridor de Problemas Relacionados ao Sucesso irá ajudá-lo com isso.

Não desanime se a sua melhor nota não for muito alta. Digamos que a maior que recebeu foi + 2 em Autocontrole. Isto é o que o teste diria:

Na área de Autocontrole, você recebeu nota + 2 em uma escala de - 10 a + 10.

Talvez você se sinta merecedor de tudo, como se os outros devessem lhe ajudar ou que o mundo fosse obrigado a lhe dar sucesso. Ou, talvez, se sinta como se não fosse capaz de conquistar o sucesso, e em certos momentos queira desistir de tudo. Ao se livrar de crenças antigas e prejudiciais e de memórias celulares tóxicas, você será capaz de ter uma vida fortalecida pelo amor e pela verdade.

Isso pode não parecer exatamente um ponto forte. Porém, quando se tem uma programação forte baseada no medo, essas sensações negativas funcionam como uma represa contra suas forças, prendendo-as contra a sua vontade. Talvez você só tenha a ferramenta da força de vontade à sua disposição, e tenta lutar contra um poder que se torna cada vez mais forte (isto é, a programação no coração espiritual). Porém, depois que desprogramar o medo e se reprogramar com amor, com a ajuda das Três Ferramentas que aprendeu no Capítulo 4, essas forças podem ser liberadas como uma enchente. Por enquanto, use o consciente para aplicar amor na sua situação: acredite que está fazendo o melhor que pode em cada área — mesmo naquelas em que recebeu as menores notas. Independentemente do que a pontuação indicar, seja gentil consigo mesmo, sem se condenar. Nós vamos mudá-la.

USANDO AS TRÊS FERRAMENTAS COM O DIAGNÓSTICO DESCOBRIDOR DE PROBLEMAS RELACIONADOS AO SUCESSO

Identificar exatamente onde fica a fonte dos problemas relacinados ao sucesso pode ser o que faltava para deixar tudo mais claro para você. Eu tive uma paciente que vivia em Los Angeles e trabalhava em três empregos. Ela havia tentado todas as técnicas para conquistar sucesso que conseguira encontrar, mas, ainda assim, achava que não compreendia qual era o seu problema. A cada lugar que ia, escutava algo diferente, e seu dinheiro estava acabando. Ela fez o teste do Descobridor de Problemas Relacionados ao Sucesso e viu que sua pontuação mais baixa era Foco no Exterior. Imediatamente, percebeu que era esse o problema que a estava impedindo de ser bem-sucedida: a mulher já havia aprendido como o foco no exterior sempre aciona estresse e age diretamente contra o sucesso, e estava começando a compreender como essa questão moldava a forma como vivia diariamente. Depois que viu a conexão, rezou, meditou e usou as Três Ferramentas para

DIAGNÓSTICOS BÁSICOS: IDENTIFIQUE E CURE A FONTE DOS PROBLEMAS... 207

curar sua programação oculta sobre essa tendência. Um ano depois, ela me ligou para contar que seus rendimentos estavam 16 *vezes* maiores. Não era 16%, 16 mil dólares, mas 16 vezes. Disse que só precisou do Descobridor de Problemas Relacionados ao Sucesso e de ser capaz de lidar diretamente com a verdadeira fonte de suas dificuldades. Eu testemunhei uma série de casos em que bastou a pessoa identificar a verdadeira fonte dos problemas para que eles imediatamente melhorassem, sem ser necessário fazer mais nada.

Mas, como você já sabe, no geral, não basta identificar os problemas--fonte para curá-los. Felizmente, agora você tem as ferramentas certas para fazer isso. Para curar os problemas-fonte identificados no Descobridor de Problemas Relacionados ao Sucesso, comece com a nota mais baixa e use as Três Ferramentas introduzidas no Capítulo 4: Medicina Energética, Tela do Coração e Frases para Reprogramação. Voltando ao exemplo anterior, se Paciência foi o item que recebeu a menor nota, pense em um momento em que se sentiu especialmente impaciente. Quanto mais antiga a lembrança, melhor, pois ela está mais perto da memória-fonte original. Porém, se você só conseguir pensar em como ficou impaciente nesta manhã, isso também serve. As Três Ferramentas podem ser usadas com o teste de duas formas: aplique a ferramenta Medicina Energética, a Tela do Coração, ou ambas, ao item com pontuação mais baixa, seguindo as instruções do Capítulo 4. Ou use a técnica combinatória apresentada no mesmo capítulo, uma vez que as Frases para Reprogramação também garantirão que você analise cada um dos problemas-fonte que podem ter causado a pontuação mais baixa. Use qualquer abordagem que lhe parecer melhor; elas produzem os mesmos resultados, de formas diferentes.

Continue aplicando essas ferramentas às notas mais baixas durante um mês, se necessário, e, então, refaça o teste do Descobridor de Problemas Relacionados ao Sucesso ao fim do mês, para medir o seu progresso. Observação: se você achar que o problema foi curado em um dia, isso é ótimo; refaça o teste no dia seguinte. Será fácil perceber que, enquanto as ferramentas começam a curar a questão, a nota mais baixa aumentará e acabará deixando de ser a pior. Quando isso acontecer, passe para a sua nova nota mais baixa e aplique as Três Ferramentas nela, seguindo o procedimento.

O objetivo óbvio é alcançar pontuações altas e positivas em cada área. Mas o que eu descobri foi que, ao aplicarem essas ferramentas às menores notas, com o tempo, as pessoas passam por vários marcos naturais que geralmente são acompanhados por uma revelação, e isso lhes permite chegar ao próximo nível de sucesso. O primeiro acontece quando você deixa de ter pontuações negativas; todas as notas individuais (medidas de - 10 a + 10) passam a ser positivas. O segundo se dá quando cada pontuação se torna maior ou igual a + 3. O terceiro, quando todas chegam a + 5. E o quarto marco ocorre quando cada nota vira + 7. Para medir e controlar seu progresso aconselho que comece almejando o primeiro marco em vez de querer logo chegar ao + 7. Além do fato de uma revelação geralmente acompanhar cada um desses momentos, dividir um objetivo maior em etapas é bem menos assustador do que tentar, digamos, sair de - 3 na maioria das áreas e chegar a + 7 em todas. A maioria das pessoas acha essa abordagem mais aceitável

Quando alcançar o quarto marco, de + 7, em todas as categorias (e isso acontecerá se seguir o processo explicado neste livro), você estará vivendo com amor, alegria, paz e verdade, em cada momento, todos os dias, independentemente de suas circunstâncias exteriores. Será como viver no campo, respirando o ar limpo que poucas pessoas conhecem Você se sentirá como se tivesse alcançado o maior sucesso possível E ainda há mais: seu novo estado interior irá, com o tempo, transformar o exterior de forma miraculosa. É claro que não será um milagre de verdade; você simplesmente estará vivendo em harmonia com as leis espirituais e físicas da natureza, da forma como foi feito para viver.

DIAGNÓSTICO 2: PERGUNTAS DO GÊNIO AO CONTRÁRIO

A ansiedade é uma epidemia em nossa sociedade atual. Quarenta milhões de adultos nos Estados Unidos foram diagnosticados com algum transtorno de ansiedade (18% dos americanos adultos), e isso não inclui o número muito maior de pessoas que sente   ansiedade crônica não diagnosticada todos os dias.[1] Assim, muitos de nós nos tornamos viciados em temer tudo, vivendo constantemente cor estresse, quando o medo jamais deveria ser o principal sentimento err nossas vidas. Como você sabe, a causa para o medo constante é o foco nas circunstâncias exteriores e no resultado final. Concentre-se nas questões interiores (amor, alegria e paz), abra mão do controle e o medo e o estresse desaparecerão.

O Dɪ Thomas Peris, da Universidade de Boston, realizou um dos maiores estudos na história sobre pessoas que vivem por mais de cem anos. Ele descobriu que esses idosos tinham uma tendência comum a *não se incomodar*.[2] Logicamente, essa observação é consistente com o que passamos o tempo todo afirmando, que o estresse é a causa de 95% de todas as doenças e males. Já que ele é causado pelo medo, faz sentido que aqueles que não se preocupam (não sentem medo) teriam uma propensão bem menor a desenvolver problemas de saúde que diminuam seu tempo de vida. Estudiosos da Bíblia me contaram que a expressão "não temas" aparece nela *365 vezes*. Faria muito sentido que o criador/a fonte de nosso corpo e de nossa mente repetisse isso com tanta frequência, sabendo o que o medo, a preocupação e o estresse nos causariam.

O diagnóstico Gênio ao Contrário identifica o medo que afeta a sua vida neste momento. Você se lembra das três perguntas sobre o objetivo de sucesso principal no Capítulo 1, que identificavam o que você mais queria de verdade? Caso a resposta seja não, aqui estão elas novamente:

1. O que você deseja mais do que tudo neste momento (isto é, seu desejo para o gênio)?

2. Se você conseguisse o que mais queria de acordo com a pergunta 1, como isso o transformaria e o que mudaria em sua vida?

3. Se você conseguisse o que respondeu nas perguntas 1 e 2, como se sentiria?

210   O CÓDIGO DO AMOR

Este segundo diagnóstico também inclui três perguntas, mas ao contrário. Elas irão revelar qual o seu maior medo — e, assim, o que precisa desprogramar e reprogramar para se livrar do seu vírus interior. Pode respondê-las agora, enquanto as explicamos.

1. Do que você mais sente medo neste momento? Leve o tempo que precisar para pensar nela. Quando encontrar a resposta, descreva-a em detalhes.

A resposta para a pergunta 1 revela a circunstância negativa para a qual você está mais direcionando força de vontade, expectativas negativas e estresse. Você acredita que, se isso acontecer, nada ficará bem. Essa circunstância também está sendo criada agora mesmo em sua vida. Por quê? Primeiro, não seria possível que tivesse dado essa resposta se a imagem já não estivesse em seu coração espiritual. Você precisa ser capaz de visualizá-la nele, ou, então, não conseguiria encontrar as palavras para descrevê-la. Em segundo lugar, o coração não diferencia o que é real do que é imaginário. O imaginário *é* real para ele, então, tudo ali acontece de verdade, neste instante, no inconsciente, e, assim, no corpo. Lembre-se de que a experiência do coração espiritual só ocorre no momento presente. Então, sempre que você vê a imagem do seu maior medo, o coração muda a fisiologia do corpo para reagir à emergência que está acontecendo naquele instante, tentando salvar sua vida. Você estará colocando a si mesmo no modo lutar ou fugir sempre que pensar nisso — e não há nada acontecendo no exterior.

2. Se o seu maior medo se tornasse real (sua resposta à pergunta 1), como isso mudaria a sua vida e como o afetaria?

A resposta para a pergunta 2 é um pouco mais profunda: ela revela as circunstâncias exteriores ocultas que você tem e não quer perder, ou que você não tem e não quer que lhe sejam impostas. Assim como na pergunta 1, a resposta aqui também cita circunstâncias específicas que estão se desenvolvendo em sua vida neste instante — provavelmente, só porque você as teme,

DIAGNÓSTICOS BÁSICOS: IDENTIFIQUE E CURE A FONTE DOS PROBLEMAS... 211

não porque poderiam acontecer por conta própria. Em outras palavras, o medo faz com que a resposta para a pergunta 2 (assim como para a 1) seja mais provável de acontecer no futuro, o que independe completamente da possibilidade objetiva que ela teria de acontecer por conta própria.

É bem provável que todas as respostas imaginadas para a pergunta 2 jamais fossem acontecer em quaisquer circunstâncias. As estatísticas dizem que mais de 90% do que tememos nunca acontece — e, se acontece, quase nunca é tão difícil ou terrível como imaginamos. Em sua palestra do TED, "A ciência surpreendente da felicidade", o Dr. Daniel Gilbert compartilha dados de um estudo feito com pessoas que haviam ganhado na loteria recentemente e pessoas que haviam ficado paraplégicas também há pouco tempo.[3] No início do estudo, o estado subjetivo de felicidade dos vencedores da loteria era bem maior do que o dos paraplégicos. Seis meses depois, não havia diferença. Isso se chama adaptação psicológica. (Uma observação: adaptação psicológica é um mecanismo de ajuste, não de cura. Na verdade, ela geralmente significa que a cura *não* aconteceu.)

Esse exemplo mostra que as coisas que achamos que têm o maior potencial para destruir nossas vidas raramente o fazem. No entanto, muito do que não damos importância *pode*, com certeza, nos destruir com o tempo. O motivo pelo qual as pessoas pensam que a resposta para a pergunta 2 seria tão catastrófica é porque elas acreditam que as circunstâncias que resultam da resposta 1 seriam os maiores problemas em suas vidas. Mas isso não é verdade — de fato, essa mentira/interpretação errônea é a fonte do medo. A verdade é que o maior problema na vida seria responder à pergunta 1 do Capítulo 1 (O que você deseja mais do que tudo neste momento?) *com uma circunstância exterior*, pois desejar uma circunstância exterior acima de tudo é o que aciona o estresse e causa todas as dificuldades que enfrentamos na vida, como passamos a maior parte do livro explicando.

Pois bem, se o maior problema seria responder à pergunta 1 do Capítulo 1 com uma circunstância exterior, o *segundo* maior problema seria a resposta da pergunta 3 do Gênio ao Contrário, identificando esse problema como o objetivo do diagnóstico.

3. Se as repostas para as perguntas 1 e 2 realmente acontecessem em sua vida, como você se sentiria?

Assim como aconteceu no Capítulo 1, quando sua resposta para a pergunta 3 revelou o que você desejava de verdade, a resposta para esta última pergunta revela o seu problema real — muito provavelmente, o maior (ou o segundo maior) problema de sua vida. É o estado interior que existe em você neste exato momento que deve estar causando mais estresse do que qualquer outra coisa. Ele veio dos seus bancos de memória, da programação de dor/prazer e dos principais pensamentos, crenças e sentimentos que você tem. É uma pergunta que pode ser muito difícil de responder. De acordo com o que eu já vivenciei, as pessoas chegam à pergunta 3 e desmoronam, pois sua resposta realmente é a pior experiência que conseguem imaginar. Mas a verdade é que elas estão sentindo isso *naquele exato momento*. Se estiver no coração espiritual, que só vive no presente, e isso for visualizado na tela do coração, dentro de você não é uma questão de "se" acontecer; está acontecendo na vida real, neste momento.

Felizmente, se você curar as memórias-fonte da resposta para a pergunta 3, é provável que veja uma diferença monumental em praticamente todas as áreas de sua vida. Em algum lugar, em qualquer que seja a área a que a pergunta 3 se refere, você acredita em uma mentira — sobre si mesmo, sobre os outros, sobre Deus, sobre suas circunstâncias ou sobre tudo isso. Cure a mentira e os sentimentos interiores e as circunstâncias exteriores começarão a se transformar no mesmo instante.

AS PERGUNTAS DO GÊNIO AO CONTRÁRIO NA PRÁTICA: NEIL

Quando eu faço essas perguntas aos meus pacientes, o que as pessoas mais temem hoje em dia está relacionado a finanças. Esse era o caso de Neil, que havia sido demitido três meses antes e só fora capaz de conseguir bicos

DIAGNÓSTICOS BÁSICOS: IDENTIFIQUE E CURE A FONTE DOS PROBLEMAS... **213**

desde então. O estresse começava a paralisá-lo, o que fazia com que não fosse bem em entrevistas de trabalho e criava um círculo vicioso negativo. Sua esposa ficava em casa cuidando do bebê e do filho pequeno do casal, e as economias deles estavam acabando. Quando começamos com a pergunta 1 (Do que você mais sente medo neste momento?), a resposta de Neil foi bem específica: "De não ter dinheiro suficiente para comprar comida no fim do mês." Então, lhe fiz a pergunta 2: "Se, no fim do mês, você não tiver dinheiro para comprar comida ou pagar a hipoteca, como isso mudaria a sua vida e como o afetaria?" A resposta dele foi: "O banco tomaria nossa casa, minha família passaria fome e ficaria desabrigada, e nós teríamos que ir morar com o meu cunhado."

Eu expliquei a Neil tudo que falei aqui. Ele começou a compreender que o banco tomar a casa seria (a) extremamente difícil de acontecer como resultado direto de não se ter dinheiro suficiente para pagar a hipoteca e (b) mais provável de se tornar possível apenas porque ele acreditava naquilo. A verdade era que Neil provavelmente conseguiria pegar um empréstimo temporário com sua família para pagar a hipoteca, mesmo passando muitos meses sem encontrar um trabalho em tempo integral. E, se não quisesse mesmo pedir dinheiro emprestado, nós bolamos várias soluções de curto prazo para que fosse capaz de pagar pela casa e comprar comida. Neil começou a compreender como o seu medo era baseado em uma mentira, mas essa compreensão ainda não alcançara o coração espiritual.

Então, eu lhe perguntei: "Se o seu medo realmente acontecesse, como você se sentiria?" Ele disse: "Ficaria muito envergonhado. Sentiria como se tivesse desapontado minha esposa, meus filhos, a família de minha esposa e a mim mesmo." Eu lhe expliquei que o que valia para a resposta da pergunta 2 também valia para a 3 — aquela vergonha não aconteceria no futuro. Ela já estava presente em seu coração espiritual, como um vírus no disco rígido humano, e precisava ser eliminada imediatamente, da mesma forma que um vírus em um computador, se ele quisesse conquistar a vida que desejava.

A boa notícia foi que esse diagnóstico identificou um vírus específico no disco rígido humano de Neil: vergonha. Era este sentimento que sempre estava às voltas no coração espiritual, e mais cedo ou mais tarde teria se manifestado em suas circunstâncias exteriores, seja fazendo com que ele não fosse bem em entrevistas de emprego e evitando que conseguisse um bom trabalho, seja causando algum problema de saúde sério ou quaisquer outros sintomas negativos. Então, aplicamos as Três Ferramentas na vergonha que Neil sentia para desprogramar aquele medo e reprogramá-lo como amor. Os resultados não foram instantâneos — usávamos uma das ferramentas durante uma consulta, e ele costumava conseguir classificar a vergonha como 1 ou menos logo depois, mas o sentimento continuava lá uma semana depois, no início da próxima consulta.

No entanto, ao mesmo tempo, seu estresse interior diminuía, e Neil se tornava cada vez mais relaxado nas entrevistas. Logo foi contratado para um emprego em tempo integral, que não estava exatamente na área em que era especializado, mas que lhe garantia um salário estável mais que o suficiente para cobrir as despesas básicas da família. Seu estado interior e suas circunstâncias exteriores mostravam sinais de que o medo no coração espiritual estava sendo reprogramado como amor. E, assim, durante uma de nossas conversas de acompanhamento por telefone, quando perguntei novamente o que ele mais temia, Neil não conseguiu pensar em nada. As ferramentas haviam removido completamente o medo, de forma que ele agora não temia coisa alguma.

USANDO AS TRÊS FERRAMENTAS COM O DIAGNÓSTICO DO GÊNIO AO CONTRÁRIO

Assim como Neil, para remover o medo e o estresse e parar de criar a realidade exterior que você mais teme por causa de seu estado interior, é necessário ser curado de forma que a resposta para a pergunta 1 passe a ser *nada*. Se a sua vida não estiver passando por um perigo mortal neste momento, a resposta de uma programação interior saudável e funcional seria "Não sinto medo de nada neste momento". Eu juro que isso é possível. Há várias pessoas ao redor do mundo que passaram por esse processo e que agora vivem nessa realidade. É exatamente para isso que as Três Ferramentas servem.

Torço para que faça isto por si mesmo. Quero que caminhemos juntos para garantirmos que a sua resposta para a pergunta 3 não seja uma descrição em longo prazo de sua vida. Volte para a sua afirmação. Seguindo as instruções do capítulo anterior, use as Três Ferramentas na resposta para a pergunta 3 até que sua réplica para a 1 seja "Não sinto medo de nada". É possível usar uma ferramenta por vez, usar a Medicina Energética e a Tela do Coração em conjunto, ou usar a técnica combinatória, permitindo que as Frases para Reprogramação diagnostiquem e curem a crença central por trás da resposta para a pergunta 3. Pode levar um dia, uma semana, um mês ou, em alguns casos (mas não é comum), um ano. Seja lá quanto tempo levar, não há problema, isso é o melhor para você. Terá o restante de sua vida para viver com amor, livre do medo.

DIAGNÓSTICO 3: PROMESSAS VITALÍCIAS

Muitas das pessoas que conheci ao longo dos anos se sentem empacadas em uma área ou outra. Elas já tentaram de tudo, mas, por algum motivo, não conseguem progredir. Podem até mesmo exibir hábitos viciosos ou comportamentos ruins em várias partes da vida. A razão por trás disso, quase sempre, é que fizeram uma promessa vitalícia.

Este tipo de promessa é um voto que fazemos, geralmente no começo da vida e em um momento de muita pressão e dor, para nos proteger de algum dia sofrer novamente daquela maneira. De forma consciente ou não, fazemos um voto que afirma: "Se eu conseguir (ou evitar) uma coisa, desisto da outra." Por exemplo, talvez seus pais brigassem muito quando você era pequeno, e isso, com frequência, o assustava. Um dia, seu subconsciente pode ter feito uma promessa, ou uma barganha, para conseguir aliviar a dor. Talvez sua mente tenha dito: "Farei qualquer coisa para sair de perto da mamãe e do papai gritando." Então, na infância, você começou a fazer de tudo para se afastar da dor que os gritos causavam: se escondia pela casa, criava fantasias sobre um amigo ou um lugar imaginário — qualquer coisa, independentemente das consequências. Você saiu de perto da briga ao se distanciar dos seus pais, e acabou se afastando de todos.

Essa promessa se torna uma programação duradoura. Na vida adulta, um voto juvenil pode virar algo como: "Talvez eu precise abrir mão da família que gostaria de ter, mas jamais estarei em um lugar onde todo mundo grita." Isso afeta os seus relacionamentos, e você não entende por quê. Isso faz com que passe o tempo todo tentando se proteger, o que causa estresse constante. Uma promessa vitalícia é uma crença extremamente forte de que "Eu preciso disto para sobreviver", mesmo quando se tem 35 anos e sua sobrevivência não depende daquilo de forma alguma. Esses votos também explicam por que as pessoas podem parecer ter tudo, mas são incapazes de aproveitar o que possuem.

Padrões comportamentais autodestrutivos e cíclicos são criados por promessas vitalícias. Quando adulto, se você se pergunta *Por que continuo a fazer isto? Não consigo parar!*, provavelmente, fez uma promessa quando era criança. A força de um voto não depende de qualquer definição objetiva de trauma ou de sua compreensão consciente na vida adulta. Só depende de quanta adrenalina e cortisol o estresse bombeava pelo corpo no momento em que ele foi feito. Promessas vitalícias geralmente ocorrem em estado cerebral delta/teta, quando há liberação de uma quantidade excessiva de adrenalina. Se você passou por uma situação extremamente estressante em sua infância nesse estado, a promessa vitalícia pode estar comandando a sua vida até hoje — mesmo que a sua mente adulta veja a experiência original como nada demais, e você nem faça ideia de que o voto exista. A experiência, percepção e interpretação interiores são as únicas coisas que importam quando se trata do coração espiritual.

O DIAGNÓSTICO DA PROMESSA VITALÍCIA NA PRÁTICA: STACEY

Na época em que eu trabalhava no consultório em tempo integral tive uma paciente, Stacey, com múltiplos vícios: chocolate, álcool, sexo, compras, novelas e assim por diante. Ela fazia terapia havia anos, sabia que tinha vários comportamentos compulsivos e estava desesperada para mudar de vida, mas não encontrara nada que fosse capaz de ajudá-la por muito tempo. Suas palavras para mim foram: "Eu sinto como se nada na minha vida fosse real." Na verdade, ela era extremamente apática. Se você me pedisse para descrever essa mulher com uma palavra, eu diria "apagada", em todos os sentidos: a luz parecia ter desaparecido de seus olhos. Muitos dos terapeutas que Stacey havia consultado no passado estavam mais do que satisfeitos de passar o caso dela adiante — conversei com vários deles, e ninguém sabia o que fazer.

Já que promessas vitalícias geralmente causam hábitos viciosos, eu tinha fortes suspeitas de que ela tivesse feito uma. Então, lhe fiz perguntas e usei vários outros diagnósticos, mas Stacey não conseguia se lembrar de nada significativo. Um dia, ela entrou na minha sala e a primeira coisa que disse foi:

— Descobri.

— Descobriu o quê? — perguntei, inexpressivo.

— Descobri a promessa vitalícia.

Aparentemente, na noite anterior, enquanto ela tentava dormir, lembrou-se claramente de estar deitada na cama quando era criança, ouvindo os pais gritarem um com o outro, e seu pai bater na mãe. Ele era alcoólatra e violento, então, esse tipo de abuso era comum na casa. Ainda assim, até aquele momento, apesar de ela saber que o pai era abusivo, nunca tivera nenhuma lembrança relacionada a isso. Naquele instante, Stacey também se lembrou de pensar: *Não importa o que acontecer, vou sair desta e nunca mais passarei por isto de novo.* Ela havia mesmo descoberto sua promessa vitalícia.

E foi exatamente isso que Stacey fez. Todas as escolhas que tomou depois daquele momento garantiriam que ela nunca mais enfrentaria conflitos ou raiva — ou qualquer tipo de emoção mais forte, na verdade. Casou-se com um homem que, francamente, tinha a mesma personalidade e disposição que um poste, mas pelo menos não gritaria com a esposa. Com o tempo, passou a viver indiretamente através de seus vários vícios, porque enfrentar o mundo real com seus desejos era arriscado demais.

Depois que identificamos a promessa vitalícia, conseguimos usar as Três Ferramentas e desprogramar esse medo específico do seu coração espiritual, e reprogramá-lo com amor. Na última vez que nos falamos, Stacey continuava lidando com um ou dois vícios — dentre os 12 que havíamos identificado no começo. Porém, o mais importante é que toda a postura dela mudou: o brilho voltara aos seus olhos, e havia vitalidade dentro dela. Também começara a se dedicar ao marido, aos filhos, ao trabalho, aos amigos — as coisas reais em sua vida.

USANDO AS TRÊS FERRAMENTAS COM O DIAGNÓSTICO DA PROMESSA VITALÍCIA

Se você suspeitar que fez uma promessa vitalícia com base nos sintomas que apresenta atualmente (ainda mais se estiver tendo de lidar com vícios), sua programação também pode ser curada. Aqui vai como diagnosticar qualquer voto que esteja agindo como vírus no disco rígido humano do seu coração espiritual:

1. Primeiro, sugiro que você "analise o seu coração", como eu chamo, ou reze e/ou medite da maneira que lhe for mais natural. Quando sua mente estiver aberta e relaxada, pergunte a si mesmo qual comportamento em sua vida parece se encaixar nesse padrão autodestrutivo e cíclico que caracteriza uma promessa vitalícia. Quando você era pequeno, sofreu ou passou por situações estressantes por muito tempo, ou por um período breve, mas cheio de pressão? Se a resposta for sim, consegue se lembrar de um momento em que disse

a si mesmo, de forma consciente ou não, *Se eu puder fazer, ter ou evitar* _____, *farei ou viverei sem* _____?

2. Caso não consiga encontrar uma lembrança deste tipo, apenas concentre-se no comportamento repetitivo que o incomoda agora e que vai contra a sua capacidade de viver como sempre quis: com amor, a cada momento.

3. Aplique as Três Ferramentas a essa memória ou ao comportamento repetitivo, seguindo as instruções do Capítulo 4. Mais uma vez, é possível usar cada ferramenta separadamente, uma combinação da Medicina Energética com a Tela do Coração, ou a técnica combinatória, simplesmente deixando as Perguntas para Reprogramação diagnosticarem e curarem a crença central por trás da promessa vitalícia. Você saberá que a desprogramação e a reprogramação foram completadas quando os sintomas, hábitos e vícios desaparecerem. Mais uma vez, não se preocupe com o tempo que isso levar. Podem ser vários meses ou um instante — mas os resultados valerão a pena.

* * *

Você se lembra de que eu disse, no final do Capítulo 1, que, provavelmente, ainda não conseguiria viver de acordo com o Princípio Mais Importante, mesmo depois de compreender completamente o que deve fazer? Bem, agora, se tiver feito tudo que sugeri até o momento, já deve ser capaz. No Capítulo 7 você vai encontrar o processo prático detalhado para finalmente obter sucesso em áreas específicas de sua vida — especialmente nas que sempre foram mais difíceis.

capítulo 7

A FÓRMULA DO PRINCÍPIO MAIS IMPORTANTE PARA CONQUISTAR O SUCESSO

A esta altura você sabe que o sucesso verdadeiro não se limita apenas de conquistar as circunstâncias exteriores que mais deseja, não importa o quanto elas forem impressionantes. Viver com amor no momento presente, o antídoto direto para o estresse e o medo, é a única maneira de conseguir alinhar o consciente com o corpo — deixando-os em paz, saudáveis e felizes. Concentrar-se em expectativas passadas ou futuras ou tentar criar o que desejamos usando a força de vontade são coisas que vão levá-lo ao estresse e ao fracasso, seja ele físico ou mental.

No entanto, antes de eu começar a explicar as etapas da Fórmula para o Sucesso, gostaria de reservar um momento para definir o que quero dizer com sucesso, ou com aquela "vida além" que mencionei na Introdução. Acredito que cada um de nós tem um destino — ou "uma vocação", como gosto de chamar. Porém, não acho que somos destinados a encontrar um fim específico, independentemente de qualquer coisa. Se isso fosse verdade, e tudo já estivesse escrito e predeterminado, então, por que tentar? Mesmo que tenhamos uma vocação ou um destino certo, criamos esse resultado ao escolhermos viver com amor ou com medo. Todos recebemos o chamado do amor, uma vez que a lei dele foi escrita em nossos corações pela consciência, criando um guia perfeito para ser seguido em qualquer circunstância. Mas, ainda assim, somos nós que decidimos se seguimos esse chamado ou não, mil vezes por dia, 365 dias por ano.

Se, em algum momento, eu viver com medo, estarei me afastando do meu destino, ou atrasando-o. Quando vivo com amor, estou, por definição, seguindo a minha vocação principal, perfeita para mim, pois, se sempre vivo dessa forma, terei minha vida perfeita. Viver com amor é a melhor e talvez a única forma que temos para criar as circunstâncias exteriores perfeitas, que são a manifestação visível do sucesso. Sim, eu aprendo com meus erros quando ajo com medo; preciso deles, como o propulsor de um foguete, para me mostrar que viver de maneira temerosa e egoísta não funciona por muito tempo e me afasta da minha vocação, saúde e felicidade.

No entanto, não preciso desses erros depois de ser desprogramado, re-programado e passar a viver no presente com amor. Depois que o foguete entrar em órbita, o propulsor já terá cumprido seu papel e desaparecerá. Mantê-lo funcionando seria prejudicial para a missão.

Além disso, sua "vocação perfeita" só é perfeita para você. Esse é um dos motivos pelos quais se comparar com os outros acaba com os dias de muita gente. Na maior parte do tempo, fazer isso é mais do que inútil. Para muitos, é essa atitude que causa expectativas. Ela é um dos maiores bura-cos negros para energia espiritual no planeta. Geralmente, evitamos fazer comparações que nos deixariam gratos ou satisfeitos. Remoemos aquilo que *não* está da forma como queremos. Ainda assim, o segredo para alcançar o contentamento é não desejar.

O caminho para chegar à vocação perfeita *não* é se concentrando em um resultado final futuro, bolando um plano para conquistá-lo e usando a força de vontade para obtê-lo. Além disso não funcionar quase nunca, você pode muito bem estar "errado" sobre qual seria o resultado perfeito. O caminho para a vocação ideal é viver com amor *agora*. Esse é o resultado final que é sempre perfeito no presente, e também produzirá sua vocação ideal para o futuro — e, provavelmente, é a única forma que temos de garantir que isso aconteça. Concentrar-se no que você "acha" que é o seu destino é como jogar dardos no escuro, e causa estresse crônico. Por outro lado, fazer o que é melhor para si mesmo agora (ser e fazer tudo com amor), e deixar o futuro nas mãos de Deus/da fonte/do amor, sempre atrai o resultado perfeito, mesmo quando ele é algo que você jamais teria considerado. E isso acontece de forma automática e natural.

Independentemente de onde você esteve ou do que fez, sempre há um caminho possível para encontrar sua vocação perfeita a partir do ponto onde você está. Você nunca seria capaz de "estragar" sua vida completamente. Apenas comece a viver com amor agora — se desprograme, reprograme e abra mão do resultado final — e seu caminho começará a se transformar, primeiro, por dentro, e, depois, por fora.

Aqui está a mágica da Fórmula do Princípio Mais Importante para Conquistar o Sucesso: se você tem coragem e comprometimento para seguir o processo exatamente da maneira como será explicada, prometo que alcançará o sucesso. Na verdade, acredito que seria impossível *não* se tornar bem-sucedido se viver com esses princípios, e conheço milhares de pessoas no mundo todo que provam isso.

Se você analisar o seu coração (isto é, rezar e meditar) e descobrir pelo que ele mais anseia, criar um objetivo de sucesso baseado nesse desejo, desprogramar e reprogramar o seu coração espiritual e viver todos os momentos com amor, talvez eu receba uma ligação ou uma carta sua em um futuro próximo.

Antes de falarmos da fórmula, quero lembrá-lo de que é possível começar o programa com os Diagnósticos Básicos descritos no Capítulo 6, ou iniciar o processo aqui e fazer os Diagnósticos Básicos depois. De toda forma, dará certo.

Você pode escrever suas respostas no próprio livro, para ajudar a captar os sentimentos e a inspiração que surgirem no momento. Mas sinta-se à vontade para anotar as respostas em um caderno ou diário, ou criar um documento novo em seu computador, se precisar de mais espaço para escrever.

Só mais uma coisa: se você começar a se sentir sobrecarregado com os detalhes da Fórmula para Conquistar o Sucesso, faça um intervalo e escolha uma das Três Ferramentas para combater a ansiedade e o mal-estar antes de seguir em frente. Também sinta-se à vontade para bolar sua própria maneira criativa de usar os princípios e as ferramentas. No fim das contas, o que funcionar melhor para você e fazê-lo se sentir melhor *é* o método correto. Não se estresse tentando fazer tudo exatamente da maneira como oriento. Experimente as ideias e faça da forma que preferir.

Vamos começar.

1. Determine seu objetivo de sucesso principal.

Você determinou seu objetivo de sucesso principal com o exercício das três perguntas no Capítulo 1. Se ainda não fez isso, responda-o agora, para que saiba qual é o estado interior que mais deseja. Aqui estão as perguntas novamente:

1. O que você deseja mais do que tudo neste momento?

2. Se você conseguisse o que mais queria de acordo com a pergunta 1, como isso o transformaria e o que mudaria em sua vida?

3. Se você conseguisse o que respondeu nas perguntas 1 e 2, como se sentiria?

2. Determine um desejo de sucesso que você gostaria de desenvolver e alcançar.

O que você quer da vida agora? Comece pensando nos resultados finais que gostaria de obter em diferentes áreas de sua vida, como um relacionamento ideal, uma promoção no trabalho, uma conquista específica, mais dinheiro ou mais saúde. A princípio, não ignore nada que lhe vier à mente. Então, escolha aqueles que você "sente" serem mais fortes. Quais deles o fazem abrir o maior sorriso? Quais fazem com que se sinta bem, lá no fundo? Quais criam a maior sensação de paz? Quais agitam o seu coração, mexem com a imaginação ou solucionam uma necessidade? Quais fariam mais diferença em sua vida atualmente?

Agora, passe essas vontades mais fortes pelos filtros básicos do desejo do sucesso descrito no Capítulo 5: eles são baseados na verdade, no amor e estão em harmonia com seu objetivo de sucesso principal? Se você pensar em algo que seria impossível devido à realidade da situação, precisa encontrar uma forma de torná-lo praticável, ou terá que encontrar um novo desejo de sucesso. Não queremos que desperdice meses ou anos de sua vida atrás de algo inatingível. Ao mesmo tempo, creio que *tudo* é possível. Se observarmos a história, nossos maiores heróis foram aqueles que fizeram o inimaginável de acordo com a crença popular, e até mesmo de acordo com os fatos aparentemente objetivos. Se eu perguntasse ao senhor de 72 anos do Capítulo 5 se o desejo dele de ser atacante de futebol fora baseado na verdade, e ele respondesse que havia rezado, pesquisado e se preparado para tal coisa, e aquilo era absolutamente verdadeiro em sua mente, minha resposta seria "Vá em frente!".

Em segundo lugar, pergunte a si mesmo se o desejo foi baseado no amor. Descreva, de forma que qualquer um fosse capaz de compreender, por que quer alcançar *essa* coisa específica, em vez de ir atrás de outra. Precisa me convencer de que é uma situação em que todos ganham, sem perdedores, e que não é motivada apenas por motivos egoístas. Observação: fazer algo apenas por dinheiro quando você realmente precisa disso pode ser a atitude amorosa a se tomar, contanto que ninguém perca nada. Não é possível amar os outros sem se amar antes, e todos precisamos ter abrigo, roupas, comida, a capacidade de pagar contas e suprir todas as nossas necessidades básicas. Há uma grande diferença entre isso e o desejo do empreiteiro do Capítulo 5, que só queria ter cada vez mais posses.

Em terceiro lugar, pergunte a si mesmo se a vontade está em harmonia com seu objetivo de sucesso principal (etapa 1). Se o desejo o ajudar a alcançá-lo, ele também foi aprovado no último critério.

Liste seus principais desejos de sucesso aqui.

1. _____

2. _____

3. _____

226　O CÓDIGO DO AMOR

Ótimo! Mas, agora, precisamos escolher um deles para começar. (Com o tempo, se quiser, você será capaz de lidar com os três juntos.) Qual é a melhor opção a ser trabalhada no momento, com base nos fatores? Se você acha que sabe a resposta, e eu sempre sugiro que siga seus instintos, então, siga em frente. Talvez precise pesquisar um pouco antes ou conversar com algumas pessoas que tenham as informações de que precisa para tomar essa decisão. Faça isso. Caso tenha dificuldade em escolher uma, tente trabalhar com duas, ou até mesmo com as três, por enquanto. Uma delas, geralmente, irá se destacar durante o processo. Se aplicável, escreva o seu desejo de sucesso principal aqui embaixo.

Seu desejo de sucesso: _____

_____

3. Visualize esse desejo de sucesso sendo realizado.

Vá em frente: feche os olhos e sinta o resultado final de alcançar esse desejo de sucesso. Sim, estou falando para tocá-lo, senti-lo, cheirá-lo, aproveitá-lo. (Sei que no Capítulo 6 critiquei outros especialistas em sucesso por darem essa orientação, mas estamos fazendo isso agora por outros motivos.) Imagine como seria alcançar o que quer, até que o sentimento se torne tão real que você seja capaz de senti-lo de forma bem detalhada. Ao visualizar o desejo de sucesso, tente ver todos os aspectos, não apenas os positivos, de forma que o criador de imagens possa lhe dar uma visão precisa.

Se o desejo era começar seu próprio negócio em casa, é isto que talvez veja: você seria capaz de pagar todas as contas sem se estressar, pois sempre teria dinheiro suficiente no banco; conseguiria virar sócio do clube com piscina que seus filhos tanto querem; não precisaria fazer contas ao ir ao mercado; se sentiria mais confiante ao dizer para seus amigos e sua família que é "dono de um negócio" e acordaria todas as manhãs se sentindo em paz com sua capacidade de pagar as contas, e feliz com os novos desafios do dia. Também precisaria administrar o trabalho em casa com as distrações da vida em família, teria que aprender depressa a como começar e manter um pequeno negócio e, talvez, seria necessário abrir mão dos almoços semanais com os amigos.

Agora, escreva o que viu. Descreva os resultados do desejo de sucesso o mais detalhadamente possível, de forma que, se o estivesse explicando para mim, eu seria capaz de ver o que você viu e sentir o que sentiu.

4. Liste todos os pensamentos, as crenças e os sentimentos negativos que surgem quando visualiza seu desejo de sucesso e classifique-os em uma escala de 0 a 10.

Agora, quero que pense em quaisquer crenças ou sentimentos negativos que teve ao imaginar esse desejo de sucesso específico, ou que lhe vêm à mente quando pensa nisso. Em nosso exemplo, mesmo que você se concentre em todas as coisas boas que vieram com a realização do desejo, ainda pode ter notado coisas como *A economia vai muito mal. Não tenho tempo suficiente para começar um negócio com meu emprego atual. Não sei nada sobre trabalhar em casa — nunca vou conseguir. Não sou bom em nada — nem sei que tipo de negócio gostaria de abrir.*

Escreva todos esses pontos negativos e classifique-os em uma escala de 0 a 10, considerando o quanto cada um o incomoda. Também pode ser útil analisar qual pensamento, crença ou sentimento parece ser mais negativo, mas isso não é necessário.

Você acabou de identificar os vírus no seu disco rígido humano que são específicos para esse desejo e que bloqueiam o seu sucesso.

5. Utilize as Três Ferramentas para desprogramar os pontos negativos que surgiram.

Assim como fez no capítulo dos Diagnósticos Básicos, você pode usar uma das Três Ferramentas por vez, a Medicina Energética e a Tela do Coração em conjunto, ou a técnica combinatória que permite que as Frases para Reprogramação diagnostiquem e curem a crença central por trás do pensamento ou sentimento negativo. Observação: para as Frases para Reprogramação, a única coisa que você precisará mudar será a oração antes de começar a pedir especificamente para que todos os pensamentos, crenças e sentimentos negativos que bloqueiam o seu desejo de sucesso atual sejam curados. Considerando que essa ferramenta funciona como um diagnóstico, ela o ajudará a identificar e solucionar as questões problemáticas de forma automática.

228   O CÓDIGO DO AMOR

Seja qual for a ferramenta que usar, seu inconsciente começará a trabalhar automaticamente com você, concordando em eliminar todo o medo e viver com amor, pois o coração tem aquele compasso do amor, ou lei do amor, que deseja isso para você. O nível de resistência apresentado por sua programação baseada no medo pode determinar o tempo que será necessário para curar os bloqueios, mas *uma hora eles serão curados*. O amor sempre vence o medo. No entanto, eu o encorajaria a incluir a Medicina Energética, pois, pelo que já observei com meus pacientes, ela é imediatamente eficaz. Use as ferramentas em cada pensamento, crença e sentimento negativo, ou use a técnica combinatória para usar todas as Frases para Reprogramação, até que todos os problemas sejam classificados como 0.

Vamos usar a crença negativa "Não tenho tempo suficiente para começar um negócio" do exemplo anterior. Você decide começar com uma combinação de Medicina Energética e Tela do Coração. Estas são as etapas que seguiria, nesse caso:

- Imagine uma tela em sua mente: de tablet, computador, televisão ou cinema — seja lá o que vier primeiro. Seja qual for sua escolha, imagine que a tela esteja conectada à internet por Wi-Fi, assim como a sua tela do coração usa uma conexão sem fio para se ligar a todos no planeta. Pense nessa tela como cortada em duas partes: o consciente e o inconsciente. Agora, visualize uma linha que a divide em um terço (pois o inconsciente é *bem* maior que o consciente), significando as duas partes da tela interior do criador de imagens. Essa é a sua tela do coração.

- Concentre-se nos pensamentos, crenças e sentimentos negativos que deseja solucionar — "Não tenho tempo suficiente para começar um negócio" —, que já foram classificados como 7.

- Visualize na tela do coração como seria não ter tempo suficiente, e faça isso com palavras, imagens, memórias de experiências passadas ou de qualquer outra maneira que prefira. Talvez você veja a si mesmo em pânico enquanto tenta terminar uma tarefa, ou irá se lembrar de um

A FÓRMULA DO PRINCÍPIO MAIS IMPORTANTE PARA CONQUISTAR... 229

incidente na infância em que sua mãe se irritou por estar fazendo as coisas devagar demais. Ou um relógio apareça, soando um alarme.

• Depois de ver essa imagem na tela do coração, peça que ela saia dali e que todas as memórias-fonte relacionadas sejam completamente curadas. Você pode dizer: "Permita que a luz e o amor de Deus, nada além disso, sejam exibidos em minha tela do coração." Talvez queira customizar a frase, para deixá-la mais específica sobre o que está sentindo: "Permita que luz, amor *e paciência*, nada além disso, *incluindo o pânico*, sejam exibidos em minha tela do coração." Talvez queira uma folga de se preocupar com esse problema específico, e diga: "Permita que luz, amor e paciência, nada além disso, *incluindo meu problema de me sentir sem tempo*, sejam exibidos no lado *inconsciente* da minha tela do coração." Você não irá parar de pensar sobre como está sempre sem tempo, mas não associará mais isso com a sensação de pânico.

• Então, visualize luz e amor na tela do coração, da forma que lhe parecer mais vívida e evocativa. Talvez você veja a luz fluindo de uma fonte divina, de um belo pôr do sol, de uma vista maravilhosa, de seu bichinho de estimação ou de qualquer outra imagem que represente puro brilho e amor.

Agora introduza a ferramenta Medicina Energética. Enquanto continua visualizando luz e amor na tela do coração, coloque as mãos no coração, na testa e no topo da cabeça, mantendo cada posição por um a três minutos.

• Continue a visualizar a luz e o amor, e repita o ciclo das três posições duas ou três vezes por seção, ou até o desconforto em sua mente e em seu corpo desaparecerem e você classificar aquele pensamento, crença ou sentimento negativo como abaixo de 1, o que significa que ele não o incomoda mais. Se precisar, é possível adicionar as Frases para Reprogramação, separadamente ou usando a técnica combinatória, de acordo com as instruções do Capítulo 4.

230   O CÓDIGO DO AMOR

- Continue a usar essas ferramentas em cada uma das suas crenças negativas, até que elas parem de incomodá-lo. Pode levar um dia, uma semana ou três meses. É raro levar muito tempo, mas não se preocupe com isso — você terá o restante de sua vida para aproveitar o sucesso!

6. Quando todos os pontos negativos tiverem desaparecido (sendo classificados como abaixo de 1 na escala de 0 a 10), use as mesmas ferramentas para criar uma memória de supersucesso, ou para reprogramar o desejo de sucesso positivo que você quer alcançar.

Se pensamentos, crenças e sentimentos negativos são os vírus no disco rígido humano que precisam ser desprogramados, então, é necessário lhe *reprogramar* com o que chamo de memórias de supersucesso, ou o equivalente ao software certo para o seu coração espiritual alcançar o objetivo de sucesso. Para se reprogramar, use as mesmas ferramentas que utilizou para se desprogramar, mas, desta vez, concentre-se na imagem do sucesso do resultado final positivo.

- Volte para o que foi imaginado na etapa 2 e visualize esse resultado final acontecendo de verdade, com todos os detalhes que você listou. Classifique o quanto acredita que esses resultados podem ocorrer em uma escala de 0 a 10, com 0 significando "Isso nunca vai acontecer comigo" e, 10, "Sei que isso está no meu futuro; vejo com toda clareza isso acontecendo comigo". Ainda usando o mesmo exemplo, você deve se imaginar pagando calmamente as contas antes do vencimento, ciente de que tem dinheiro suficiente no banco; contando aos seus filhos que vocês agora são sócios do clube do bairro, enquanto observa o olhar surpreso e animado estampado no rosto deles; explicando a conhecidos sobre o seu novo negócio; acordando todas as manhãs sentindo-se alegre e em paz com o dia que o aguarda e assim por diante. Enquanto imagina essa situação, sente que ela é possível, mas um pouco fora de alcance, então, a classifica como 4.

A FÓRMULA DO PRINCÍPIO MAIS IMPORTANTE PARA CONQUISTAR... 231

- Use as ferramentas Medicina Energética, Frases para Reprogramação e Tela do Coração, juntas ou separadas, nessa imagem positiva até conseguir classificá-la como 7 ou mais, que indica o sentimento positivo "Acredito mesmo que posso fazer isso. Vamos começar!". (Lembre-se de que, se decidir usar as Frases para Reprogramação, você apenas precisa mudar a oração no início, pedindo que quaisquer bloqueios existentes sejam curados, de forma que consiga alcançar sua imagem de sucesso positiva, e trabalhe com as frases da maneira como foram escritas.)

7. Comece uma jornada de quarenta dias com o objetivo de manter essas pontuações no mesmo nível: os pontos negativos abaixo de 1 e os positivos acima de 7.

Depois que você alcançar o momento em que pensamentos, crenças e sentimentos negativos sobre o desejo estejam abaixo de 1 (isto é, não o incomodam mais), e a sensação positiva relacionada à sua meta for 7 ou mais, será possível começar imediatamente o período de quarenta dias. Lembre-se de que você pode levar apenas um dia para começar a jornada, mas também poderá demorar três meses. Pense no início do período de quarenta dias como uma lagarta entrando em um casulo. Seu objetivo durante esse tempo (e, sim, esse objetivo cumpre os quatro critérios!) é simplesmente manter os pontos negativos abaixo de 1 e os pensamentos positivos sobre a sua capacidade de alcançar seu desejo acima de 7, pela repetição das etapas 4, 5 e 6. É assim que o período de quarenta dias deve ser:

- Comece cada manhã fazendo um check-in. (Se a tarde ou a noite for melhor para você, não há problema.) Primeiro, pergunte a si mesmo como classificaria a força de cada crença negativa que foi identificada na etapa 4. Em nosso exemplo de começar um pequeno negócio, listamos as seguintes: *A economia vai muito mal. Não tenho tempo suficiente para começar um negócio com meu emprego atual. Nunca*

232   O CÓDIGO DO AMOR

vou conseguir fazer isso. Não sou bom em nada. Cada crença deve ser classificada em uma escala de 0 a 10, de acordo com os seus sentimentos subjetivos, físicos ou mentais sobre elas. Se alguma for pontuada como 1 ou mais, use novamente as ferramentas para lidar com cada uma delas, até que consiga classificar todas como abaixo de 1, o que significa que não mais o incomodam (etapa 5).

- Agora, visualize a si mesmo conquistando seu desejo, como fez na etapa 3. Em nosso exemplo, você se veria conseguindo abrir um pequeno negócio em casa que o faria ganhar mais mil dólares por mês, e pensaria em como esse resultado provavelmente o afetaria. Se essa sensação positiva de conquista for classificada como menor do que 7, use as ferramentas na imagem positiva até que ela possa ser pontuada como 7 ou mais (etapa 6).

- Siga esse procedimento diariamente por quarenta dias. Quando os pontos negativos aumentarem, siga a etapa 5 para que a classificação deles torne a diminuir; quando os positivos diminuírem, siga a etapa 6, para que aumentem. Se não houver mudança, não faça nada; apenas monitore a situação diariamente. Observação: os quarenta dias não começam no momento em que você usa as ferramentas para lidar com os pensamentos/crenças/sentimentos negativos ou com sua visão de sucesso positivo — primeiro, você os repara, depois, inicia os quarenta dias.

Depois desse tempo a maioria das pessoas será capaz de acordar todas as manhãs com os pontos negativos abaixo de 1, e as sensações positivas sendo classificadas como 7 ou mais. Quando você alcançar esse marco, saberá que foi completamente desprogramado e reprogramado no que se refere a esse problema específico. Em vez de o subconsciente e o inconsciente bloquearem o sucesso, eles agora o levarão em sua direção como se estivessem guiando o leme de um barco. Os vírus relacionados a essa questão desaparecerão, e você terá instalado um novo software de sucesso poderoso.

Se ainda não se sentir pronto depois desse tempo, comece outra jornada de quarenta dias. Talvez, depois do período inicial, no início dos check-ins diários, você continue classificando os pontos negativos como 1 ou mais e/ou pontuando as sensações positivas como abaixo de 7. Se esse for o caso, não há problema. Comece tudo novamente e repita os procedimentos por mais quarentas dias, ou a quantidade de tempo necessária para os negativos se classificarem como abaixo de 1 e os positivos como acima de 7. E se ainda não se sentir pronto depois disso, faça mais quarenta dias. (Eu nunca vi ninguém fazer mais de três períodos de quarenta dias. Porém, mais uma vez, não importa quanto demore. O tempo que levar será o certo para você.)

O sinal de que a desprogramação e a reprogramação estarão completos será quando, no seu dia a dia, você sentir que os pontos negativos não o incomodam mais, e que aquele senso forte e positivo de "Eu consigo fazer isso" está sempre presente — e você realmente faz progresso!

8. Crie objetivos de sucesso específicos usando o Princípio Mais Importante.

Agora que você foi completamente desprogramado e reprogramado sobre quaisquer dificuldades que bloqueavam a conquista de seu desejo, chegou a hora de criar e colocar em prática os seus *objetivos* de sucesso, ou o que fará em cada período de trinta minutos enquanto caminha na direção de seu desejo. Lembre-se de que um objetivo de sucesso tem quatro características: ele deve ser feito com verdade, com amor, estar 100% sobre o seu controle e, geralmente, poder ocorrer no presente.

Vamos começar com a *verdade* do objetivo. Você já pensou na verdade em termos mais amplos enquanto determinava o seu desejo. Quais são os fatos objetivos e práticos relacionados ao que quer? Pense em tudo de que precisa, em tudo que já tem e em tudo que ainda precisa ser feito. Se for começar um negócio em casa para ganhar mais mil dólares por mês, quanto dinheiro precisa para começar? Você tem espaço para fazer isso em casa? Quem vai montar seu site? O que sua empresa vai vender? Você vai contratar uma firma para lidar com o atendimento ao consumidor?

Que equipamentos serão necessários? Quando vai começar? Como vai conseguir clientes? Escreva tudo que sabe que irá precisar para tornar seu desejo realidade.

_____

_____

_____

_____

_____

Talvez você ainda precise de mais instruções práticas sobre como conquistar o sucesso em uma área específica, como marketing, marcenaria ou web design. Eu buscaria dados válidos e confiáveis de muitos escritores, pensadores e professores, e usaria seus novos conhecimentos no trabalho diário. Na verdade, integrar habilidades e aprendizados específicos será muito fácil depois de se desprogramar e reprogramar. É a programação oculta que dificulta esse processo; seu medo é que bloqueia a capacidade de aprender as coisas com facilidade. Eu daria tudo para ter sido desprogramado e reprogramado antes de fazer pós-graduação — a aula de estatística teria sido moleza!

Tire um momento para analisar a lista anterior e refletir se as tarefas que constam nela realmente são necessárias para o seu desejo de sucesso. Você precisa de mais informações para verificar isso? Por exemplo, se escreveu "Pedir a Mike para montar o site" e, depois de pensar um pouco, chegar à conclusão de que talvez ele não seja a melhor pessoa para fazer o trabalho, reescreva a frase como "Pesquisar os melhores sites da minha área" ou "Descobrir quem fez o site da Monica" — ou seja lá qual for o próximo passo lógico a tomar para descobrir a verdade do que você precisa.

Agora, vamos ver o aspecto do _amor_. Para cada uma das tarefas, analise se será capaz de completá-las com amor, para que o resultado de sua realização seja uma situação em que todos ganham, sem perdedores. Se não for o caso, será necessário retirar a tarefa da lista ou encontrar uma maneira

A FÓRMULA DO PRINCÍPIO MAIS IMPORTANTE PARA CONQUISTAR...   235

de executá-la com amor. Escreva todos os itens que podem ser completados assim, e especifique como realizar as tarefas enquanto cria uma situação em que todas as partes envolvidas saiam vencedoras.

_____ ____

_____

_____

_____

_____

Examine os itens listados e analise se cada tarefa realmente é baseada no amor. A lista é realista? Por exemplo, se você quer contratar freelancers para o seu negócio e encontrou os trabalhadores que cobram menos, mas não tem certeza se eles estão pedindo uma remuneração justa, pode mudar a tarefa de "Contratar freelancers da Empresa XYZ" para "Pesquisar remuneração justa para freelancers" para o trabalho que precisa terceirizar.

Além disso, será que todas as tarefas listadas estão 100% sob o seu controle saudável? Em outras palavras, você poderia completar cada uma delas ao fazê-las com verdade e amor nos próximos trinta minutos? Ou sua execução depende de circunstâncias fora do seu controle, ou envolvem a tentativa de realizar expectativas de um resultado final com a força de vontade?

É nessa etapa que as coisas ficam complicadas, então, deixe que eu o ajude. Ainda tratando de nosso último exemplo, digamos que, para começar o seu negócio em casa, uma das tarefas que determinou fosse pedir uma nova linha telefônica e solicitar que sua conta passasse a ser de pequena empresa. É uma meta que parece cumprir todos os critérios para um objetivo de sucesso: seria feita com verdade (você sabe que precisa de outra linha para o negócio, e esse é o procedimento correto a ser seguido), com amor (completaria uma tarefa que não tira nada de qualquer uma das partes envolvidas), e está 100% sob o seu controle (você pode descobrir o número da empresa de telefonia e ligar para ela).

Porém, logo depois de completar a ligação, você se vê preso em uma areia movediça de gravações telefônicas e caixas de mensagem, sendo redirecionado várias vezes e precisando digitar seu código de consumidor supersecreto (que você nunca soube que existia). Depois de cerca de vinte minutos, o amor, a alegria e a paz não poderiam estar mais distantes. Isso faria com que qualquer um ficasse frustrado e irritado, querendo jogar o telefone pela janela e gritar. Por quê? Porque, apesar de você *achar* que o seu objetivo era ligar para a empresa de telefonia para solicitar uma nova linha e uma mudança de conta, sua raiva é um sinal indiscutível de que a meta real e oculta é bem diferente: trata de alcançar o resultado final de abrir uma conta de pequena empresa e conseguir um número novo de forma rápida e fácil. Em outras palavras, você se concentrou no resultado final, não no processo, e, portanto, começou a desejar ter controle doentio sobre a situação. Agora, está buscando um objetivo estressante, não de sucesso!

Lembre-se de que o estado interior revela suas verdadeiras metas. Você pode identificar um objetivo estressante instantaneamente, a qualquer momento, em si mesmo e em todas as outras pessoas, ao observar a presença de raiva ou qualquer emoção relacionada a ela: irritação, frustração, ressentimento, rancor, opressão e assim por diante. Quando sentir vontade de gritar e jogar o telefone pela janela, pode ter certeza: você tem um objetivo estressante relacionado ao motivo de sua raiva.

Então, como podemos transformar esse objetivo estressante específico em um de sucesso? Antes mesmo de ligar para a empresa de telefonia, decida que o seu objetivo *não* é conseguir uma linha nova e mudar sua conta da maneira mais fácil e rápida possível — na verdade, você *não tem controle algum* sobre isso. O objetivo de sucesso específico é fazer essa ligação com amor, concentrando-se no momento presente pelos próximos trinta minutos. Sem brincadeira.

E como isso tornaria a situação diferente? Antes de pegar o telefone, diga a si mesmo: *Esta ligação vai demorar tempo que for preciso. Talvez eu precise esperar muito, me perder em um labirinto de mensagens gravadas, ou a ligação pode até cair. Não consigo controlar isso. Mas está no meu controle*

A FÓRMULA DO PRINCÍPIO MAIS IMPORTANTE PARA CONQUISTAR... 237

fazer essa ligação com amor. Quando eu finalmente conseguir falar com um operador, meu objetivo não é conseguir a linha nova. É fazer a ligação com amor. Minha meta é que o operador se sinta melhor depois de falar comigo, ou que não se abale com nossa conversa.

Digamos que a pessoa que atende a ligação seja uma mulher. Ela está apenas fazendo o seu trabalho, certo? Não foi ela quem criou as mensagens gravadas nem as regras da empresa, e, provavelmente, tem um marido que a ama e filhos que correm em sua direção e gritam "Mamãe!" quando ela chega em casa. Se eu a conhecesse na rua, poderíamos nos dar bem e virarmos amigos. Irritar-me com essa mulher seria prejudicial para *nós dois* — essa raiva faz mal para todos os aspectos da minha fisiologia, como você já sabe: ela me emburrece, causa um pico de energia e, em seguida, uma queda, cria problemas na digestão, suprime o sistema imunológico e faz com que eu me sinta negativo com relação a qualquer coisa que faça no restante do dia. Provavelmente, acontece a mesma coisa com você.

Isso poderia ser considerado um sucesso? Provavelmente, não. Ainda assim, quase todo mundo que conheço reage dessa maneira em situações que estão além do seu controle. Expectativas exteriores sempre assassinam a felicidade. Eu não quero que isso continue acontecendo com você. Quero que viva cada momento com felicidade, saúde, amor, alegria, paz, abundância financeira e relacionamentos estáveis e íntimos — em outras palavras, quero que sinta um sucesso estrondoso por dentro e por fora! Isso realmente pode começar neste instante, se você determinar para si mesmo objetivos de sucesso em vez de objetivos estressantes.

Observação: essa troca só estará 100% sob o seu controle saudável *depois* que se desprogramar e reprogramar. Se você achar que isso não está sob o seu controle — em outras palavras, se continuar a sentir raiva, ansiedade e outras emoções negativas de forma descontrolada mesmo depois de tentar trocar para um objetivo de sucesso —, então, será necessário fazer mais desprogramações e reprogramações até que esteja *realmente* no controle saudável da situação e consiga passar os próximos trinta minutos com amor (talvez não com perfeição, mas na maior parte do tempo).

238   O CÓDIGO DO AMOR

Agora, é sua vez de se certificar de que seus objetivos de sucesso estão 100% sob o seu controle saudável. Esse princípio vale para tudo que fizer na próxima meia hora, seja organizar arquivos, preencher uma papelada, ir a uma reunião, escrever, fazer compras ou pesquisas. Os fatos (a verdade) que listou sobre o seu desejo específico determinam as suas ações no momento. O amor é o motivo. E o Princípio Mais Importante determina como fazer isso: passar os próximos trinta minutos agindo com amor, em um estado interior de amor, alegria e paz, vendo os resultados finais específicos como um desejo, não como uma expectativa ou um objetivo, coisa que você será capaz de fazer porque foi desprogramado e reprogramado.

Agir com amor pela próxima meia hora pelo restante de sua vida pode parecer difícil agora. Mas prometo que se tornará mais fácil enquanto você continuar a se curar e mudar seu interior. Com a programação correta, é fácil sentar-se diante do teclado e digitar comandos básicos. A parte mais difícil se torna *não* agir com amor e se concentrar no momento presente!

Para finalizar esta etapa, escreva no próximo espaço como você se imagina realizando e conquistando os objetivos de sucesso que listou no primeiro conjunto de linhas. O que vai fazer? Como isso vai ser executado com amor e da melhor forma possível? Que preparo mental será necessário para chegar ao resultado desejado?

_____

_____

_____

_____

_____

9. Encontre ou desenvolva um sistema organizacional para realizar tarefas de forma mais eficiente.

Chegou a hora de voltar ao argumento que usei na Introdução. Quando viver com amor pelos próximos trinta minutos for seu objetivo prático, isso não significará ignorar todos os detalhes necessários para que você alcance sua meta. Na verdade, se seguir esta Fórmula para Conquistar o Sucesso, vai terminar de fazer tudo de maneira muito mais eficiente do que se tivesse se concentrado nos detalhes exteriores, porque, agora, você deixou de ser afetado pelo estresse.

Então, é preciso analisar sua personalidade, seus hábitos, determinar como você trabalha melhor e encontrar ou criar um sistema organizacional (como *Os 7 hábitos das pessoas altamente eficazes*, de Stephen R. Covey, e *A arte de fazer acontecer*, de David Allen, ou qualquer método de produtividade renomado), que vai ajudá-lo a controlar tudo que for necessário para que o seu trabalho seja feito de forma responsável e eficiente. Para algumas pessoas, isso incluirá calendários e o agendamento de tarefas, no papel ou em aparelhos digitais. Para outras, em vez de escrever as coisas, o método mais eficaz é simplesmente fazer o que precisa ser executado naquele momento. Por exemplo, minha esposa, Hope, é extremamente detalhista e sempre escreve tudo antes: ela planeja cada evento e tarefa com muita antecedência e mantém listas detalhadas, que são sempre verificadas e reverificadas. Eu sou mais o tipo de cara que vai com a maré — só resolvo aquilo que sei que é necessário no momento, e, de alguma forma, tudo acaba sendo feito. (Minha esposa não entende como consigo agir assim, da mesma forma que eu me admiro com sua capacidade de registrar cada detalhe.)

Se você pesquisar e perguntar por aí, vai encontrar dezenas de sistemas prontos e que "garantem" aumentar a produtividade, mas eu acho que a melhor forma de conseguir isso é criando um sistema próprio, que seja simples e intuitivo para você. O método correto irá ajudar sua produtividade em vez de parecer ser mais um afazer chato. O mais importante é encontrar algo que funcione para você, mesmo que precise fazer algumas tentativas antes de encontrar a abordagem correta.

10. Caminhe na direção do seu desejo ao completar as tarefas nos próximos trinta minutos com duas metas: fazer tudo com amor e garantir que suas ações estão em harmonia com o objetivo de sucesso principal da etapa 1.

Depois que você for desprogramado e reprogramado sobre os seus problemas relacionados ao sucesso e ter seguido o processo, há apenas duas tarefas restantes: (1) completar suas metas de forma harmônica com amor, sempre estando aberto a mudar, tomar novas direções e encontrar novas pessoas e (2) garantir que as metas estão em harmonia com seu objetivo de sucesso principal. Observação: eu nunca fui capaz de fazer isso de forma perfeita. Ninguém é. Seria extraordinário ter um dia em que eu não faça besteira pelo menos umas cinco vezes. A Fórmula para Conquistar o Sucesso foi projetada para ajudá-lo a caminhar com amor — mas ficar se crucificando por seus erros não faz parte disso. É uma atitude que viola o sistema, causa mais estresse e ameaça todo o processo. Então, não faça isso!

Continue caminhando até o *resultado* perfeito acontecer para você. O resultado final real pode muito bem ser semelhante àquilo que desejava, mas também pode não ser assim, ou acabar sendo algo entre os dois extremos. Por exemplo, enquanto você segue o desejo de abrir um negócio próprio, talvez decida começar um serviço de design gráfico. Você começa dando pequenos passos, fazendo trabalhos voluntários para uma organização sem fins lucrativos e, um dia, depois de contar a várias pessoas sobre o seu novo empreendimento, recebe o primeiro pagamento. Isso leva a um segundo e a um terceiro. Dezoito meses depois, uma das suas primeiras clientes, que ficara muito satisfeita com o seu trabalho, lhe conta que a empresa em que ela trabalha está procurando um designer de marketing para trabalhar em meio-período, e o indica para a vaga. Você envia o currículo e um portfólio. Depois da entrevista, a firma lhe oferece o cargo — e, na verdade, um emprego lhe parece bem mais atraente do que a pressão de trabalhar por conta própria. Você decide aceitar.

Isso significa que fracassou na busca por seu desejo? Não! Ao se concentrar em viver com amor no momento presente, você foi capaz de construir um relacionamento positivo com uma cliente que não apenas se impressionou com o seu trabalho, como também sentiu que a sua colaboração seria importante para a equipe dela. Se o seu foco fosse apenas começar um negócio, talvez tivesse sido menos atencioso com essa cliente, ou simplesmente pensaria que a oportunidade de trabalho não era boa

A FÓRMULA DO PRINCÍPIO MAIS IMPORTANTE PARA CONQUISTAR... 241

porque sua meta era começar um negócio próprio. Em vez disso, você manteve o seu objetivo de sucesso principal (paz) e os motivos por trás do desejo de abrir uma empresa (para aumentar sua fonte de renda mensal) em mente. A chance de trabalhar em meio-período acabou sendo um sucesso igual ou ainda maior porque você desligou o estresse e se manteve aberto a mudar de direção.

11. Depois que você começar a seguir esse desejo, e se sentir pronto, pode repetir as etapas 2-10 para lidar com outro problema com sucesso.

Tome um pouco de cuidado agora. Lidar com várias questões ao mesmo tempo pode, por si só, ser estressante. Sempre faça o que parecer mais tranquilo. Porém, caso se sinta pronto, depois de estabelecer o hábito de caminhar na direção do seu desejo de sucesso, é possível repetir o processo e começar a cuidar de outra dificuldade. Se você já estiver atrás do melhor sucesso que poderia ter com a abertura de um pequeno negócio, retorne à etapa 1 e comece a lidar com o seu casamento, por exemplo. Eu tenho alguns pacientes que conseguiram alcançar dez desejos de sucesso e atualmente estão tentando conquistar mais cinco, me atualizando de seu progresso com regularidade.

A Fórmula para Conquistar o Sucesso, além de ser usada em questões de longo prazo, também pode ser utilizada nos de curto prazo ou na manutenção deles. Se você se sente estressado, desanimado, com raiva ou tem crenças e pensamentos negativos como *Por que foi que aceitei fazer isto? Não sei o que estou fazendo — nunca vou ser capaz de resolver tudo*, apenas use o mesmo processo e ferramentas para solucionar isso.

Quero reiterar o que disse antes: não se preocupe em seguir a Fórmula para Conquistar o Sucesso ao pé da letra. Quando começar a segui-la, vai fazer besteira, tropeçar e cair, de tempos em tempos. Isso não é nada demais. O ato de amor a se fazer nesse caso é perdoar a si mesmo, voltar para o caminho certo e tentar de novo. Quanto mais você seguir a fórmula, melhor vai se sair. E quanto melhor se sair, mais feliz ficará. Depois que aprender a viver com amor no momento presente, não se surpreenda se as pessoas começarem a fazer comentários como "O que aconteceu com você?" ou "O que está havendo?". O que elas pensam, na verdade, é: *Uau, quero isso para mim também!* Por que é isto que todos desejam: viver com amor, em cada momento, de cada hora, de cada dia. O sucesso, a felicidade, a saúde e tudo mais que almejamos serão facilmente atraídos pelo amor.

Acredito com todo o meu coração que o sucesso espera por você: *o seu sucesso perfeito*, diferente para cada pessoa. Ele pode ou não envolver dinheiro, fama ou conquistas. Mas será exatamente do que precisa, e quando isso acontecer, você saberá no seu íntimo. Esse sucesso não dependerá de mais empenho, da paz mundial, da economia do mercado de ações, de outras pessoas, ou até mesmo da fisiologia do seu corpo. Não há osso, sangue ou tecido que precise mudar, e o lugar onde você se encontra neste momento é perfeito para começar. Na verdade, talvez toda a sua vida tenha convergido para ele, mesmo que seja a sarjeta. A conquista do sucesso máximo não depende da mudança de nada exterior ou interior. Você agora conhece os princípios, o processo e todas as ferramentas de que precisa.

Ao mesmo tempo, quero lembrá-lo do paradoxo do Princípio Mais Importante: abrir mão das expectativas de resultados exteriores é a *melhor*, e talvez *única*, forma de conseguir os melhores resultados para você. O Princípio Mais Importante realmente é a maneira de se conquistar tudo: sucesso interior *e* exterior, com felicidade, contentamento e paz.

Lembre-se que, em longo prazo:

O amor nunca perde!

O medo nunca vence!

Qual é a *sua* escolha?

guia rápido

AS DEZ ETAPAS DA FÓRMULA DO PRINCÍPIO MAIS IMPORTANTE PARA CONQUISTAR O SUCESSO

1. Determine seu objetivo de sucesso principal: o estado interior que você mais deseja, como amor, alegria ou paz, por exemplo.

2. Determine um desejo de sucesso que você gostaria de desenvolver e conquistar — que deve ser criado com verdade, amor e ser coerente com o objetivo de sucesso principal da etapa 1.

3. Visualize esse desejo de sucesso sendo realizado.

4. Liste todos os pensamentos e crenças negativos que surgem quando visualiza o desejo de sucesso e classifique-os em uma escala de 0 a 10.

5. Utilize as Três Ferramentas (Medicina Energética, Frases para Reprogramação e Tela do Coração) para desprogramar os pontos negativos da etapa 4. Faça uso delas até as crenças negativas pararem de o incomodar (ou até você ser capaz de classificá-las como abaixo de 1 em uma escala de 0-10).

6. Quando todos os pontos negativos tiverem desaparecido, use as mesmas ferramentas para programar uma memória de supersucesso para o desejo positivo que você deseja alcançar. Use as ferramentas até ter a sensação de "Acredito mesmo que posso fazer isto!" (ou conseguir classificar o sentimento como 7 ou mais em uma escala de 0 a 10).

7. Comece uma jornada de quarenta dias com o objetivo de manter essas pontuações no mesmo nível, com os pontos negativos abaixo de 1 (isto é, "Eles não me incomodam mais") e os positivos

acima de 7 (isto é, "Eu acredito mesmo que posso fazer isto!"). Após quarenta dias, a maioria das pessoas desprogramou e reprogramou completamente o problema relacionado ao sucesso, mantendo os pontos negativos abaixo de 1 e os positivos em 7 ou mais, sem usar as ferramentas. Se as suas crenças negativas continuarem o incomodando e/ou você não se sentir pronto para começar a lidar com o seu desejo, comece outro período de quarenta dias.

8. Crie objetivos de sucesso específicos usando o Princípio Mais Importante. Eles são baseados na verdade, no amor, estão 100% sob o seu controle, e você é capaz de realizá-los no momento presente (depois de ser reprogramado).

9. Encontre ou desenvolva um sistema organizacional para realizar as tarefas da forma mais eficiente para você.

10. Caminhe na direção do seu desejo ao completar seus objetivos de sucesso específicos com amor, concentrando-se no momento presente (ou pelos próximos trinta minutos).

conclusão

AMAR DE VERDADE

Eu gostaria de voltar à promessa que fiz no início deste livro: acredito que a Fórmula do Princípio Mais Importante para Conquistar o Sucesso seja o segredo para o sucesso em cada área da vida. Não é uma questão de *se* isso vai funcionar com você. O método *sempre funciona*, quando obedecido. E, agora, você conhece as ferramentas e tem todas as instruções para ter uma vida além da força de vontade e conquistar muito mais felicidade e sucesso do que seria capaz de imaginar.

Como disse, acredito que, em vinte anos, a prática do Princípio Mais Importante (ou algo parecido com ele) será comum em análises e terapias, no desenvolvimento do desempenho de atletas, em treinamentos corporativos e muito mais. Eu o utilizei em todos esses contextos, e obtive resultados incríveis. Ele oferece o que os paradigmas atuais não têm e precisam com urgência: a desprogramação dos vírus no disco rígido humano, a reprogramação visando ao sucesso e, então, o foco em um desempenho positivo, de alto nível, no momento presente.

A verdade é que eu poderia continuar ajudando as pessoas a encontrar sucesso na vida, uma de cada vez, por um bom tempo. Tenho uma lista de espera de pacientes, realizo conferências virtuais e dou treinamento remoto. Já tentei me multiplicar ao treinar orientadores que ensinam esses métodos pelo mundo, e juntos construímos a maior rede de consultórios do mundo, atendendo pacientes nos cinquenta estados norte-americanos e em 158 países (e planejando expandir). Porém, quanta gente consigo ajudar dessa forma? Seja qual for a resposta, não é um número grande o suficiente.

Precisamos de milhões — *dezenas* de milhões — de pessoas vivendo com amor no mundo. O amor é a resposta para todos os conflitos globais, todas as dificuldades nas relações inter-raciais, todos os problemas econômicos e toda a degradação ambiental. O amor é a solução mais antiga para todas as questões que enfrentamos. Eu escrevi este livro para que qualquer um pudesse ter acesso a essa solução da forma mais simples e direta possível, e também para que a sua divulgação não dependesse mais dos esforços de algumas poucas pessoas.

Então, tenho uma missão. Ela inclui o Princípio Mais Importante e ajudar você a ter uma vida além da força de vontade e de expectativas, mas é muito maior que isso. Minha missão é viver de acordo com os valores de uma espiritualidade prática e não religiosa, e ajudar os outros a fazer o mesmo. É ajudar uma pessoa por vez a deixar para trás uma vida com medo, concentrada no passado e no futuro, e passar a viver com amor, com foco no momento presente. Qualquer problema ou crise — problemas de saúde, de relacionamento, terrorismo, desastres econômicos — pode ser rastreado até uma pessoa que não toma decisões com base em dois filtros primários, que são os dois critérios que uso em tudo que faço, penso, sinto e acredito:

1. Isto está em harmonia com o meu objetivo de sucesso principal e com o estado interior que "realmente" desejo?

2. Isto está em harmonia com o princípio de viver os próximos trinta minutos com amor?

Os filtros são a essência da espiritualidade prática e não religiosa. Eles determinam todas as minhas decisões e atitudes. Não se trata de algo dar ou não algum retorno financeiro. Nem de alguma conquista específica. O processo de quarenta dias é o meu desejo, ou o que espero, e direciona o

CONCLUSÃO: AMAR DE VERDADE   **247**

caminho pelo qual eu sigo. Porém, em termos de ações e objetivos diários, se o ato não for praticado com verdade ou amor, se for baseado em medo ou mentiras, eu não seguirei adiante com ele.

Chamo essa missão de "Amar de Verdade". Não de "amor verdadeiro", que tende a significar encontrar algo por acidente, como uma moeda no chão. Estou falando de um verbo ativo, não de um substantivo. Amar de verdade é um sentimento, uma crença, uma experiência e um compromisso do coração que está além das palavras, e uma intenção consciente de sempre agir de acordo com o melhor para todos em sua vida, tanto de forma física, no mundo exterior, quanto através da tecnologia do coração espiritual. Você também pode pensar nisso como "amor *de facto*", com base em nossas definições de *placebo*, *nocebo* e *de facto* no Capítulo 3. Amar de verdade é algo que você pode escolher fazer a qualquer momento de cada dia após ter sido desprogramado e reprogramado com as ferramentas ou com a grande sacada transformadora, e se conectar a Deus/à fonte/ao amor. Se você ama de verdade, isso irá modificá-lo primeiro, por dentro, depois, por fora, e, então, transformará seu lar, seus amigos, seu trabalho, suas finanças e assim por diante. Se você, depois de ser desprogramado e reprogramado, amar de forma consciente e intencional (como um verbo ativo) no momento presente, receberá amor (o substantivo) de todas as direções. No entanto, isso geralmente não acontece no caso oposto. Caso esteja apenas tentando encontrar amor ou desejando que ele caia do céu, talvez isso nunca aconteça.

O movimento de Amar de Verdade se trata de não julgar os outros e de amar com o coração, independentemente das circunstâncias e da forma como as pessoas reagem. Eu procuro por novos irmãos e irmãs espirituais para darmos as mãos, um por um, e seguirmos nessa missão. Nosso parentesco não será de sangue, mas de espírito (algo que é muito mais poderoso e relevante).

Então, faço apenas dois pedidos. Primeiro, aplique o processo em sua vida. Lembre-se de que é praticamente impossível que ele não funcione. Não há circunstância exterior, ou qualquer coisa em seu corpo, que precise mudar. O processo depende apenas do que está dentro de você (a parte não física). Não estou dizendo que erros não serão cometidos. Isso também faz parte. Aprender a viver com amor significa perdoar a si mesmo quando as coisas não dão certo, mas ter coragem de tentar de novo.

Eu gostaria de voltar ao Capítulo 1, quando aconselhei que seu primeiro passo fosse pedir pela grande sacada transformadora. Antes de você começar a usar a fórmula, eu o oriento, mais uma vez, a rezar e meditar sobre os conceitos básicos, e se dar a chance de vivenciar essa transformação. Pelo que já vivenciei, se você rezar e meditar de forma consistente e por tempo suficiente (isto é, o tempo certo para você), isso geralmente acontece. Sinta-se à vontade para fazer isso enquanto usa as Três Ferramentas. As duas abordagens não precisam ser executadas separadamente. Mais uma vez, não se trata de força de vontade — mas de permitir que o amor trabalhe em você. E, é claro, existe a forma manual, através da Fórmula do Princípio Mais Importante para Conquistar o Sucesso, que pode ser encontrada nas últimas páginas do Capítulo 7.

Em segundo lugar, depois que você completar o processo e estiver realmente sentindo os efeitos positivos, se acreditar que o Princípio Mais Importante realmente é o segredo para o sucesso em tudo que antes encontrava dificuldades, meu outro pedido é que o divulgue. Na verdade, estou de joelhos, implorando que você o compartilhe. Mais que isso, eu peço que você conte às pessoas sobre como é viver de acordo com uma espiritualidade prática e não religiosa. É exatamente por isso que escrevi este livro. Não me entenda mal: minhas palavras não são para que eu venda mais cópias. Você pode emprestar o seu livro ou explicar os princípios para um amigo durante o jantar. Se estiver vivendo com amor, e em posse do antídoto que poderia salvar sua família, seus amigos e seus vizinhos, você não conseguirá guardá-lo apenas para si mesmo. É isso que amor significa!

Se, depois de tudo, você perceber que deseja fazer parte da missão de Amar de Verdade, convido-o a seguir para o posfácio. Ele não é necessário para colocar o Princípio Mais Importante em prática; você já tem todas as informações nos capítulos anteriores. Mas se terminou de se desprogramar

CONCLUSÃO: AMAR DE VERDADE   249

e reprogramar e quer ter uma ideia do que realmente significa viver com amor de maneira prática e no longo prazo, continue lendo.

Caso você queira me contar sobre as suas experiências com o Princípio Mais Importante, eu adoraria que entrasse em contato. Acesse www.beyondwillpowernow.com.

Estou enviando amor para você. Sempre!

posfácio

ESPIRITUALIDADE PRÁTICA

Imagine que você vai visitar um amigo e ao chegar à casa dele nota um carro velho na entrada da garagem. O veículo está em péssimas condições — o exterior está todo enferrujado, o capô, aberto, o motor sumiu e o estofamento não tem mais jeito. Você olha para aquilo, revira os olhos e diz: "Esse carro nunca vai voltar a funcionar." Em sua próxima visita, ele não está mais lá. Um ano depois, você vai à casa de seu amigo novamente, e encontra um novo veículo na garagem. O exterior brilha, pintado com uma brilhante tinta vermelha e detalhes em cromo, o estofamento de couro macio parece de primeira linha, e quando seu amigo ergue o capô, cheio de orgulho, você depara com um motor de trezentos cavalos.

— Uau, quando foi que você comprou este carro? — pergunta ao seu amigo.

— Ah, é aquela velharia que eu estava reformando — responde ele.

Você fica admirado. Que transformação!

É assim que eu me sinto sempre que vejo alguém deixar de viver com medo e passar a viver com amor. Não tenho palavras para descrever como é. Os resultados são tão opostos quanto a noite e o dia. O Princípio Mais Importante oferece exatamente esse tipo de reforma completa. Ele fornece as ferramentas de que você precisa para se reconstruir, e os remédios necessários para que não se infecte no processo. Porém, por mais miraculoso e transformador que seja o Princípio Mais Importante, ele é apenas o começo — assim como era apenas o começo para o carro reformado. Você não deixaria um veículo novinho em folha largado na garagem, não é? Não, iria querer ir com ele para todo canto! Há um mundo bem maior do que se poderia imaginar aberto para você.

Neste posfácio gostaria de deixar algumas dicas para direcioná-lo no caminho que o levará além de seu sucesso pessoal, até o topo da montanha da vida. Se seguir nessa direção, encontrará uma porta antiga. Parece que não é aberta há séculos, e você teria passado direto se não tivesse sido guiado até ela. No entanto, agora que a notou, se sente estranhamente atraído. Acima da porta há algo escrito, difícil de ser lido. Depois de se esforçar, você consegue distinguir as palavras *Espiritualidade Prática*. Então, nota um papel muito antigo e descolorido preso à porta. Em letras manchadas, a primeira linha diz: "A doutrina da Espiritualidade Prática: o caminho da verdade, do amor e da graça para todos aqueles que quiserem entrar."

Este posfácio não apresenta o conteúdo completo do documento preso à porta, mas lhe dará o suficiente para decidir se quer abri-la e entrar. Eu passei minha vida inteira rezando, buscando, viajando, estudando e testando vários princípios antes de chegar a essa crença. Gostaria que você considerasse seguir as verdades que mencionarei com a mente aberta. Se elas não o afetarem, não há problema — quero agradecer sinceramente por dedicar algum tempo para aprender sobre elas. Porém, se fizerem sentido para você, eu me sentiria honrado em tê-lo como colega de viagem!

É claro que, se decidir entrar, pode recuar, sempre que quiser. No entanto, nunca vi ninguém optar por isso. O que geralmente escuto é algo como "Não consigo me imaginar vivendo de outra forma!".

* * *

A espiritualidade prática cuida de resultados. Você provavelmente comprou este livro porque quer conquistar sucesso e felicidade, e deseja superar os fracassos, os problemas de saúde e a tristeza. Você quer ver resultados. Então, que visão do mundo, crença ou paradigma consegue o que você deseja, e qual o leva para um lugar aonde não quer ir?

POSFÁCIO: ESPIRITUALIDADE PRÁTICA 253

Para responder a essa pergunta começamos em um ponto que pode lhe parecer surpreendente: o corpo humano. Como aprendemos nos capítulos anteriores, não temos mecanismos no corpo para produzir tristeza, emoções negativas ou doenças; apenas felicidade e saúde. Quando sentimos sintomas negativos, físicos ou emocionais, isso é sempre resultado de um defeito nos mecanismos que produzem sucesso e saúde. Então, o que causa defeitos no corpo?

Você sabe a resposta para essa pergunta: o medo. Se não estivermos passando por uma emergência que realmente coloque a vida em risco, o medo no subconsciente, inconsciente e consciente sempre causa um defeito (conhecido como estresse), que leva à escuridão nas células do corpo e nos sistemas de energia, o que, com o tempo, causa doenças, males, fracasso e tristeza.

Por outro lado, ter amor no subconsciente, inconsciente e consciente sempre elimina os efeitos do medo e do estresse, o que faz com que os sistemas de cura do corpo funcionem da maneira como deveriam, e sucesso, felicidade e saúde surgem a partir disso. O amor na mente sempre se manifesta como luz nas células do corpo e nos sistemas de energia, o que leva ao funcionamento correto e, portanto, à saúde, ao sucesso e à felicidade. Como o Estudo Grant da Universidade de Harvard confirmou, "Felicidade é amor. Ponto final".[1]

O que é verdade no plano físico também é verdade no plano espiritual. Se a sua visão do mundo for baseada no medo ou em qualquer versão da reação de dor/prazer, do princípio de causa e efeito ou da terceira lei de Newton do movimento, ela produzirá doenças, males, fracasso e tristeza. Independentemente de quanto tempo você a segue ou de quem apoia o seu uso.

* * *

Em nossa conversa sobre espiritualidade prática vamos começar com o termo "espiritual". Acredito que existem quatro pontos que provam a existência do plano espiritual, ou do amor/da fonte/de Deus:

1. **A tela do coração e pesquisas neurológicas recentes.** Como já sabemos, a tela do coração é a força criativa que foi usada para construir tudo que vemos, mas a ciência ainda não conseguiu achar evidências de uma tela ou um mecanismo físico da imaginação. Creio que isso aconteça porque ela fica no plano espiritual. É assim que o Dr. Eben Alexander sentiu essa "prova do paraíso" quando todos os seus mecanismos neurológicos deixaram de ser funcionais.

   Não esqueça que, com base nas pesquisas neurológicas mais recentes, o principal fator associado à cura e à prevenção de problemas cerebrais no longo prazo é a conexão com o lado espiritual, especialmente através da crença e da oração.[2] (A saúde do cérebro também determina se é o mecanismo de fracasso que está acionado, ou se é o de sucesso.)[3] Como aprendemos no Capítulo 3, o único tipo de crença que realmente funciona no longo prazo é a *de facto*, ou acreditar na verdade. Então, se acreditar em uma realidade espiritual produz resultados confiáveis no longo prazo, essa crença deve ser verdadeira!

2. **A grande maioria das pessoas acredita nele (aproximadamente 97%, de acordo com as estatísticas), porém, ainda não há muitas evidências empíricas de sua existência.** Falamos sobre isso no Capítulo 3. Galileu foi renegado ao afirmar que a Terra girava em torno do Sol, e não ao contrário, mesmo estando certo. O Dr. Ignaz Philipp Semmelweis foi alvo de zombaria na comunidade médica ao insistir que era necessário lavar as mãos antes de executar cirurgias, acreditando em coisas invisíveis chamadas germes, e acabou sendo forçado a abandonar a medicina. Os médicos passaram anos nos dizendo que suplementos nutricionais apenas produziam "urina cara". Mesmo assim, hoje em dia, em cada um desses casos, praticamente chegamos ao consenso de que a verdade é o exato oposto. Por quê? Agora temos as provas! Historicamente, a crença que prevalece é quase sempre aquela que é clara e empiricamente observável e mensurável. Neste caso, isso deveria significar que a grande maioria

POSFÁCIO: ESPIRITUALIDADE PRÁTICA   255

das pessoas acreditaria que nada além do plano físico ou daquilo que podemos ver e medir existe. Porém, acontece o contrário. Não sei se é possível encontrar outro assunto em que 97% do mundo concorde — mesmo que seja que o céu é azul! Por que isso acontece? Porque temos algo dentro de nós que diz que o plano espiritual é real. E isso nos leva ao número 3.

3. **A existência de graça e amor.** Nós, natural e automaticamente, tratamos com graça as pessoas a quem amamos de verdade. Graça simplesmente significa amor e aceitação incondicionais, ou oferecer perdão e gentileza mesmo quando a pessoa não merece, ou o poder de fazer o que não pode ser feito com força de vontade, ou aquilo que é natural. Tendemos a lidar com as pessoas a quem não amamos de acordo com o carma ou com a lei (tratando-os exatamente como merecem, de acordo com uma lista de regras ou com o OQEGCI — o que eu ganho com isso). Se deixamos de amar uma pessoa, tendemos a sair da graça e passar para o carma; se começamos a amá-la, ocorre o contrário. O amor vem da graça e nos leva de volta a ela. Como discutiremos mais profundamente, ela é sobrenatural por definição, pois viola a lei natural de todas as coisas no universo da física — a terceira lei de Newton do movimento, estímulo/reação, causa/efeito, você colhe o que planta e tudo que se faz, volta. Na verdade, na maioria das vezes, o amor desafia a lógica humana — assim como faz o sobrenatural. Então, o amor é a prova da graça, que, por sua vez, é a prova do sobrenatural, ou espiritual.

4. **Experiência pessoal.** A última prova é a mais significativa para mim, porém, deve ser a menos importante para você. E ela é o fato de que já vivenciei isso. Na verdade, estou vivenciando agora mesmo. Se você não acredita que não pode haver prova mais convincente do que experiências pessoais, tente dizer a uma pessoa que está loucamente apaixonada que aquilo não é amor, apenas uma anomalia química no cérebro. Tente dizer a ela que o objeto de sua paixão também não a ama. Finalmente, diga que o amor não existe. Mas faça isso com

cuidado, porque pode acabar levando um soco na cara. Veja bem, não é nada demais alguém lhe dizer que não gosta do seu carro, que não concorda com a sua posição política ou que acredita que as pessoas do Norte dos Estados Unidos são mais inteligentes que as do Sul. Essas opiniões, geralmente, criam debates inflamados, com argumentos de ambos os lados. Geralmente, tudo acaba de forma amigável, com as duas partes mantendo suas opiniões. Porém, quando alguém vivencia "algo real" lá no fundo, e você diz que aquilo foi uma ilusão — bem, sai de baixo! Você não vai ser convencido de que a sua experiência não aconteceu, porque *passou* por ela.

Agora vamos falar sobre o aspecto "objetivo" da espiritualidade prática. Com o passar dos anos, observei quatro tipos distintos de espiritualidade.

1. **Religiosa.** A espiritualidade religiosa tende a fazer com que ela trate de regras e julgamentos associados à obediência dessas regras, em vez de amor e liberdade. Seu credo é que você colhe o que planta, e o foco está em objetivos e expectativas exteriores conquistados pela força de vontade. Outro nome para isso é carma, que é a lei natural do universo. Com base em tudo que aprendemos até aqui, sabemos que essa abordagem é baseada em medo, não em amor. Em alguns casos, líderes de grupos religiosos estão mancomunados com políticos, tentando obter poder, controle e dinheiro — mas essa não é a regra.

2. **Não espiritual.** Uma vez que aqueles que negam a existência do plano espiritual só acreditam nas leis naturais, eles estão inerentemente relegados ao princípio da causa e efeito, ou carma, e, portanto, também têm uma visão do mundo baseada no medo. Temem deparar com um efeito ou resultado que não desejam, ou não conseguir o que desejam.

3. **Espiritualidade idealista.** Esta categoria inclui aqueles que falam sobre o plano espiritual, podem se denominar membros da "Nova Era", e geralmente seguem a lei da atração, também conhecida como a lei

POSFÁCIO: ESPIRITUALIDADE PRÁTICA 257

dos "gostos". Essas pessoas talvez sejam as que estão mais próximas da espiritualidade real; porém, o que praticam é idealista, porque raramente produz o resultado desejado. Elas falam sobre viver com amor e sem julgamentos (e levam isso a sério), mas seu credo tende a se aproximar da lei da atração, outro nome do princípio de causa e efeito, e o julgamento inerente baseado na lei física. É o medo, não o amor, que surge disso. O amor é criado pela graça espiritual e viola as leis físicas de causa e efeito — sempre. Da mesma forma, a lei da atração diz que tudo que se faz, volta. Semelhantes se atraem. Se eu tiver bons pensamentos, sentimentos, crenças e ações, tudo isso retorna para mim. Se emitir energias positivas, receberei coisas boas. Se emitir energias negativas, receberei coisas ruins. Mas a geração de energias positivas para que eu possa conquistar resultados futuros positivos depende da força de vontade. Então, se eu tiver um problema, a solução seria usar a força de vontade para se concentrar em uma expectativa — coisa que, como sabemos, não pode resultar em amor verdadeiro e no sucesso perfeito e duradouro. A palavra *manifestação* é comumente usada na espiritualidade idealista em sentenças como "manifeste algo agora!". Isso só manifesta estresse e problemas! Essa visão de mundo tende a ser medo se passando por amor.

Todas as três modalidades focam a realização de uma expectativa futura contando com a força de vontade e, pior ainda, com a tentativa de criar aspectos espirituais (amor, alegria, paz) com leis e mecanismos físicos. Mais uma vez, os princípios de causa e efeito, estímulo/resposta, "colher o que planta", carma, a lei dos "gostos" e a lei da atração são todos baseados na terceira lei de Newton de movimento: para cada ação, há uma reação, igual e oposta. Uma pesquisa rápida na internet revela que todos os especialistas e ensinamentos-padrão desses princípios dizem a mesma coisa: você sempre sabe o que vai ganhar. Porém, também por definição, esses princípios causam estresse na mente e no corpo, o que cria problemas. E por quanto tempo isso dura? Pelo tempo que você passar seguindo essas leis, o que, para a maioria das pessoas, é a vida toda. Isso simplesmente não funciona!

4. **Espiritualidade prática.** Por outro lado, a espiritualidade prática é baseada no princípio do amor. O amor viola diretamente as leis físicas universais da natureza e, especificamente, a terceira lei de Newton. Por quê? Semelhantes nem sempre se atraem. Com o amor, você nunca sabe o que irá ganhar. Algumas vezes, se ganha amor de volta, mas, em muitos momentos, não é o caso. É sempre uma aventura. Pense na natureza real de criar filhos, manter um casamento, amizades. Não há garantias de resultados finais. Isso acontece porque o amor não vem do mundo físico, mas do espiritual.

Esse "caminho menos percorrido" inclui aquelas poucas pessoas que realmente se conectam com o sobrenatural e abrem mão do controle. Isso significa desistir das expectativas exteriores (mas não da esperança) e saber que não se pode viver com amor apenas usando a força de vontade. Ao abrir mão do controle e se conectar com Deus/a fonte/o amor, elas, automaticamente, recebem graça — a única forma de se viver realmente baseada no amor, e o poder de produzir resultados de uma vida sobrenatural. Conseguem viver no momento presente com amor, em um estado interior de amor, que produz constantemente os resultados exteriores perfeitos para elas. Esse grupo inclui Gandhi, Madre Teresa, Jesus e muitos outros espíritos de paz menos famosos. Creio que, se uma pessoa de mente aberta conseguir compreender toda a verdade e ser desprogramado e reprogramado através de oração, de uma grande sacada transformadora ou de ferramentas baseadas em energia, ela, com certeza, escolherá esse caminho, com ou sem este livro.

Acredito que existem pessoas nesse "caminho menos percorrido" no mundo todo, em todos os grupos listados, encontrando-se em prédios com todos os tipos de nomes. Espiritualidade prática simplesmente significa viver com um coração cheio de amor, conectado à fonte do amor. Aqueles que seguem isso vivem de acordo com a "lei escrita em seus corações", independentemente da forma como foram criados, da dor que sentem, do que desejam mas não têm, ou do nome da organização que seguem.

Na verdade, é praticamente impossível saber se alguém vive de acordo com a espiritualidade prática com base no grupo com que se associa ou nas

POSFÁCIO: ESPIRITUALIDADE PRÁTICA 259

palavras que usa. Existe apenas uma maneira de ter certeza — eles "amam de verdade" e estão sempre em paz, independentemente das circunstâncias em que se encontram. Há pelo menos duas maneiras de saber se alguém *não* está vivendo de acordo com a espiritualidade prática. A primeira é se sentem emoções similares a ansiedade ou raiva. Mesmo que constantemente falem sobre amor e luz, ou sorriam e abracem as pessoas com facilidade e digam que "amam a todos", pessoas que veem o mundo de maneira religiosa, não espiritual ou espiritual idealista, têm facilidade de sentir ansiedade, raiva, irritação, frustração ou julgar os outros (especialmente aqueles que seguem outros grupos), e apresentam uma tendência maior a terem problemas de saúde. Como aprendemos no Capítulo 5, sentir qualquer emoção parecida com raiva é prova de que você tem um objetivo estressante ou um objetivo baseado em medo, focado em uma circunstância exterior almejada com a força de vontade. Em outras palavras, quase qualquer expressão de ansiedade ou raiva (com exceção da raiva "justa") indica que as pessoas estão vivendo de acordo com um sistema baseado na lei da causa e efeito no coração espiritual, mesmo que jamais admitam ou percebam isso. Por exemplo, na minha experiência, indivíduos não espirituais tendem a não gostar de pessoas em grupos espirituais ou religiosos, e algumas vezes se sentem superiores a elas. *Como podem ser tão ingênuos?*, pensam. Os religiosos geralmente parecem ter medo e/ou raiva das pessoas de outros grupos e, em alguns casos, podem até vê-las como inimigas. Aqueles que vivem de acordo com a espiritualidade idealista geralmente aceitam todos, menos os religiosos, e com frequência se irritam com a limitada visão de mundo destes. Eles também tendem a pensar que seguem a espiritualidade prática, mesmo sentindo/pensando/ acreditando/agindo de acordo com o princípio da causa e efeito, ou da lei baseada no medo.

Por outro lado, a prova da espiritualidade prática é sentir quase 100% de amor e aceitação incondicionais, não julgar os outros, e encontrar amor, alegria, paz, saúde, felicidade, paciência e compreensão interiores independentemente das circunstâncias em que se encontra e se as pessoas mais próximas concordam ou não com você. Na minha experiência, as pessoas que vivem de acordo com a espiritualidade idealista realmente amam e respeitam os membros de todos os grupos e religiões. Elas acreditam que não é seu dever julgar ou converter ninguém, mas amar, sem restrições.

A segunda indicação de que você não está vivendo de acordo com a espiritualidade prática é o rancor. Meu amigo Ben Johnson diz que nunca encontrou um câncer que não fosse baseado em um problema de perdão. O rancor está no caminho do medo, da ação e reação, da causa e efeito, e da lei. O perdão está no caminho da graça e do amor. Na minha concepção, "perdão" significa perdoar a si mesmo, aos outros, *a todos* — sem que ninguém precise "pagar" por seus erros. Você sabe que perdoou alguém de verdade quando consegue aceitar a pessoa de forma 100% incondicional, sem ela precisar "compensar seu erro".

A maioria daqueles que tem dificuldade em perdoar os outros, ou simplesmente se recusa a fazer isso, vive de acordo com a lei, não com a graça — e pode tentar agir da mesma maneira consigo próprios. Eles vivem um inferno na Terra, pois ninguém pode "fazer tudo certo"; todos nós tropeçamos no caminho. De acordo com a regra de causa e efeito, "errar" significa conseguir os resultados que não queríamos ou que temíamos.

Por sinal, aceitar 100% o que uma pessoa faz *não* significa aceitar o comportamento dela. Você pode fazer um, sem fazer o outro. Isso significa que aquele comportamento não define a pessoa, assim como o seu não o define. Se formos julgados de acordo as nossas ações, estamos todos condenados.

* * *

A espiritualidade prática, ou viver no momento presente com amor, não deve ser baseada na força de vontade, ou, pelo menos, não em mais força de vontade do que se precisa para escovar os dentes. Uma forma importante de reduzir a quantidade de força de vontade necessária para amar é, obviamente, desprogramar o estado interior de medo e reprogramar um estado interior de amor, de forma que isso se torne o padrão e pareça quase automático. Mas existe outra maneira muito importante, que é intencionalmente se conectar com a fonte do amor.

POSFÁCIO: ESPIRITUALIDADE PRÁTICA   261

Como dissemos no início do livro, toda dificuldade se resume a uma questão de relacionamentos — o que inclui nosso relacionamento com Deus/a fonte/o amor. Não estou aqui para definir isso para você, mas acredito que seja por esse motivo que praticamente toda civilização na história acreditava em algo além de si própria, mesmo que isso não pareça lógico para a mente natural. Nós sabíamos de forma inerente que precisávamos e queríamos amar mais do que qualquer coisa — bem antes de termos provas científicas que ligavam o amor à felicidade e ao sucesso. Da mesma maneira, também sabemos que Deus, ou uma realidade espiritual, existe, mesmo que isso não faça sentido (pelo que podemos ver e medir no meio natural). Acreditamos em uma realidade espiritual e no amor porque temos um mecanismo interior que busca Deus/a fonte/o amor, que é a fonte do amor e aquilo para o que somos programados e precisamos. Em outras palavras, necessitamos estar conectados à tela do coração de Deus/da fonte/do amor — esse é o nosso servidor.

Praticamente, tudo que existe pode ser classificado como *frequência* (energia) e *amplitude* (poder). A frequência é a coisa em si e a amplitude é o quanto dela existe, quanto poder tem. Então, para viver com verdade e amor, é necessário ter a frequência do amor/graça/verdade com amplitude suficiente para eliminar a programação de medo/mentiras. Para escolher o amor você simplesmente precisa se conectar à fonte dele. Se acreditar que *você* é a fonte, de forma que não seja necessário "se conectar" a nada, peço que faça isto. Use o seu poder e faça com que as coisas que deseja aconteçam agora — e que as coisas que não quer, sejam eliminadas. Pesquisas clínicas mostram que as pessoas que acreditam e tentam fazer isso são bem-sucedidas em mais ou menos uma vez em 1 milhão. Eu acredito que, se você realmente fosse "a fonte" e "a força", o resultado seria significativamente melhor — algo como conseguir o que quer 97% das vezes (a porcentagem de vezes que eu alegaria que o Princípio Mais Importante funciona). O amor elimina o medo, e a luz elimina a escuridão, mas é necessário que haja amor e luz suficientes para a quantidade de medo e escuridão. Uma lanterna não iluminaria um estádio.

Descobri que não tenho poder suficiente para eliminar ou superar meu medo/minhas mentiras interiores, minha programação de dor/prazer. No entanto, também descobri que o amor/a fonte/Deus está em todos os lugares e em tudo. E ele tem mais frequência e amplitude do que preciso para eliminar minha programação de medo/mentiras e permitir que eu viva com amor e luz. Uma vez que o amor/a fonte/Deus é tudo e está em tudo, consigo acessar o Wi-Fi espiritual em qualquer momento, em qualquer lugar, e me conectar com exatamente o que necessito.

Cada pessoa foi criada e projetada para viver com amor, alegria e paz. Afinal de contas, se não fizermos isso, nossos mecanismos começam a dar defeito. O medo só deveria surgir em momentos de perigo iminente, para então ser imediatamente interrompido quando o risco acabar. Fomos pré-programados com um transmissor de localização espiritual pessoal (algumas pessoas chamam isso de consciência, enquanto eu chamo de compasso do amor). No entanto, a menos que sigamos o transmissor, encontremos a fonte e nos conectemos a ela, não teremos frequência e amplitude de amor/luz suficiente, e retornaremos para as crenças, as ações, a fisiologia e o pensamento voltados para o medo/escuridão e causa e efeito.

A espiritualidade prática vive no momento presente com amor e verdade reais, independentemente das circunstâncias exteriores ou do comportamento dos outros, internamente conectada à fonte do amor, sempre recebendo graça. Por outro lado, a espiritualidade idealista tenta "merecer e produzir" amor através da lei da atração da causa e efeito. Os idealistas tentam conseguir amor fazendo a coisa certa, ou por merecimento. Os religiosos também tentam "conquistar" o amor através do princípio de que você "colhe o que planta" (isto é, carma ou lei) — você precisa ser "bom o suficiente". Nenhuma dessas perspectivas é consistente com a natureza do amor verdadeiro — *ágape*, não *eros*. O amor verdadeiro, *ágape*, é "livre" e não pode ser conquistado, ou perdido. Não tem nada a ver com o quanto se é bom ou ruim.

Não me entenda mal. A lei da causa e efeito (ou o carma, ou a terceira lei de Newton do movimento) é real — ela funciona o dia inteiro, todos os dias, no mundo físico, assim como a gravidade. É uma lei natural que existe hoje e desde o início dos tempos. Porém, em minha opinião, a graça é, simplesmente, uma lei mais forte. Ela é, na verdade, o perfeito

POSFÁCIO: ESPIRITUALIDADE PRÁTICA   263

oposto dos princípios de ação e reação, estímulo/resposta e colher o que se planta. Significa receber o bem de Deus/da fonte/do amor, não importa o que eu mereça. A graça é a única escolha que o amor faria para o seu alvo: perdão, misericórdia, a oportunidade de começar de novo e tentar mais uma vez. Para recebê-la é necessário *abrir mão* do foco no mundo material e físico, e do alcance de resultados finais usando a força de vontade. É necessário se conectar com a fonte/o amor/Deus, desistir do controle sobre a crença/esperança/fé/confiança, e não tentar ser a sua própria fonte (o que o limita ao poder de sua força de vontade). A graça supera o paradigma natural de causa e efeito, e é governada e está em harmonia com o amor espiritual.

Em uma entrevista recente, Bono, o vocalista do U2, discutiu essa questão. Sou fã da banda há anos, então, foi com animação que li sobre o seu ponto de vista. Ele disse que, dada a opção, não quer conquistar seus objetivos por causa de carma ou pela lei da atração. Bono quer o que não merece — graça. Estas foram as suas palavras:

> É alucinante pensar que o Deus que criou o universo pode querer companhia, pode querer ter um relacionamento de verdade com as pessoas, mas o que realmente me impressiona é a diferença entre Graça e Carma... Eu realmente acredito que saímos do plano do Carma e entramos no da Graça... Veja bem, o Carma está no âmago de todas as religiões. Você sabe que tudo que você faz, volta: olho por olho, dente por dente, ou é uma questão de física; as leis da física afirmam que toda ação tem uma reação oposta. Para mim, está claro que o Carma é o centro do universo. Tenho certeza absoluta disso. Mas, mesmo assim, existe essa ideia de Graça, que acaba com todo o conceito de "você colhe o que planta". A Graça desafia a lógica e a razão. Se você quiser, o amor pode interromper as consequências das suas ações, coisa pela qual sou muito grato, porque já fiz muita besteira... Eu realmente estaria encrencado se o Carma fosse me julgar. Estaria na m—. Isso não justifica os meus erros, mas estou torcendo para a Graça se sobressair.[4]

A graça é um paradoxo, assim como o sucesso. Você deve parar de desejar e buscar o que quer para que possa recebê-lo. O carma está em harmonia com o funcionamento de tudo no universo físico; é o que é certo de acordo com a lógica e a razão, nosso sistema legal, nossa noção de justiça. A graça — receber não apenas o que é bom, mas o *melhor*, independentemente do que faça — violaria todas essas regras físicas e lógicas. Ela simplesmente não faz sentido, e parece impossível para a maioria das pessoas para quem explico o conceito. Não é natural! Se a graça existe, ela seria inconsistente com a forma como o universo funciona. Precisaria ser *sobre*natural. Em outras palavras, seria um milagre.

Bingo! É exatamente isso. A graça é um milagre, assim como o amor! Ela é sobrenatural e prova do espiritual. Pense nisto: por que alguém escolheria, de forma lógica, fazer muitas das coisas que o amor nos influencia a fazer? No caso de casar e ter filhos, por exemplo, o amor nos causa dor que não sentiríamos de outra forma, nos custa centenas de milhares de dólares e tira nossa liberdade de fazer o que queremos, quando queremos. Nós teríamos que escolher o amor por um motivo que é ilógico, não de acordo com as leis naturais. E há uma razão para isso: sabemos, lá no fundo, além das palavras, que ele é a única coisa que nos dá o que queremos e que precisamos mais em nosso íntimo.

Então, esta vida é quase um teste. Você vai seguir as leis naturais ou as espirituais? Vai escolher amar ou temer? Vai viver de acordo com ação/reação ou graça? A escolha é sua, com centenas de oportunidades diferentes para escolher todos os dias. Nós nunca seremos perfeitos, mas podemos seguir no caminho correto.

* * *

Compreender a natureza espiritual e prática do amor e do medo muda completamente nossa visão de liberdade e servidão. Se eu viver e agir apenas com amor e luz, serei capaz de fazer *tudo* que quiser, e minhas ações serão certas. Se eu viver com medo e na escuridão, *tudo* que eu fizer (com medo e escuridão), provavelmente, será errado. Aquilo que não é feito com

POSFÁCIO: ESPIRITUALIDADE PRÁTICA   265

amor traz resultados ruins — nunca o que eu "realmente" quero. Aquilo que é feito com amor sempre atrai resultados perfeitos com o tempo, mesmo que sejam coisas que eu jamais teria imaginado. Na verdade, essa é a única forma de se conseguir resultados perfeitos na vida.

Porém, quando você opta por uma visão de mundo baseada no medo ou na lei da causa e efeito, escolhe a servidão, pois isso faz com que precise ser perfeccionista se quiser alcançar os melhores resultados nesse sistema. Pior do que isso, você precisa ser um perfeccionista bem-sucedido — e qualquer psicólogo ou terapeuta lhe diria que há poucas coisas na vida que fazem mais mal do que o perfeccionismo, devido ao forte estresse que ele causa. Por quê? Não apenas você está concentrado em criar circunstâncias exteriores com a força de vontade (o que sabemos que leva ao fracasso), como, ainda, precisa fazer isso perfeitamente, ou o resultado não será bom para você! Da próxima vez que fizer besteira, pode acabar com câncer, ou fracassar completamente. Isso que é estresse! Há milhões de pessoas maravilhosas e bem-intencionadas que, sem saber, se tornaram "vítimas" de uma das leis mais antigas do universo, e agora são escravas do medo. Acho que isso aconteceu, principalmente, porque as pessoas, como eu, começaram a se cansar da religião baseada no medo, então, jogaram a toalha e foram buscar outro caminho. No entanto, seu novo paradigma acabou sendo outro princípio de causa e efeito, mas com uma embalagem bonita. Só que ele ainda escraviza as pessoas a resultados finais baseados na força de vontade, o que, no fim das contas, causa o fracasso — da mesma forma que a religião baseada no medo de que tentaram escapar.

A graça e o amor verdadeiros nos livram disso. Quando vivemos de acordo com o Princípio Mais Importante, nos concentramos internamente no amor no momento presente, não em resultados finais. Nós não precisamos ser perfeitos; não precisamos nem fazer as coisas bem. Temos um número ilimitado de chances porque o amor perdoa cada erro, cada equívoco, cada vez que escolhemos o medo em vez dele — *mesmo quando foi intencional e sabemos que poderíamos ter agido melhor.* E os resultados finais que ocorrem não dependem da minha força de vontade, mas do poder sobrenatural que pode criar o resultado perfeito, além das minhas capacidades. Então, não preciso me preocupar nem me irritar. Posso relaxar e confiar que tudo vai dar certo no final. Isso é liberdade de verdade.

Espero e rezo para que você considere viver com graça, amor e espiritualidade prática! Foi o que eu fiz, e nunca, jamais, voltaria para as leis e o carma.

* * *

Faz algum tempo que uma mudança fundamental está acontecendo no mundo todo. Eu a observo com atenção há vinte anos. No entanto, ela agora parece estar acelerando, chegando ao seu final inevitável. Chamarei essa mudança fundamental de polarização da luz e da escuridão. A escuridão está se tornando cada vez mais densa, e está se espalhando. Mas a luz também. O medo aumenta aos montes, recrutando dezenas de milhares de novos soldados a cada mês, mas o amor faz o mesmo. Mais do que em qualquer outro momento da história, as mentiras e os julgamentos entraram no modo de ataque, assim como a verdade e a aceitação. Há mais chances de você estar de um lado dessa polaridade do que de outro. Creio que política, religiões, finanças, raça, cor e nacionalidade são os maiores culpados e abrigos da escuridão.

Se você acredita em amor e aceitação, não pode julgar outra pessoa por aceitar o medo e a rejeição. Ao fazer isso, será culpado daquilo que acusa os outros. O julgamento *sempre* está conectado com a comparação. E a comparação sempre é baseada em questões de insegurança ou insignificância. Com isso, nos comparamos com os outros e nos sentimos superiores ou inferiores. Acabamos nos preocupando com os resultados que precisamos para ficar bem, e tentamos manipular os eventos e as pessoas para criar esses resultados. Todas essas ações são baseadas na ânsia, não em paz — e não se esqueça de que a ânsia quase sempre é baseada no medo.

Se o que sentirmos em nosso coração for certeza e segurança, não precisamos nos comparar com os outros para desmerecer as pessoas, tentar passar certa imagem ou manipular determinados resultados finais. E em alguns casos a comparação pode ser útil.

POSFÁCIO: ESPIRITUALIDADE PRÁTICA   267

Geralmente, não conseguimos descansar ou nos sentir em paz devido ao sentimento de insignificância e insegurança; sentimos que não estamos "bem" lá no fundo, que algo está faltando. Então, devemos continuar tentando *externamente* a ficarmos bem *internamente*, que é a essência de viver com ânsia. Porém, se estivermos bem por dentro (isto é, tendo certeza e segurança), somos capazes de ficar em paz com quaisquer circunstâncias exteriores, mesmo que não sejam as que escolheríamos. A única coisa que pode nos deixar bem por dentro é nos desprogramarmos e reprogramarmos do medo, nos conectando com Deus/a fonte/o amor, e escolhendo o caminho do amor e da luz no momento presente, sempre.

Pelo que observei, apenas 1% de nós escolhe o caminho do amor e da luz, enquanto 99% fazem a trajetória do medo e da escuridão, geralmente sem saber. Como você sabe qual o caminho que escolheu? Mais uma vez, verá que optou por ser parte desse 1% se sentir paz e alegria, e amar e aceitar a todos, independentemente de suas circunstâncias ou do comportamento dos outros (lembre-se de que você pode aceitar incondicionalmente as pessoas, mas não aceitar o seu comportamento nem passar tempo com elas, pois fazer isso não é saudável). Seu legado será o lado que escolher, não no passado, mas de agora em diante!

Como sabemos qual lado sairá vencedor? Vamos colocar desta forma: qual lado apresenta os melhores resultados? Gandhi já nos disse: "O caminho da verdade e do amor sempre venceu." E ele também vencerá essa guerra. Então, se você for rancoroso, não aceitar completamente os outros ou julgar as pessoas, escolheu viver de acordo com a lei, é culpado e está no lado perdedor, mesmo que esteja agindo em nome "do amor e da luz".

* * *

Então, se esses princípios de espiritualidade prática o afetaram de alguma forma, e você decidir viver de verdade de acordo com amor/luz/graça, o que fazer agora? Bem, o primeiro passo é o Princípio Mais Importante. Você precisa passar por uma sacada transformadora, ou se desprogramar e reprogramar, para ser capaz de viver com amor no momento presente, internamente conectado a Deus/à fonte/ao amor de forma contínua.

268 O CÓDIGO DO AMOR

Porém, decidir viver com amor no momento presente e ser capaz disso, conectado à fonte, não significa que escolher entre o caminho do amor e o do medo seja sempre fácil. Todos os dias surgirão centenas de situações e escolhas diferentes em que a distinção entre esses caminhos não é clara.

Sei disso por experiência própria. Na verdade, nos últimos 25 anos, com muita oração, documentei e encontrei soluções para centenas desses tipos de eventos diários para os meus dois filhos, Harry e George. Eu sabia que algum dia eles seriam adultos, e, se eu não estivesse por perto, por algum motivo, queria que tivessem um manual sobre como viver esse tipo de espiritualidade prática. Eu as chamo de Leis Espirituais da Natureza.

Mas essa é uma discussão para outro momento. Por enquanto, rezo para que você encontre o amor, a luz e o sucesso todos os dias, de todas as formas!

OUTROS RECURSOS

Para encontrar o teste Descobridor de Problemas Relacionados ao Sucesso, um livro de exercícios que pode ser impresso e outros recursos que o ajudarão a aplicar o Princípio Mais Importante em sua vida, acesse www. beyondwillpowernow.com [em inglês]. Lá você também encontrará mais informações sobre outras ferramentas desenvolvidas pelo Dr. Alex Loyd, como:

- **Os Códigos da Cura** [The Healing Codes], que ajudaram a salvar a vida da esposa de Alex, Hope, de uma grave depressão clínica, são voltados para a cura da fonte de problemas de saúde. Você poderá aprender como usar os Códigos da Cura com o livro *O código da cura* (Best*Seller*, 2013), escrito por Alex e o Dr. Ben Johnson.

- **Os Códigos do Sucesso** [The Success Codes], técnica que segue os mesmos princípios explicados em *O código do amor,* mas com uma intervenção e ferramenta completamente diferentes. Ela fornece outro método poderoso da medicina energética para curar questões ocultas com o sucesso, conforme descrito neste livro.

- **A Chave Mestra** [The Master Key] também segue os princípios deste livro e apresenta intervenções diferentes para o espírito, a mente e o corpo, e só é preciso apertar um botão: coloque os fones de ouvido e

270 O CÓDIGO DO AMOR

pressione play. A Chave Mestra se encaixa como uma luva em *O código do amor*. São necessários apenas dez minutos por dia, e você pode fazer isso enquanto pratica o Princípio Mais Importante.

Observação: com as informações deste livro, a maioria das pessoas não precisa de mais ferramentas ou técnicas; porém, se você se sentir empacado ou desejar resultados mais rápidos, eles estão disponíveis. Se a Fórmula do Princípio Mais Importante para Conquistar o Sucesso é uma caixa de ferramentas completamente equipada, essas outras técnicas oferecem outras peças especializadas.

NOTAS

INTRODUÇÃO

1. Timothy D. Wilson, "Self-Help Books Could Ruin Your Life!" [Livros de autoajuda podem arruinar a sua vida!], *The Daily Mail* on-line, 5 de agosto de 2011, www.dailymail.co.uk/femail/article-2026001/Self-hep-books-ruin--life-They-promise-sell-millions.html#ixzz1ovSZDP2z.

2. Para saber mais sobre a jornada de cura de Hope e sobre outras ferramentas que já curaram uma série de sintomas físicos e emocionais no subconsciente consulte meu best-seller *O código da cura* (BestSeller, 2013), escrito com o Dr. Ben Johnson. Para aqueles que já conhecem os Códigos da Cura, vocês podem estar se perguntando por que minha esposa não usou o Princípio Mais Importante para ajudá-la com seu problema de saúde. Primeiro, ele ainda não estava completamente pronto. Levei vários anos para conseguir desenvolvê-lo até que pudesse ser usado com meus pacientes, e eu ainda estava no processo de descobrir e aperfeiçoar as Três Ferramentas descritas neste livro. Porém, talvez o mais importante seja que tentei tantas coisas que, quando o Princípio Mais Importante finalmente ficou pronto (e nada havia funcionado), ela estava tentando encontrar o próprio caminho, o que é compreensível. Pouco depois, descobrimos os Códigos da Cura.

3. Cort A. Pedersen, Universidade da Carolina do Norte-Chapel Hill; Kerstin Uvnas Moberg, *The Oxytocin Factor: Tapping the Hormone of Calm, Love, and Healing* [O fator oxitocina: extraindo o hormônio da calma, do amor e da cura] (Pinter & Martin, 2011).

272   O CÓDIGO DO AMOR

4. "75 Years in the Making: Harvard Just Releases Its Epic Study on What Men Need to Live a Happy Life" [75 anos de pesquisa: Harvard acaba de divulgar resultados de seu estudo épico sobre o que o homem precisa para ter uma vida feliz], *FEELguide*, 29 de abril de 2013, http://www.feelguide. com/2013/04/29/75-year-in-the-making-harvard-just-released-its-epic-study-on-what-men-require-to-live-a-happy-life/. O artigo inclui uma sinopse do estudo, mas todas as descobertas podem ser encontradas em George Vaillant, *Triumphs of Experience: The Men of the Harvard Grant Study* [Os triunfos da experiência: os homens do Estudo Grant de Harvard] (Belknap Press, 2012).

5. Anders Nygren, *Agape and Eros: The Christian Idea of Love* [Ágape e eros: a ideia cristã de amor], trad. Philip S. Watson (Chicago: University of Chicago Press, 1982).

CAPÍTULO 1

1. Daniel Gilbert, "Dan Gilbert pergunta: Por que somos felizes?", palestra do TED (vídeo), fevereiro de 2004, https://www.youtube.com/watch?v=LTO_dZUvbJA#t=54.

2. Daniel Gilbert, *O que nos faz felizes* (Elsevier, 2006).

3. Daniel Gilbert, "Dan Gilbert pergunta: Por que somos felizes?", palestra do TED (vídeo), fevereiro de 2004, https://www.youtube.com/watch?v=LTO_dZUvbJA#t=54.

4. Bruce Lipton, *A biologia da crença* (Butterfly, 2007).

5. Você pode estar pensando, *Quem é ele para me dizer que o que desejo de verdade é um estado interior?* O motivo de eu ter tanta certeza é porque fiz um estudo de dez anos em que perguntava a cada paciente que entrava no meu consultório "O que você mais quer?", e, então, "Por que quer isso?". A cada resposta, eu continuava perguntando o motivo, até que as justificativas acabavam. Quando isso acontecia, havíamos chegado a um estado interior.

6. Viktor E. Frankl, *Em busca de sentido* (Vozes, 2011).

7. Se você estiver relutante com essa ideia, sugiro que leia o livro maravilhoso do Dr. Larry Dossey, *Reinventando a medicina*, no qual ele analisa estudos duplo-cego sobre casos em que a oração gerou, como você pode suspeitar,

NOTAS 273

resultados miraculosos — até mesmo em pessoas que não faziam ideia de que alguém rezava por elas. Se ainda assim não aceitar isso, simplesmente peça para o seu coração em vez de para um poder superior.

CAPÍTULO 2

1. "Medical School Breakthrough" [Descoberta em faculdade de medicina], *Dallas Morning News*, 12 de setembro de 2004.

2. Sue Goetinck Ambrose, "A Cell Forgets" [Uma célula esquece], *Dallas Morning News*, 20 de outubro de 2004, www.utsandiego.com/uniontrib/20041020/news_z1c20cell.html.

3. Ibid.

4. Ibid.

5. Ibid.

6. Paul Pearsall, Gary E. Schwartz e Linda G. Russek, "Organ Transplants and Cellular Memories" [Transplantes de órgãos e memórias celulares], *Nexus* 12:3 (abril-maio de 2005), www.paulpearsall.com/info/press/3.html. Consulte também Claire Sylvia, *A voz do coração* (Ediouro, 1999). Para mais histórias sobre pessoas que receberam órgãos transplantados e a conexão com a memória celular, leia *The Heart's Code: Tapping the Wisdom and Power of Our Heart Energy* [O código do coração: extraindo a sabedoria e o poder de nossa energia do coração] (Broadway Books, 1998).

7. Bruce Lipton, "The Biology of Perception" [A biologia da percepção] (vídeo), 2005, www.youtube.com/watch?v=jjj0xVM4x1I.

8. Bruce Lipton, *A biologia da crença: ciência e espiritualidade na mesma sintonia — O poder da consciência sobre a matéria e os milagres* (Butterfly, 2007).

9. John E. Sarno, *Healing Back Pain: The Mind-Body Connection* [Curando a dor nas costas: a conexão corpo-mente] (Grand Central Publishing, 1991) e *The Divided Mind: The Epidemic of Mindbody Disorders* [A mente dividida: a epidemia de distúrbios de corpo e mente] (Harper Perennial, 2006).

10. Andrew Weil, *Health and Healing: The Philosophy of Integrative Medicine and Optimum Health* [Saúde e cura: a filosofia da medicina integradora e da saúde otimizada] (Houghton Mifflin, 1983), 57.

274   O CÓDIGO DO AMOR

11. Doris Rapp, *Is This Your Child?* [Seu filho é assim?] (William Morrow, 1992), 62-63.

12. *Your Brain, A User's Guide: 100 Things You Never Knew* [Guia do usuário do cérebro: 100 coisas que você nunca soube], *National Geographic,* edição especial, 2012, 50.

13. A afirmação foi atribuída a fontes tão variadas quanto o Talmude e Anaïs Nin, porém, independentemente de sua origem, essa citação inspiradora agora pode ser vista como um fato científico.

14. Ibid.

15. Como uma observação, algumas pessoas apenas precisam de informações ou instruções para dar o próximo passo na direção do sucesso. A terapia direcionada a trabalho, relacionamentos etc. é fantástica — quando o paciente não possui vírus subconscientes referentes ao problema, mas precisa compreendê-lo melhor.

16. Alexander Loyd com Ben Johnson, *O código da cura* (BestSeller, 2013).

CAPÍTULO 3

1. William Collinge, *Energia sutil* (Nova Era, 2000). Citado em Donna Eden (com David Feinstein), *Energy Medicine* [Medicina energética] (Tarcher/Penguin, 2008), 26.

2. "Cancer Cases Set to Rise by Half by 2030" [Casos de câncer devem aumentar pela metade até 2030], *Discovery News,* 4 de fevereiro de 2014, http://news.discovery.com/human/health/cancer-cases-set-to-rise-by-half-by-2030-140204.htm.

3. 1 Coríntios 13.

4. Fonte: www.mahatmagandhionline.com/, acessado em 19 de setembro de 2013.

5. Joanne V. Wood, W. Q. Elaine Perunovic e John W. Lee, "Positive Self-Statements: Power for Some, Peril for Others" [Frases de autoafirmação: poder para alguns, perigo para outros], *Psychological Science* 20,7 (2009): 860-866. Alex Loyd e Ben Johnson, *O código da cura* (BestSeller, 2013).

6. De acordo com o Dr. Irving Kirsch da Faculdade de Medicina de Harvard, "A diferença entre o efeito de um placebo e o de um antidepressivo é mínima para

NOTAS 275

algumas pessoas". Ele esclareceu que não se trata de os antidepressivos serem ineficazes, mas de sua utilidade ser causada por um efeito placebo (o poder da crença em uma mentira positiva de que o remédio me deixará melhor), não pelos ingredientes químicos presentes na droga. A pesquisa dele também mostra que isso também vale para uma série de outras questões: síndrome do intestino irritável, torções repetitivas, úlceras, mal de Parkinson — até mesmo dores crônicas de joelho. "Treating Depression: Is There a Placebo Effect?" [Tratando a depressão: o efeito placebo existe?], *60 Minutes*, 19 de fevereiro de 2012, http://www.cbsnews.com/news/trating-depression-is-there-a-placebo-effect/.

7. Dois estudos duplo-cego feitos em Yale e na Universidade do Colorado indicaram que "afirmações" podem ajudar a diminuir a diferença entre gêneros e raça em meios acadêmicos. Se você repetir verdades positivas sobre si mesmo, faz sentido que seu desempenho melhore, especialmente se antes estava em um estado de medo ou estresse. Consulte Geoffrey L. Cohen et al., "Reducing the Racial Achievement Gap: A Social-Psychological Intervention" [Diminuindo a diferença racial no desempenho: uma intervenção social-psicológica], *Science* 313, 5791 (2006): 1307-1310; e A. Miyake et al., "Reducing the Gender Achievement Gap in College Science: A Classroom Study of Values Affirmation" [Diminuindo a diferença de gêneros no desempenho na ciência universitária: um estudo de sala de aula sobre a afirmação de valores], *Science* 330, 6008 (2010): 1234-1237.

8. Caroline Leaf, *Who Switched Off My Brain? Controlling Toxic Thoughts and Emotions* [Quem desligou o meu cérebro? Como controlar emoções e pensamentos tóxicos] (Thomas Nelson, 2009).

9. "About Lester" [Sobre Lester], site de Lester Levenson, www.lesterlevenson. org/about-lester.php. Um aluno de Lester, Hale Dwoskin, desenvolveu um processo chamado Método Sedona. Leia o livro dele *The Sedona Method: Your Key to Lasting Happiness, Success, Peace and Emotional Well-Being* [O Método Sedona: o segredo para felicidade, sucesso, paz e bem-estar emocional duradouros] (Sedona Press, 2007).

10. Eben Alexander, *Uma prova do céu: a jornada de um neurocirurgião à vida após a morte* (Sextante, 2013).

11. Diane Cameron, "Dose of 'Vitamin G' Can Keep You Healthy" [Dose de "vitamina D" pode lhe manter saudável], *The Denver Post*, 4 de maio de 2009, http://denverpost.com/search/ci_12281410. Quando eu publiquei meu primeiro livro,

O código da cura, recebi algumas críticas por associar Deus e espiritualidade a saúde. Algumas pessoas acharam que eu tinha um propósito religioso, o que não é verdade. Realmente tenho um propósito — sua saúde e felicidade, e de todos que eu for capaz de ajudar. Menciono Deus neste contexto apenas porque já testemunhei provas inegáveis de que uma conexão com Deus/a fonte/o amor é a variável mais poderosa para obter sucesso e saúde, e as provas científicas que corroboram isso estão começando a aparecer.

12. A conferência era a Associação de Psicologia Energética Compreensiva. Paula E. Hartman-Stein, "Supporters Say Results Show Energy Psychology Works" [Defensores afirmam que resultados provam que psicologia energética funciona], *The National Psychologist*, 24 de julho de 2013, http://nationalpsychologist.com/2013/07/supporters-say-results-show-energy--psychology-works/102138.html.

13. James Franklin no *The Dan Patrick Show*, 14 de janeiro de 2014, http://www.danpatrick.com/dan-patrick-video/.

CAPÍTULO 4

1. Também é verdade que acredito que oração e estar em um relacionamento amoroso com Deus/a fonte/o amor são as coisas mais importantes em minha vida. Em minha opinião, essas coisas superam tudo que ensino neste livro. Na verdade, acredito que elas são a fonte de tudo que escrevi aqui e de qualquer coisa útil que eu possa aprender no futuro, motivo pelo qual sempre encorajo a todos a se darem a oportunidade de ter a grande sacada transformadora antes de tentarem as Três Ferramentas. Isso não quer dizer, de forma alguma, que você precisa acreditar da mesma forma que eu em Deus/na fonte/no amor ou rezar para que as ferramentas funcionem. Não precisa!

2. Donna Eden (com David Feinstein), *Energy Medicine* [Medicina energética] (Tarcher/Penguin, 2008), 23, 32, 76-78.

3. M. Andrew Holowchak, *Freud: From Individual Psychology to Group Psychology* [Freud: da psicologia individual para a psicologia em grupo] (Rowman & Littlefield, 2012), capítulo 2.

4. O Dr. Mitsuo Hiramatsu, cientista no Laboratório de Pesquisa Central da Hamamatsu Photonics, no Japão, liderou uma equipe de pesquisadores que descobriu que nossas mãos emitem mais energia (na forma de luz ou de

fótons) do que qualquer outra parte do corpo, conforme detectado por um contador de fótons. Em um estudo publicado no *Journal of Photochemistry and Photobiology B: Biology* também foi observado que fótons detectáveis são emitidos pela testa e pelas solas dos pés. Leia Kimitsugu Nakamura e Mitsuo Hiramatsu, "Ultra-Weak Photon Emission from Human Hand: Influence of Temperature and Oxygen Concentration on Emission" [Emissão ultrafraca de fótons na mão humana: a influência da concentração de temperatura e oxigênio na emissão] no *Journal of Photochemistry and Photobiology B: Biology* 80,2 (1º de agosto de 2005): 156-160; e Jennifer Viegas, *Discovery News*, 6 de setembro de 2005, www.abc.net.au/science/articles/2005/09/07/1455010. htm#.UaNAhLW1GCk.

5. Por favor, me perdoe. Eu escolhi usar, no original, o termo "unforgiveness", gramaticalmente incorreto no inglês, em vez de "unforgivingness", preferido pelo dicionário *Webster's*. Preciso deixar registrado que meus editores me alertaram sobre isso, mas "unforgivingness" simplesmente não soava certo para mim.

6. Daniel Gilbert, "Dan Gilbert pergunta: Por que somos felizes?", palestra do TED (vídeo), fevereiro de 2004, https://www.youtube.com/watch?v=LTO_dZUvbJA#t=54.

7. Sim, essa afirmação é verdadeira mesmo para os animais que matam uns aos outros por instinto. Eles estão se comportando da maneira que devem e da forma como foram programados. O assassinato instintivo não seria uma programação saudável para os humanos, por exemplo.

8. Talvez você se pergunte por que "ter controle" é a meta das frases, especialmente quando é necessário abrir mão do controle sobre um resultado final. No entanto, aqui, você está permitindo que a frase o reprograme, de forma que se sinta no controle de suas ações no momento presente; não estará usando a força de vontade para controlar resultados finais. Essa é a diferença entre o controle saudável e o doentio, que será explicada com mais detalhes no Capítulo 5.

9. Alexander Loyd com Ben Johnson, *O código da cura* (BestSeller, 2013).

10. Ibid.

11. Rebecca Turner e Margaret Altemus, "Preliminary Research on Plasma Oxytocin in Normal Cycling Women: Investigating Emotion and interpersonal Distress" [Pesquisa preliminar sobre oxitocina no plasma em mulheres

278　O CÓDIGO DO AMOR

com ciclo normal: investigando emoções e aflições interpessoais], *Psychiatry: Interpersonal and Biological Processes*, 62, 2 (julho de 1999): 97-113.

12. Fontes: Cort A. Pedersen, Universidade da Carolina do Norte — Chapel Hill; Kerstin Uvnas Moberg, *The Oxytocin Factor: Tapping the Hormone of Calm, Love, and Healing* [O fator oxitocina: extraindo o hormônio da calma, do amor e da cura] (Pinter & Martin, 2011).

CAPÍTULO 5

1. *Lombardi*, HBO Sports e NFL Films, exibido pela primeira vez na HBO em 11 de dezembro de 2010.

CAPÍTULO 6

1. "Facts and Statistics" [Fatos e estatísticas], Associação Americana de Depressão e Ansiedade, www.adaa.org/about-adaa/press-room/facts-statistics.

2. Para saber mais sobre o Estudo dos Centenários da Nova Inglaterra do Dr. Peris, acesse www.bumc.bu.edu/centenarian.

3. Daniel Gilbert, "A ciência surpreendente da felicidade", palestra do TED, 26 de abril de 2012, www.youtube.com/watch?v=4qldgn_C0AU.

POSFÁCIO

1. "75 Years in the Making: Harvard Just Releases Its Epic Study on What Men Need to Live a Happy Life" [75 anos de pesquisa: Harvard acaba de divulgar resultados de seu estudo épico sobre o que o homem precisa para ter uma vida feliz], *FEELguide*, 29 de abril de 2013, http://www.feelguide. com/2013/04/29/75-year-in-the-making-harvard-just-released-its-epic-study- -on-what-men-require-to-live-a-happy-life/. O resultado pode ser encontrado na íntegra em George Vaillant, *Triumphs of Experience: The Men of the Harvard Grant Study* [Os triunfos da experiência: os homens do Estudo Grant de Harvard] (Belknap Press, 2012).

2. Diane Cameron, "Dose of 'Vitamin G' Can Keep You Healthy" [Dose de "vitamina D" pode lhe manter saudável], *The Denver Post*, 4 de maio de 2009, "http://

NOTAS 279

denverpost.com/search/ci_12281410. Para saber mais sobre neurocientistas, consulte Andrew Newberg e Mark Robert Waldman, e seu livro *Como Deus pode mudar a sua mente*, capítulo 3.

3. Para uma lista sobre todos os efeitos da reação ao fracasso/estresse (comandada pela liberação de cortisol) e a reação ao sucesso/amor (comandada pela liberação de oxitocina), veja a Introdução e o Capítulo 4.

4. Michka Assayas, *Bono: In Conversation with Michka Assayas* [Bono: em conversa com Michka Assayas] (Riverhead, 2005), 204-205.

Este livro foi composto na tipologia Minion Pro
Regular, em corpo 11/16, e impresso em
papel off-white no Sistema Cameron da
Divisão Gráfica da Distribuidora Record.